四川历史名人丛书
传 记 系 列

常璩传

黄剑华-著

天地出版社 | TIANDI PRESS

四川历史名人（第二批）丛书
编委会名单

主　任： 罗　勇

副主任： 李　强　陈大利　王华光　马晓峰

委　员： 谭继和　何一民　段　渝　高大伦　霍　巍

　　　　　张志烈　祁和晖　林　建　杨　政　黄立新

　　　　　唐海涛　常　青　泽仁扎西　侯安国　张庆宁

　　　　　李　云　蒋咏宁　张纪亮

四川历史名人(第二批)丛书总序

——传承巴蜀文脉,让历史名人"活"起来

　　文化是民族的血脉。文化兴国运兴,文化强民族强。

　　党的十八大以来,习近平总书记以政治家的战略眼光,以唯物主义的科学态度,从中华文化的思想内涵、道德精髓、现代价值和传承理念等方面多维度、系统化地阐述了对待中华文化的根本态度和思想观点。他将中华优秀传统文化提升到"中华民族的基因""中华民族的根和魂"的崭新高度,指出"一个国家、一个民族不能没有灵魂",要"加强对中华优秀传统文化的挖掘和阐发",努力实现传统文化的"创造性转化、创新性发展"。

　　中华文化源远流长,积淀着中华民族最深沉的精神追求,是中华民族独特的精神标识,为中华民族生生不息、发展壮大提供了丰厚滋养。与古印度、古埃及、古巴比伦文明相较,中华文明至今仍然喷涌和焕发着蓬勃的生机。四川作为中华文明的重要发源地之一,历史文化源通流畅、悠久深厚。旧石器时代,巴蜀大地便有了巫山人和资阳人的活动,2021年公布的全国十大考古发现之一的稻城皮洛遗址,为研究早期人类迁徙提供了丰富材料。新石器时代,巴蜀创造了独特的灰陶文化、玉器文化和青铜文明。以宝墩文化为代表的古城遗址，昭示着城市文明的诞生；三星堆和金沙遗址，展示了古蜀文明的不同凡响；秦并巴蜀，开启了与中原文化的融通。汉文翁守蜀，兴学成都，蜀地人才济济，文风大盛。此后，四川具有影响力的文人学者，代不乏人。文学方面，汉司马相如、王褒、扬雄，唐陈子昂、李白、薛涛，宋苏洵、苏轼、苏辙，元虞集，明杨慎，清李调元、张问陶，现当代巴金、郭沫若等，堪称巨擘；史学方面，晋陈寿、常璩，宋范祖禹、张唐英、李焘、李心传等，名史俱传；蜀学传承，汉严遵，宋"三苏"、张栻、魏了翁，晚清民国刘沅、廖平、宋育仁等，统序不断，各领风骚。此外，经过一代代巴蜀人的筚路蓝缕、薪火相传，还创造了道教文化、三国文化、武术文化、川酒文化、川菜文化、川剧文化、蜀锦文化、藏羌彝民族文化等，都玄妙神奇、浩博精深。瑰丽多姿的巴蜀文化，是中华文化的重要组成部分，是四川人的根脉，是推动四川文化走向辉煌未来的重要基础。记得来路，不忘初心，我们要以"为往圣继绝学"的使命担当，担负起传承历史的使命和继往开来的重任，大力推动巴蜀文化的传承、接续与转化，让巴蜀文化的优秀基因代代相传。

"四川历史名人文化传承创新工程"是深入贯彻习近平新时代中国特色社会主义思想，践行"两个结合"，推动中华优秀传统文化创造性转化、创新性发展的生动实践。自2016年10月提出方案，2017年启动实施，推出首批十位四川历史名人，彰显了历史名人的当代价值，推动了中华优秀传统文化的传承发展。2020年6月，经多个领域权威专家学者的多次评议，又推出文翁、司马相如、陈寿、常璩、陈子昂、薛涛、格萨尔王、张栻、秦九韶、李调元等十位第二批四川历史名人。这十位名人，从汉代到清代，来自政治、文学、思想、教育、科学、史学等领域，和首批历史名人一样，他们是四川历史上名人巨匠的杰出代表，在各自领域造诣很高，贡献突出：文翁化蜀兴公学，千秋播德馨；相如雄才书大赋，《汉书》称"辞宗"。陈寿会通古今写三国，并迁双固创史体；张栻融合儒道办书院，超熹迈谦新理学。薛涛通音律、善辩慧、工诗赋，女中豪杰；格萨尔王征南北、开疆土、安民生，旷世英雄。陈子昂提倡兴寄风骨，横制颓波，天下质文翕然一变；李调元钟情乡邦文献，复兴蜀学，有清学术旗鼓重振。常璩失意不愤，潜心历史、地理、人物，撰《华阳国志》，成就中国方志鼻祖；秦九韶在官偷闲，精研天文、历律、算术，著《数书九章》，站上世界数学顶峰。

  "四川历史名人丛书"的编纂出版，是深入贯彻落实中央《关于加强和改进出版工作的意见》和中办、国办《关于推进新时代古籍工作的意见》精神，推动四川出版高质量发展的重大举措，是传承巴蜀文明、建设文化强省、振兴四川出版的品牌工程。其目的是深入挖掘历史名人的思想精髓，凝练时代所需的精神价值，增强川人的历史记忆，延续中华文化的巴蜀脉络，推动中华文化的传承创新，为实现中华民族伟大复兴提供精神力量。

  "四川历史名人丛书"的编纂出版，始终坚持正确的政治方向、出版导向、价值取向，深入挖掘名人的精神品质、道德风范，正面阐释名人著述的核心思想，借以增强川人的文化自信，激发川人了解家乡、热爱家乡、建设家乡的澎湃力量；始终坚守中华文化立场，着力传承中华文化的经典元素和优秀因子，促进人民在理想信念、价值理念、道德观念上团结一致；始终秉承辩证唯物主义和历史唯物主义观点，用客观、公正、多维的眼光去观察历史名人，还原全面、真实、立体的历史人物，塑造历史名人的优秀形象，展示四川文化的独特魅力，让历史名人文化为今天的社会发展提供精神动能。

"四川历史名人丛书"的编纂出版，注重在创新上下功夫，遵循出版规律，把握时代脉搏，用国际视野、百姓视角、现代意识、文化思维，将思想性、知识性、艺术性、可读性有机结合，找到与读者的共振点，打造有文化高度、历史厚度、现代热度的文化精品，经得起读者检验，经得起学者检验，经得起社会检验，经得起历史检验；注重在质量和水平上下功夫，立足原创、新创、精创，努力打造史实精准、思想精深、内容精彩、语言精妙、制作精美的文化精品，全面提升四川出版的知名度和美誉度，为建设文化强省、助推治蜀兴川再上新台阶提供思想引领、舆论推动、精神鼓励和文化支撑，为增强中华文化影响力贡献四川力量。

四川历史名人（第二批）丛书编委会
2022年4月5日

前言

　　常璩是东晋时期一位重要历史学者,是四川历史文化名人。

　　常璩出生于蜀郡江原(今四川崇州),自幼好学,博览群书,曾在李氏成汉政权中担任散骑常侍,入晋后任参军,迁居建康(今江苏南京)。常璩在仕途上并不顺畅,只做了小小的史官,在江东更是长期赋闲。但他绝非庸碌之辈,并不追求那种过眼烟云式的浮华与名利,而是潜下心来撰写了很多著作,如《华阳国志》等。《华阳国志》的问世与传播,产生了巨大的影响,被誉为中国地方志的开山之作。常璩生活的时代,正值西晋末与东晋初的多事之秋,政局动荡,战乱频繁,在这样的历史背景下要潜心学问著书立说,可不是一件容易的事,而常璩做到了,而且做得非常出色。

　　常璩才高八斗、学富五车,终其一生都在写作,以一种天高地阔的胸襟和心态,徜徉和驰骋于笔墨之中,将他的才学都融入了他精心撰写的《华阳国志》中,使这部地方志巨著焕发出穿越时空的光彩。常璩确实是值得敬佩的。他所描述的西南山川和人文历史,是如此的生动翔实而又五彩缤纷。有了这部广为流传的《华阳国志》,常璩的生命也就得到了升华。

　　《华阳国志》是一部非常重要的地方志著作,对研究古代巴蜀人文历史的学者来说,更是案头必备之作。这倒不仅因为《华阳国志》是中国地方志的开山之作,具有取材广博、资料丰富和编撰精妙的特点,更主要的还在于书中对古代巴蜀历史传说、西南地理山川与郡县沿革、西南各民族以及汉晋时期西南地区的人文、政治、经济、军事、文化、教育、地理、民俗、物产、水利、交通、自然科技等都做了较为完整而详细的记述。同时,在体例上开创了将编年史、地理志、人物传相结合的先例。这些显著特点,可谓意义重大。因此也可以说,《华阳国志》并非普通的地方志,而是一部特色鲜明的地方通史。

考古发现告诉我们,古代巴蜀地区早在新石器晚期就已出现了城市文明的曙光,商周时期已形成了灿烂辉煌的青铜文明,成都平原上的宝墩古城遗址、三星堆遗址和金沙遗址等考古发现对此便给予了充分的揭示。但关于古蜀时代的文字记载则很少,譬如像《山海经》与《蜀王本纪》等,记述的只是一些概况,而且带有浓郁的神话色彩,透露出较多的传说成分,所以我们对古蜀的了解常常在想象与猜测中充满了迷茫之感。常璩《华阳国志》则从地方志与地方通史的角度,以真实而系统的记述,为我们了解和研究古代巴蜀与西南地区的历史人文地理提供了非常珍贵的资料。

四川历史上有很多"文宗在蜀"式的杰出人物,如文翁、司马相如、严君平、扬雄、谯周、陈寿等,都很有学问,大笔如椽,著述流传,泽惠后世,而常璩亦是其中一位特别值得推崇的佼佼者。这部《常璩传》,就讲述了常璩的生平事迹,并介绍了常璩撰写的《华阳国志》的重要内容。

第一章　早年经历 _ 001

　　诞生之地 _ 003
　　古蜀背景 _ 013
　　汉代文运 _ 026
　　出仕成汉 _ 034

第二章　发愤著书 _ 047

　　桓温伐蜀 _ 049
　　李势降晋 _ 054
　　迁居金陵 _ 062
　　潜心著述 _ 070

第三章　开山之作 _ 079

　　华阳由来 _ 081
　　为蜀立言 _ 087
　　秦并巴蜀 _ 105
　　巴国故事 _ 122
　　汉中之地 _ 134
　　南中诸郡 _ 139

第四章　记录历史 _ 149

两汉之末 _ 151

三国蜀汉 _ 159

李特起义 _ 169

成汉兴衰 _ 180

第五章　乡贤立传 _ 189

崇敬先贤 _ 191

彰显后贤 _ 206

地方名人 _ 212

传承效应 _ 218

第六章　志书丰碑 _ 223

版本流传 _ 225

资料珍贵 _ 232

案头必备 _ 241

影响深远 _ 244

参考书目 _ 249

后　　记 _ 253

第一章 早年经历

常氏是古老的姓氏,由北方迁居蜀地。

常璩出生于蜀郡江原,自幼好学,博览群书。

自秦汉以来,蜀地的文人学者便有治史的传统。

古蜀神秘传说与汉代文运勃兴,对常璩有深刻的影响。

常璩好学努力,由此成了学养深厚和卓有见识的佼佼者。

诞生之地

常璩（约291—361年），字道将，蜀郡江原人。

在中国历史上，常氏是一个比较古老的姓氏，传说黄帝的时候就有大臣常仪，是掌管天文历法的。《吕氏春秋·勿躬》就记载了"常仪作占月"的传说。①晋代皇甫谧《帝王世纪》说常仪是帝喾之次妃，生帝挚。《世本·帝系篇》也说"（帝喾）下妃娵訾氏之女，曰常仪，生挚"。②汉代司马迁《史记·五帝本纪》有黄帝"举风后、力牧、常先、大鸿以治民"的记载，唐代张守节正义说"举，任用。四人皆帝臣也"。③常先曾被黄帝任命为大臣，这是见于史载的最早的常姓。清人张澍

四川崇州的常璩塑像

---

① 参见陈奇猷校释《吕氏春秋校释》第1077页，学林出版社1984年4月初版。
② 参见[晋]皇甫谧等撰，陆吉等点校《帝王世纪 世本 逸周书 古本竹书纪年》，《帝王世纪》第12页，《世本》第3—4页，齐鲁书社2010年1月第1版。又参见袁珂校注《山海经校注》（增补修订本）第463页注释2，巴蜀书社1993年4月第1版。
③ 见[汉]司马迁撰《史记》第1册第6页、第8页注释14，中华书局点校本，1959年9月第1版。

《姓氏寻源》卷十六就说:"黄帝使常仪占月,又有常先为大司空,常姓宜出于此。"①

在神话传说中,有常羲是月神之说,或记述常羲是月亮的母亲。譬如《山海经》中就记载帝俊与羲和生十个太阳,与常羲生十二个月亮。《山海经·大荒南经》说:"东南海之外,甘水之间,有羲和之国。有女子名曰羲和,方日浴于甘渊。羲和者,帝俊之妻,生十日。"《山海经·大荒西经》说:"有女子方浴月。帝俊妻常羲,生月十有二,此始浴之。"②羲和浴日,常羲浴月,是《山海经》中的经典神话,曾广为传播,为众所周知的传说故事。

《山海经》与《史记》都是人们熟悉的古籍,所以古人常常将史书记载的常仪与神话传说中的常羲联系在一起。其实传说与史实还是有区别的,史书记载的当然要可信一些。但也有人认为,上古时期的都是传说故事,把春秋战国之后的常氏"附会为神话中黄帝大臣常先与常羲之后,历史上实无其人,不足为凭"。③

据郑樵《通志·氏族略》记载,公元前11世纪,周武王分封其弟(文王第九子)于康国,世称康叔。周武王驾崩,周成王年幼继位,周公摄政,发生了武庚(殷纣王之子)叛乱,周公以王命伐之。平定以后,周公将原来商朝都城周围的京畿之地及商之余民封给了康叔,建立了卫国,封康叔为卫君。因为"周公与康叔至相睦,故以其地封之,作《康诰》《酒诰》《梓材》三篇,命之国,而行鲁国之政,故曰:'鲁、卫之政,兄弟也。'其地曰朝歌"。后来,又分封"卫康叔支孙食邑于常,因以为氏"。④当时的常邑大约在今山东滕州东南,周朝有很多以封邑为姓的,康叔后裔便是一个例子。本来"出自姬姓,以邑名为氏……其

---

① 见[清]张澍编纂《姓氏寻源》第211页,岳麓书社1992年10月第1版。
② 见袁珂校注《山海经校注》(增补修订本)第438页、第463页,巴蜀书社1993年4月第1版。
③ 见陈明远、汪宗虎主编《中国姓氏辞典》第41页,北京出版社1995年11月第1版。
④ 见[宋]郑樵撰,王树民点校《通志二十略》上册第44页、第87页,中华书局点校本,1995年11月第1版。

后遂为常氏"。① 所以学者们大都认为，中国历史上的常氏，可能是从周代才开始出现的。到了春秋战国时期，常氏已经成为比较常见的姓氏了。

其他史书也有关于常氏的记载。譬如《左传·昭公五年》说楚国出兵征伐吴国的时候，"越大夫常寿过帅师会楚子于琐"。《左传·昭公十三年》又说："因群丧职之族，启越大夫常寿过作乱，围固城，克息舟，城而居之。"② 根据《史记·楚世家》的记载，楚灵王三年（前538年）举行盟会，"诸侯皆会楚于申"，越国派大夫常寿过参加楚灵王主导的这次盟会。在这次盟会上，楚灵王"会兵于申，僇越大夫常寿过，杀蔡大夫观起"。文中说的"僇"，是欺侮、凌辱或耻笑之意。由此可知，越国大夫常寿过遭受了楚灵王的侮辱，此事为后来的报复埋下了伏笔。到了楚灵王十二年（前529年），蔡大夫观起的儿子观从逃亡到吴国，"乃劝吴王伐楚，为间越大夫常寿过而作乱，为吴间"。③ 他们利用楚国内乱的机会，杀死了楚灵王的太子，楚灵王也彷徨山中病死了，后来楚平王自立为王。这是一个比较有名的历史故事，在越国做官的常寿过就是常氏中的一位有名人物。

到了汉代，有西汉大臣常惠，是活跃在汉武帝、汉昭帝、汉宣帝三朝的外交家。《汉书》卷七十说："常惠，太原人也。少时家贫，自奋应募，随移中监苏武使匈奴，并见拘留十余年，昭帝时乃还。汉嘉其勤劳，拜为光禄大夫。"④ 常惠年轻时作为苏武的副使出使匈奴，被匈奴扣留了十九年，到汉昭帝时才得以脱身回国，被封为光禄大夫。汉宣帝时，命常惠出使乌孙，派遣了五位将军率领十余万骑兵，联合乌孙五万余骑兵，击败了长期控制西域的匈奴。《汉书》卷九十四上记述："校尉常惠与乌孙兵至右谷蠡庭，获单于父行及嫂、居次、名王、犁汙都尉、千长、将以下三万九千余级，虏马牛羊驴骡橐驼七十余万。

---

① 见陈明远、汪宗虎主编《中国姓氏辞典》第41页，北京出版社1995年11月第1版。
② 见王守谦、金秀珍、王凤春译注《左传全译》第1158页、第1227页，贵州人民出版社1990年11月第1版。
③ 见[汉]司马迁撰《史记》第5册第1704页、第1706页，中华书局点校本，1959年9月第1版。
④ 见[东汉]班固撰《汉书》第9册第3003页，中华书局点校本，1962年6月第1版。

汉封惠为长罗侯。"①《汉书》卷九十六下亦有相同记载,说击败匈奴后,常惠"还,封惠为长罗侯。是岁,本始三年也。汉遣惠持金币赐乌孙贵人有功者"。又说:"宣帝时,长罗侯常惠使乌孙还,便宜发诸国兵,合五万人攻龟兹,责以前杀校尉赖丹。龟兹王谢曰:'乃我先王时为贵人姑翼所误,我无罪。'执姑翼诣惠,惠斩之。"②《汉书》卷七十也记载了此事。西域的情况比较复杂,常惠团结乌孙、莎车、疏勒,惩治了龟兹,促成了龟兹与汉朝的联系,汉朝得以在龟兹东边的边防重镇乌垒(今新疆轮台东)设置西域都护府,加强了汉朝对西域的管理,使丝绸之路更为畅通。班固称赞他"明习外国事,勤劳数有功"。③常惠回朝后代替苏武为典属国,被任命为右将军,汉元帝时病故,谥号壮武侯。常惠是一位很有作为的人物,多次奉命出使西域,为汉朝击败匈奴立了大功,也为汉朝与西域的友好往来做出了很大贡献。他的后代子孙继承了他的功业,太原常氏由此显赫。

  关于常氏的由来,还有其他一些说法,这里就不做赘述了。总之,常氏是一个多民族、多源流的姓氏群体,随着历代的迁徙和繁衍,逐渐成为大姓。从史料记载看,常氏在先秦时期,主要生活在黄河流域和北方地区。常姓在起源地山东是比较有名的望族,在山西、河南、江苏等地也属于大姓。秦汉时期,曾有多次移民活动,从各处迁入蜀地的人口比较多。蜀地也出现了常姓的家族,很可能就与持续不断的移民活动有关。

  史籍对当时的移民活动,就有比较翔实的记载。特别是在秦并巴蜀之后,为了加强对蜀地的控制,秦国实施了从本土向蜀地移民的措施。常璩《华阳国志·蜀志》说秦人认为蜀地"戎伯尚强,乃移秦民万家实之"④,就真实地记述了这一状况。秦灭六国之后,仍继续实行这种移民措施,将六国的富豪大户大量

---

① 见[东汉]班固撰《汉书》第11册第3786页,中华书局点校本,1962年6月第1版。
② 见[东汉]班固撰《汉书》第12册第3905页、第3916页,中华书局点校本,1962年6月第1版。
③ 见[东汉]班固撰《汉书》第9册第3005页,中华书局点校本,1962年6月第1版。
④ 见[晋]常璩撰,刘琳校注《华阳国志校注》第194页,巴蜀书社1984年7月第1版。

迁往蜀地。譬如司马迁《史记》与班固《汉书》记述的临邛卓氏，便是秦汉之际从北方迁到蜀地的移民中的代表。司马迁《史记·货殖列传》说："蜀卓氏之先，赵人也，用铁冶富。秦破赵，迁卓氏……致之临邛。"又说："程郑，山东迁虏也，亦冶铸，贾椎髻之民，富埒卓氏，俱居临邛。"①这些迁徙入蜀的北方大户，在蜀中和西南地区生产铁器，经营商贸，后来都成了蜀中的富豪家族。

司马相如的先辈也是北方人，司马迁《太史公自序》说"司马氏世典周史"，后来"司马氏去周适晋，分散，或在卫，或在赵，或在秦"，"在秦者名错，与张仪争论，于是惠王使错将伐蜀，遂拔，因而守之"。集解苏林曰："守，郡守也。"②秦惠王时，司马错是秦并巴蜀后的第一任蜀郡守。到了西汉时期，已有定居在蜀中的司马氏了。譬如出生于成都的司马相如，就是蜀中司马氏家族中的佼佼者。

扬雄的先祖也是从北方迁居到蜀地的，据郑樵《通志·氏族略》记述，扬氏出自姬姓，"周宣王子尚父，幽王时封为扬侯，为晋所灭，其后为氏焉"。③班固《汉书·扬雄传》记述，其祖籍原在"河、汾之间，周衰而扬氏或称侯，号曰扬侯"，因为晋国六卿争权，扬侯被迫离乡远走，"逃于楚巫山，因家焉"。后来"楚汉之兴也，扬氏溯江上，处巴江州"，这应该是秦末汉初的时候了。到了汉武帝元鼎年间，扬氏因为"避仇"又举家溯江而上，迁徙到了社会生活更加繁华的蜀地，在成都平原的腹心地带郫县（今四川成都郫都区）择地安居，"处岷山之阳曰郫，有田一廛，有宅一区，世世以农桑为业"。④据晋灼解释，按照《周礼》的说法，一廛就是良田一百亩。扬氏在郫县定居了，所以扬雄和司马相如一样，也成了地道的蜀人。后来两人都因辞赋文章扬名立万，成为蜀中的大文豪。

---

① 见[汉]司马迁撰《史记》第10册第3277页、第3278页，中华书局点校本，1959年9月第1版。
② 见[汉]司马迁撰《史记》第10册第3285页、第3286页、第3287页注5，中华书局点校本，1959年9月第1版。
③ 见[宋]郑樵撰，王树民点校《通志二十略》上册第85页，中华书局点校本，1995年11月第1版。
④ 参见[东汉]班固撰《汉书》第11册第3513页，中华书局点校本，1962年6月第1版。

常璩的先祖是何时从北方迁徙入蜀的,因为缺少记载,不得而知,但有一点则是肯定的,从后汉至东晋,常氏在蜀地世代为官,已是江原有名的大家族。常璩在《华阳国志·蜀志》中说:"(江原县)郡西,渡大江,滨文井江,去郡一百二十里。有青城山,称江祠。安汉上下、朱邑出好麻、黄润细布,有羌筒盛。小亭有好稻田。东方常氏为大姓。文井〔江〕上有(守捉)〔常堤〕三十里,上有天马祠。"①这段叙述,记载了常璩故里的情况,信息量非常丰富。据有的学者考证,江原小亭便是常璩出生的故里,其地点大约在今崇州怀远一带。

常璩自称常氏为大姓,可知常氏确实是江原的名门大族。常璩是很严谨的学者,不会夸大其词,也不会做虚假的记录。常璩这段记述应该是比较真实的情况。任乃强先生认为:"小亭亦乡名,即常璩故乡,故言之特详。'有好稻田',乡在县之西南方,属羊摩江溉灌区也。"小亭是乡名,东方可能是里名,"为常氏聚族所在"。这里土地肥沃,生产的稻谷非常优良,所以称为好稻田。常璩说到了常堤,也很重要。任乃强先生认为:"'常堤',即常氏堤,盖常氏合族所筑以捍卫其农田兼资引灌者。"②常氏修筑之堤,因此称为"常堤",当然是符合情理的事情。

关于常堤,《水经注》对此也有记述:"文井水又东径江原县(案:原,近刻讹作都),县滨文井江,江上有常氏堤,跨四十里(案:近刻作有长堤,堤跨四十里),有朱亭,亭南有青城山。"③这是商务印书馆《水经注》版本的记载。岳麓书社《水经注》版本中的记载与此相同。④而在王国维的校注本中,则与此有差异,将"常氏堤"说成了"长堤"。⑤王国维为什么称为"长堤",而

---

① 见[晋]常璩撰,刘琳校注《华阳国志校注》第242页,巴蜀书社1984年7月第1版。
② 见[晋]常璩撰,任乃强校注《华阳国志校补图注》第160页注15,上海古籍出版社1987年10月第1版。
③ 见[北魏]郦道元著《水经注》第6页,商务印书馆1933年5月初版,1958年5月上海重印第1版。
④ 参见[北魏]郦道元撰,谭属春、陈爱平校点《水经注》第489页,岳麓书社1995年1月第1版。
⑤ 参见[北魏]郦道元撰,王国维校《水经注校》第1044页,上海人民出版社1984年5月第1版。

不是"常氏堤",没有注解,不得其详。商务印书馆的版本中,已经用按语的方式对此做了说明,指出这是近代刻印中的说法。可见"长堤"是近刻,并不准确。以前版本中说的是"常氏堤",这才是和常璩《华阳国志》一致的记述。任乃强先生在校注《华阳国志》时,也引用了《水经注》原版中的记载,认为是常氏堤:"《水经注》云:'县滨文井江。文井江上有常氏堤,跨四十里。有朱亭。'盖即所谓小亭也。"关于常堤上有天马祠,任乃强先生也做了考证,是因为当地河边牧马,有日行千里的良驹,死后葬于此处,所以立祠纪念。① 这也是当地比较有名的一个传说。常氏家族修筑了三十里(常璩说是三十里,《水经注》说是四十里)的堤坝,主要是为了防洪保护农田,同时也有利于灌溉,可见常氏家族拥有相当可观的田地。常氏作为当地的大姓,不仅拥有大量的田产,而且世代做官,这些都为常氏家族提供了充裕的经济保障。

江原是一个好地方,也是有名的富庶之地。常氏江原故里不仅有肥沃的稻田,还有便利的水利灌溉,而且手工业也比较发达,商贸活动也很兴旺。特别值得一提的是,当地出好麻,纺织生产的黄润细布,在当时是非常有名的纺织品,可以远销各地,为蜀郡创造了丰厚的效益。

根据后来学者们的研究,黄润细布又称"蜀布",是汉晋时期蜀中特产的一种细麻布,以雄麻纤维织成,轻细柔软,未经漂白,其色微黄,故名曰"黄润"。这种布的质地很柔软,可卷了放于竹筒中,故又称"筒中布"。常璩说的"有羌筒盛",有两种不同的解释:刘琳先生认为,"羌筒"是一种"大竹筒,盖产于岷江上游羌中,故名"。② 任乃强先生认为,"'羌筒'谓羌中竹管,尤细长,如笛(作乐器则称'羌笛')。一匹能纳于羌筒中,明其极细。《张骞传》所云'蜀布',盖即此布"。③ 按照实际情况,一匹蜀布的体量颇为可观,还是用大竹筒装比较恰当。黄润细布当时很流行,驰名全国,还远销海外,可以

---

① 参见[晋]常璩撰,任乃强校注《华阳国志校补图注》第160页注15,上海古籍出版社1987年10月第1版。
② 见[晋]常璩撰,刘琳校注《华阳国志校注》第243页注3,巴蜀书社1984年7月第1版。
③ 见[晋]常璩撰,任乃强校注《华阳国志校补图注》第160页注14,上海古籍出版社1987年10月第1版。

制作成夏季的单衣，价格较贵，属于名贵的衣料。汉代的一些著名文人，在辞赋中就对黄润细布做过描述。譬如司马相如《凡将篇》，就有"黄润纤美宜制禅"的赞美。①扬雄《蜀都赋》中讲述蜀人自造奇锦，并称赞蜀人生产的细布也精美无比，"筒中黄润，一端数金"。②由此可知，黄润细布的名贵程度，与其质地尤佳是大有关系的。

左思《蜀都赋》中对蜀中纺织业的兴旺，也做了生动的描述："百室离房，机杼相和。贝锦斐成，濯色江波。黄润比筒，籯金所过。"可知黄润细布和丝绸一样，在当时都是很畅销的名贵纺织品。左思还描绘了当时蜀都繁华热闹的商业贸易与市容情景："既丽且崇，实号成都……市廛所会，万商之渊。列隧百重，罗肆巨千。贿货山积，纤丽星繁。都人士女，袨服靓妆。贾贸鬻鬻，舛错纵横。异物崛诡，奇于八方。布有橦华，面有桄榔。邛杖传节于大夏之邑，蒟酱流味于番禺之乡。"③这说明，在蜀地的纺织生产加工行业中，除了占据主导地位的丝绸，采用葛麻之类材料制作的蜀布也应有相当的规模。蜀布的畅销与影响，是可以和丝绸媲美的。请注意左思《蜀都赋》中还特地讲到了远程贸易，称赞蜀布已经销售到了南亚、中东与西亚，成了外国人也同样喜欢的纺织品。司马迁《史记·大宛列传》与《史记·西南夷列传》中对此已有真实而明确的记载：汉武帝时张骞出使西域，"在大夏时，见邛竹杖、蜀布"。④张骞通西域是汉武帝时非常重要的大事件，他的非凡经历与所见所闻，由于《史记》的记载与传播，而成了家喻户晓的故事。张骞在大夏（西域中亚古国，其地理位置在今阿姆河上游地区）看到的蜀布，显然就来自蜀地，而且很可能就是江原出产的。

刘琳先生认为，常璩《华阳国志·蜀志》说"安汉上下、朱邑出好麻、黄润

---

① 见《全汉文》卷二十二，[清]严可均校辑《全上古三代秦汉三国六朝文》第1册第248页，中华书局影印本，1958年12月第1版。
② 见《全汉文》卷五十一，[清]严可均校辑《全上古三代秦汉三国六朝文》第1册第402页，中华书局影印本，1958年12月第1版。参见[宋]李昉等撰《太平御览》第4册3651页，中华书局影印本，1960年2月第1版。
③ 见[南朝·梁]萧统编，[唐]李善注《文选》上册第78—79页，中华书局影印本，1977年11月第1版。
④ 见[汉]司马迁撰《史记》第10册第3166页，又参见第9册第2995页，中华书局点校本，1959年9月第1版。

细布,有羌筒盛",所言"黄润细布"就是"蜀中特产的一种细麻布,亦称'蜀布',著名全国,并远销国外。张骞在大夏见有身毒(今印度)商人贩去的'蜀布',即此"。①任乃强先生认为:"所言'蜀布',确是蜀地当时特产的纻麻布。它是古代行销印缅等地数量最大的商品,与丝绸之路的丝绸,同样是导致打开中、西交通的动力。"②值得一说的是,西南丝绸之路亦可称为"西南蜀布之路",早在西汉之前就有了远程贸易的通商之道。蜀布就是从蜀国通过滇缅商道,远销到印度与阿富汗等地的。方国瑜先生说:"中、印两国文化发达甚早,已在远古声闻相通为意中事。最早中、印往还经过西南夷的交通线,各家所说是一致的,至于取道南海及西域,则为汉武帝以后之事。""故很早时期,楚、蜀商贾在西南地区活动,不乏远走身毒之徒,开通中、印经济文化交流。"③三星堆出土的大量海贝,也揭示了远程贸易从先秦时期就开始了。"据生物学家考证,那类齿贝仅产于印、缅温暖的海域。可见,至少在三千年前的殷周之际,印度与蜀之间已可辗转相通,有间接的贸易交换"。④

关于蜀布和黄润细布的由来与畅销,虽是汉代人的记述,但参照《华阳国志》引《尚书·禹贡》说巴地贡品有"织皮",蜀地则有锦、绣、麻、纻之饶,《礼记·礼运》说后圣有作,"治其丝麻,以为布帛",可知蜀布早在先秦时期已是仅次于丝绸的重要纺织品。从三星堆青铜造像群的穿着服装看,其中有不少当为蜀布制作,说明蜀布在三星堆时期的服饰文化中发挥了重要的作用。到了汉晋时期,蜀布更为精美,已成为遐迩闻名的纺织品。

蜀地出产的黄润细布亦称"筒中布",因为质地精美名气很大,曾被视为珍贵物品与奢侈品。《太平御览》卷八二〇引述了《东观汉记》记载的一个故事:"廉范年十五入蜀迎祖母丧,及到葭萌,渡船没,几死。太守张穆持筒中布数箧

---

① 见[晋]常璩撰,刘琳校注《华阳国志校注》第243页注3,巴蜀书社1984年7月第1版。
② 见任乃强著《中西陆上古商道——蜀布之路》,载《古代西南丝绸之路研究》第102页,四川大学出版社1990年10月第1版。
③ 见方国瑜著《中国西南历史地理考释》上册第7页、第8页,中华书局1987年10月第1版。
④ 见邓廷良著《丝路文化·西南卷》第27页,浙江人民出版社1995年12月第1版。

与范,范曰:'石生坚,兰生香,前后相违,不忍行也。'遂不受。"还引述了《梁书》记载的一个故事:"萧恢为郢州刺史,境内大宁,时有进筒中布者,恢以奇货异服,即命焚之,于是百姓仰德。"①这两个故事也说明了黄润细布的名贵。

关于江原县的得名,应该是和岷江有关的,其意就是首受江水的地区。在徐霞客之前,古人曾将岷江视为长江的源头。秦并巴蜀之后,采取了很多措施,加强了对蜀地的治理。李冰是继司马错、张若之后的第三任蜀郡守,最大的功绩就是修建了伟大的水利工程都江堰,使成都平原免除了水患,从此成为名副其实的天府之国。岷江水流出岷山后,从都江堰鱼嘴分水,首先接受江水的主河道为金马河与养马河。李冰充分利用都江堰的水利灌溉,曾着力发展文井江地区的农业生产。经过五十多年的发展,到了西汉初期,金马河、养马河、文井江流域的农业文明已经有了长足的发展,已成为成都平原的主要农耕区。汉朝在这一地区设置了江原县,是顺应社会发展而采取的重要行政措施。在汉代以及后来的蜀汉两晋时期,蜀郡始终是中国南方最具特色的地区,成都是闻名全国的繁华富庶的大都市,而江原县的农业与手工业都很繁荣,是紧邻成都的重要地区。

简而言之,根据相关的记载可知,常璩幼时生活在江原故里,过着比较富裕的生活,从小就接受了良好的家庭教育。中国历史上的名门大族都重视对子弟的教育,尤其重视读书。常氏家族中有人世代为官,与读书培养当然是大有关系的。常璩自幼耳濡目染,喜欢阅读,虚心好学,读了很多书,养成了勤于钻研的习惯,形成了正直的性格,拥有了博大的胸怀,并且打下了坚实的学问功底。常璩后来厚积薄发,著书立说,逐渐成为著名的蜀中学者。

---

① 见[宋]李昉等撰《太平御览》第4册第3648页、第3649页,中华书局影印本,1960年2月第1版。

古蜀背景

常璩自幼对历史怀有浓厚的兴趣,尤其对巴蜀地区的历史地理情有独钟。常璩良好的史学素养,不仅得益于常氏家族的教育培养,也与环境熏陶有很大的关系。

自秦汉以来,蜀地的文人学者便有治史的传统。关注历史、探讨历史、撰写历史地理著述,在蜀地有很浓的风气。蜀人好学,尤其好书,这些著述也就传抄流传开来,成为蜀中学子的常见读物,有的还传播到了中原与荆楚等地。常璩博览群书,读过很多这方面的著述,这对他自然而然产生了很大的影响。

众所周知,长江和黄河都是中华文化的摇篮。早在一万多年前,四川盆地就已经是"资阳人"活动栖息的场所。而在距今四千多年前的夏商时期,成都平原已经出现了与中原文明同样灿烂辉煌的古蜀文明。考古发现的宝墩文化多座古城遗址以及三星堆遗址和金沙遗址出土的大量珍贵文物,对此就是很好的印证。古蜀历史由于缺少文字记载,又由于古蜀文明的突然湮没,而留下了许多神奇迷人的传说,也留下了很多难解之谜。但古蜀国并非子虚乌有,而是真实存在的,在蜀地就流传着大量的关于古蜀早期历史的传说。汉代文人学者的辞赋与著述中便收集和记载了很多古蜀的早期传说。譬如司马迁《史记·五帝本纪》中就记述了黄帝与蜀山氏联姻的故事。当时蜀中的文豪司马相如、高人严君平、学者扬雄等人,都搜集和记述过古蜀的早期历史。常璩《华阳国志·序志》说:"司马相如、严君平、扬子云、阳成子玄、郑伯邑、尹彭城、谯常侍、任给事等各集传记,以作《本纪》,略举其隅。"①这段话就是说司马相如、严君平、扬雄、谯周等人,都搜集过蜀地的奇闻逸事与民间传说,并加以整理撰写成书。

据传,司马相如、严君平写过《蜀本纪》,而最著名的就是扬雄撰写的《蜀王本纪》。汉代还有许多蜀人撰有这方面的著述,惜多已不存。譬如东汉成都人杨终所撰《春秋外传》十二卷,郫人何英所撰《汉德春秋》十五卷,雒人李尤与人合撰的《东观汉记》,等等。蜀汉时期,蜀地史学兴盛,谯周是这一时期最杰出的代表,他先后撰写了《后汉记》《古史考》《蜀本纪》《巴蜀异物志》《益州志》《三巴记》等大量史学著作,对当时和后世治史者都产生了很大影响。谯周的得意弟子陈寿,撰写了纪传体史学巨著《三国志》。《三国志》完整地记述了东汉末到西晋初近百年间从分裂走向统一的历史全貌,被称为"前四史"之一,更是影响巨大。常璩自幼好学不倦,广为博览,对这些蜀中先贤的史学著述都是很熟悉的,也激发了他对古蜀历史的关注与深入探究的浓厚兴趣。在蜀中先贤的众多著述中,对常璩影响最大的,仍然要数扬雄撰写的《蜀王本纪》。

古蜀历史上,有关于蚕丛、柏灌、鱼凫、杜宇、开明的记载,通常认为是古蜀国的五个王朝。扬雄《蜀王本纪》就记载了古蜀国的诸多传说,这些记载虽然简略,却是一部非常重要的文献史籍,为了解和探讨古蜀历史提供了重要的线索。

扬雄《蜀王本纪》说:"蜀之先称王者,有蚕丛、柏濩、鱼凫、〔蒲泽〕、开明。是时人萌椎髻左衽,不晓文字,未有礼乐。从开明已上至蚕丛,积三万四千岁。"又说:"蜀王之先名蚕丛,后代名曰柏濩,后者名鱼凫。此三代各数百岁,皆神化不死,其民亦颇随王化去。鱼凫田于湔山,得仙。今庙祀于湔。时蜀民稀少。"②细读这些文字,可知扬雄关于古蜀的记述,传说的色彩比较浓郁,并掺杂了巴蜀地区的神话与仙话的成分,但也透露了早期古蜀王朝的兴

---

① 见[晋]常璩撰,刘琳校注《华阳国志校注》第891页,巴蜀书社1984年7月第1版。
② 见《全汉文》卷五十三,[清]严可均校辑《全上古三代秦汉三国六朝文》第1册第414页,中华书局影印本,1958年12月第1版。

衰更替，曾相继经历了蚕丛建国、柏灌继位、鱼凫兴邦的故事。

关于扬雄撰写《蜀王本纪》，虽然《汉书·扬雄传》中没有提到此事，但在汉晋之后的文人著述中，《蜀王本纪》已被经常引用，皆称扬雄所作，并无异辞。譬如东汉张衡撰写《思玄赋》中有"鳖令殪而尸亡兮，取蜀禅而引世"，《后汉书·张衡列传》记录了此文，唐李贤等注就引用了"扬雄《蜀王本纪》曰'荆人鳖令死，其尸流亡，随江水上至成都，见蜀王杜宇，杜宇立以为相。杜宇号望帝，自以德不如鳖令，以其国禅之，号开明帝。下至五代，有开明尚，始去帝号，复称王'也"。①《文选》卷十五亦收录了张衡《思玄赋》，唐李善注此句，也引用了"《蜀王本纪》曰：望帝治汶山下邑曰郫，积百余岁。荆地有一死人，名鳖令，其尸亡，随江水上至郫，与望帝相见。望帝以鳖令为相，以德薄不及鳖令，乃委国授之而去"。②李贤与李善的注，引用的文字略有差异，应是转述原文，由此可知扬雄《蜀王本纪》是当时诸多文人学者相当熟悉的一部著作。

左思撰写《蜀都赋》称"夫蜀都者，盖兆基于上世，开国于中古，廓灵关以为门，包玉垒而为宇，带二江之双流，抗峨眉之重阻。水陆所凑，兼六合而交会焉"。《文选》卷四收录了左思的《蜀都赋》，刘逵注曰"扬雄《蜀王本纪》曰：蜀王之先名蚕丛、柏濩、鱼凫、蒲泽、开明，是时人萌，椎髻左言，不晓文字，未有礼乐。从开明上到蚕丛，积三万四千岁，故曰兆基于上代也。秦惠王讨灭蜀王，封公子通为蜀侯。惠王二十七年，使张若与张仪筑成都城。其后置蜀郡，以李冰为守"。③这些都显示了扬雄《蜀王本纪》在汉晋时期的影响。

扬雄学识渊博，擅长辞赋，是汉代著名的文学家，在史学方面也有所涉猎，是文史兼通的杰出学者，曾得到后来学者的评述与称赞。东汉王充《论衡·须颂篇》就说："司马子长纪黄帝以至孝武，扬子云录宣帝以至哀、平。"④范晔

---

① 见[南朝·宋]范晔撰《后汉书》第7册第1923页、第1925页注12，中华书局点校本，1965年5月第1版。
② 见[南朝·梁]萧统编，[唐]李善注《文选》上册第217页，中华书局影印本，1977年11月第1版。
③ 见[南朝·梁]萧统编，[唐]李善注《文选》上册第75页，中华书局影印本，1977年11月第1版。
④ 见[东汉]王充著《论衡》第309页，上海人民出版社1974年9月第1版。

《后汉书·班彪列传》称"武帝时,司马迁著《史记》,自太初以后,阙而不录,后好事者颇或缀集时事,然多鄙俗,不足以踵继其书",李贤等注曰"好事者谓扬雄、刘歆、阳城衡、褚少孙、史孝山之徒也"。①刘知几《史通·古今正史》亦载:"《史记》所书,年止汉武,太初以后,阙而不录。其后刘向、向子歆及诸好事者,若冯商、卫衡、扬雄……相次撰续,迄于哀、平间,犹名《史记》。"东汉初"班彪以为其言鄙俗,不足以踵前史,又雄、歆褒美伪新,误后惑众,不当垂之后代者也"②,另撰史以代之。后来班固撰写了《汉书》,取代了扬雄等人的撰续之作,故而其书无传。

扬雄撰写的汉代历史之书,虽然被取代而失传了,但他涉猎史学应该是确有其事的。扬雄曾撰《方言》,研究过蜀地的民俗,又撰写过《蜀都赋》,熟悉蜀地的地理历史,对蜀地流传的古蜀逸闻加以搜集并撰写成书,也是情理之中的事情。北宋晁说之《景迂生集》卷十九《扬雄别传》亦曰"雄在蜀时尝著《蜀王本纪》《蜀郡赋》,以极其山川地里人物之实。又尝录宣帝以至哀平纪传皆备,其后班固因之",说的便正是这种情况。由于原书流传亡佚,被人传抄引用,掺和了异闻,我们今天看到的扬雄《蜀王本纪》已是后人的辑本。

这里需要提到的是,曾有学者对《蜀王本纪》提出过疑问,徐中舒先生就曾置疑《蜀王本纪》的作者与年代,认为"《蜀王本纪》初名《蜀本纪》,或省称《蜀纪》……只是杂记蜀事之书,除记述有关蜀王事迹以外,还杂记与蜀王无关之事……荟萃成书,当在刘焉、刘备相继统治益州之时",他还认为"《蜀本纪》或《蜀王本纪》的作者是蜀汉时代的谯周而不是西汉末年的扬雄"。③但有学者指出,《蜀王本纪》记载的时间上限是蚕丛鱼凫的上古时期,下限是西汉宣帝时期,可见《蜀王本纪》成书于西汉时期,且《蜀王本纪》的内容与扬雄受神仙道家思想影响相契合,加之众多的文人史籍中引用此书皆称扬雄《蜀王本

---

① 见[南朝·宋]范晔撰《后汉书》第5册第1324页、第1325页注2,中华书局点校本,1965年5月第1版。
② 见[唐]刘知几撰,赵吕甫校注《史通新校注》第692页,重庆出版社1990年8月第1版。
③ 见徐中舒著《论巴蜀文化》第138页、第149页,四川人民出版社1982年4月第1版。

纪》，足以证明《蜀王本纪》是扬雄撰写的。①

  《蜀王本纪》中的很多记述对常璩产生了深刻的影响。常璩后来撰写《华阳国志》，对古蜀历史的追述，就采用了扬雄《蜀王本纪》中的许多说法。常璩也熟读过司马迁《史记·五帝本纪》等著述，对黄帝与蜀山氏的联姻记载深表赞同。司马迁《史记·五帝本纪》说："黄帝居轩辕之丘，而娶于西陵之女，是为嫘祖。嫘祖为黄帝正妃，生二子，其后皆有天下：其一曰玄嚣，是为青阳，青阳降居江水；其二曰昌意，降居若水。昌意娶蜀山氏女，曰昌仆，生高阳，高阳有圣德焉。黄帝崩，葬桥山。其孙昌意之子高阳立，是为帝颛顼也。"②这段记载中提到了黄帝与古蜀的两次联姻，先娶西陵之女为正妃，又为其子娶了蜀山氏女。在其他古籍中，也有类似记载，《山海经·海内经》就有"黄帝妻雷祖，生昌意，昌意降处若水"的传说。《世本》《大戴礼记·帝系篇》等也有"黄帝娶于西陵氏之子，谓之累祖，产青阳及昌意""颛顼母濁山氏之子，名昌仆""昌意娶于蜀山氏之子，谓之昌仆氏，产颛顼"的记述。袁珂先生考证说，蜀，古字通濁，《世本》说的"濁山氏"也就是蜀山氏。③与黄帝同时期的蜀山氏，很可能是岷江上游最早养蚕的部族。有学者认为，蜀山氏因为长期养蚕和纺织丝绸，后来便以蚕为族名，称为蚕丛氏。蚕和蜀，其实都是和养蚕密切联系在一起的。汉代许慎《说文解字》就说："蜀，葵（桑）中蚕也。"④任乃强先生认为，蜀山氏是最早"拾野蚕茧制绵与抽丝"的部族，到了"西陵氏女嫘祖为黄帝妃，始传蚕丝业于华夏"。⑤正是由于这个原因，蜀山氏又被称为蚕丛氏。

  常璩《华阳国志》在叙述古蜀历史时便充分参考了司马迁与扬雄的著作，并将二者结合起来，力图将古蜀传说与华夏历史相衔接。司马迁的著述代表了汉代

---

① 参见孙远著《〈蜀王本纪〉著者考》，载《琼州学院学报》2015年2月第22卷第1期。
② 见[汉]司马迁撰《史记》第1册第10页，中华书局点校本，1959年9月第1版。
③ 参见袁珂校注《山海经校注》（增补修订本）第503页及注2、第504页注8、第391页注4，巴蜀书社1993年4月第1版。
④ 见[汉]许慎撰，[清]段玉裁注《说文解字注》第665页，上海古籍出版社1988年2月第2版。
⑤ 见任乃强著《四川上古史新探》第48页，四川人民出版社1986年6月第1版。

黄帝像（山东嘉祥武梁祠汉代石刻）

正统史家的观点，而扬雄的记载则偏重于地方史。常璩觉得，古蜀的历史很悠久，应该是和中原华夏历史同步发展的。《华阳国志·蜀志》说："蜀之为国，肇于人皇，与巴同囿。至黄帝，为其子昌意娶蜀山氏之女，生子高阳，是为帝（喾）〔颛顼〕；封其支庶于蜀，世为侯伯。历夏、商、周，武王伐纣，蜀与焉。"①这说明了常璩的史家眼光，认为古蜀与华夏从上古以来就有交流往来，有着非常密切的亲缘关系，充分显示了他视野的开阔。

常璩不仅注意到了古蜀与华夏在历史发展进程中的关系，而且也注意到了古蜀独特的地理环境，对蜀与巴的关系、蜀与西南少数民族的关系给予了特别的关注，对此有着比较全面而深入的了解。众所周知，先秦时期的西南地区自古以来就小邦林立、部族众多，有文献记载，大大小小的部落有上百个。汉代司马迁在《史记·西南夷列传》中对西南地区部族众多的情形做了真实的记述："西

---

① 见[晋]常璩撰，刘琳校注《华阳国志校注》第175页，巴蜀书社1984年7月第1版。

南夷君长以什数",其西其北又以什数。①汉代班固在《汉书·西南夷两粤朝鲜传》中也对此做了同样的记载。②这是汉代的情况,上溯至商周时期,西南地区大大小小的部族数目可能更多。史料中称这些部落首领为"戎伯",或称为"诸侯""邑君"。《尚书·牧誓》记述协助周武王伐纣的有"庸、蜀、羌、髳、微、卢、彭、濮人"③,这些都是比较大的部族,才有实力出兵参与伐纣。其中的蜀当然是实力最强的,《战国策·秦策一》就说"夫蜀,西辟之国也,而戎狄之长也"。④巴与蜀相邻,也是相当强大的部族。常璩后来撰写《华阳国志》时说,巴也和蜀一起参加了周武王伐纣的军事行动。常璩这样说,应该是有史料依据的。

从文献记载看,巴、蜀的崛起与兴盛,成为西南地区两个强大的宗主国,都具有天时、地利、人和的原因。其中一个很重要的原因,便是部族与氏族之间的联姻或者结盟,从而形成了联盟式的政权。蒙文通先生曾精辟地指出:"蜀就是这些戎伯之雄长。古时的巴蜀,应该只是一种联盟,巴、蜀不过是两个霸君,是这些诸侯中的雄长。""可见巴、蜀发展到强大的时候,也不过是两个联盟的盟主。"⑤这种多部族联盟的形式,正是古蜀王国与中原和其他地区在社会结构方面的不同之处。蜀国部族多,结构比较松散,内部常发生矛盾,影响了政权的稳定和巩固。到了开明王朝末代蜀王之时,由于蜀王腐化享乐,矛盾加剧,已趋于衰败。秦惠王准备伐蜀的时候,司马错就分析了蜀国的情形,将蜀国的众多部族比喻为群羊,说:"以秦攻之,譬如使豺狼逐群羊也。取其地足以广国也,得其

---

① 参见[汉]司马迁撰《史记》第9册第2991页,中华书局点校本,1959年9月第1版。
② 参见[东汉]班固撰《汉书》第11册第3837页,中华书局点校本,1962年6月第1版。
③ 见[清]阮元校刻《十三经注疏》上册第183页,中华书局影印本,1980年9月第1版。
④ 见缪文远著《战国策新校注》(修订本)第91页,巴蜀书社1998年9月第3版。
⑤ 见蒙文通著《巴蜀古史论述》第30页、第31页,四川人民出版社1981年8月第1版。又见蒙文通著《巴蜀史的问题》,载《古族甄微》第199页、第200页,巴蜀书社1993年4月第1版。

财足以富民,缮兵不伤众而彼已服矣。"①司马错认为蜀国具有地广财多容易攻取的特点。常璩后来在《华阳国志》中,对此亦做了客观而翔实的记述。②

秦并巴蜀,是中国历史发展进程中的重大事件,其意义极其深远。其产生的重大影响主要体现在两个方面:首先是秦国获得了扩展疆域的战略性重大胜利,为秦国带来了巨大的好处。秦并巴蜀后,由于巴蜀地区物产丰富,从而为秦国进一步统一天下提供了充裕的人力资源与物质基础。其次是对蜀地的发展,也产生了积极而重要的影响。秦并巴蜀后,将北方和中原的很多东西输入巴蜀地区,促使并加快了巴蜀区域文明与华夏文明的融合。社会与历史都是由不同的发展阶段组成的,古蜀国的历史也正是这样,从传说的蚕丛、柏灌、鱼凫,到杜宇与开明王朝,就经历了漫长的由多个王朝更替组成的发展历程,然后被秦统一,进入了秦汉时期。传承了十二代的开明王朝虽然被秦攻灭了,传说色彩很浓的古蜀历史也由此画上了句号,却为巴蜀地区开启了新的发展篇章。

秦统一巴蜀之后,采取了很多措施来加强对巴蜀地区的统治和管理。其中最重要的是实行郡县制、移民入蜀、修筑城市、兴修水利、大力发展农业和商贸,使蜀地的经济面貌大为改观,变得更为兴旺发达了。秦任命的几位蜀郡守都很有作为:司马错在军事方面取得了巨大的功绩;张若修建了成都城、郫城与临邛城,促进了手工业与商业贸易的发展,为蜀地经济带来了繁荣;李冰修建了都江堰,从此成都平原水旱从人,成了真正的天府之国。从文化方面看,秦人的文字也传入了蜀地,四川的青川等地考古发现有出土的大量秦简,对此就有较多的揭示。自春秋战国以来,中原的诸子百家一直很活跃,很可能早就对蜀地有所影响,秦并巴蜀之后文化的传播自然是更为畅通了,这显然对蜀地的文化发展起到了积极作用。

我们知道,古蜀历史悠久,在社会结构、礼仪制度与精神崇尚诸多方面都独具特色,自上古以来便与黄河流域的中原王朝处于同步发展的状态之中,商周时期已形成灿烂的古蜀文明。三星堆遗址与金沙遗址等重大考古发现揭示,古蜀先

---

① 见缪文远著《战国策新校注》(修订本)第91页,巴蜀书社1998年9月第3版。
② 参见[晋]常璩撰,刘琳校注《华阳国志校注》第191—192页,巴蜀书社1984年7月第1版。

民擅长形象思维和图像表达，出土的青铜雕像群就显示了浓郁的古蜀特色，这与商周王朝以青铜礼器为代表的青铜文化有着明显的不同。古蜀图像发达，但文字却相对滞后，扬雄《蜀王本纪》所说"是时人萌椎髻左衽，不晓文字，未有礼乐"，说的就是古蜀没有中原王朝那样的文字与礼乐，这似乎是古蜀较长时期的一种实际情况。也就是说，因为文字是文化的重要载体，而古蜀没有流行文字，所以古蜀在文化上比中原王朝还是要相对落后些的。

其实扬雄的这个说法还是有疑问的，孔子《论语·述而》有关于彭祖的记述，子曰："述而不作，信而好古，窃比于我老彭。"[1]老彭是个人名，历来有不同说法，有认为是指老子与彭祖两人的，有认为是指殷商时的贤大夫彭祖的，孔子以其自比，称"我老彭"，充分表示了孔子对这个人的亲切感。关于彭祖，《世本》中有"在商为守藏史，在周为柱下史，寿八百岁"之说。[2]司马迁《史记·五帝本纪》也提到了"彭祖"，与大禹、后稷等人"自尧时而皆举用"，正义曰"彭祖自尧时举用，历夏、殷封于大彭"；《史记·楚世家》也记述了彭祖。[3]《大戴礼记》卷九亦有"商老彭"之称，认为彭祖是殷朝的贤大夫。[4]常璩读书很多，对这些史料记载应该是非常熟悉的，他在《华阳国志》卷十二中说："孔子'述而不作，信而好古，窃比于我老彭'。则彭祖本生蜀，为殷太史。"[5]在近代研究古蜀与殷商历史的著名学者中，顾颉刚先生对此做了精辟的分析，他认为："老彭是蜀人而仕于商，可以推想蜀人在商朝做官的一定不止他一个。古代的史官是知识的总汇，不论自然科学和社会科学他应当都懂。蜀人而

---

[1] 见刘俊田、林松、禹克坤译注《四书全译》第158页，贵州人民出版社1988年2月第1版。
[2] 见[晋]皇甫谧等撰，陆吉等点校《帝王世纪 世本 逸周书 古本竹书纪年》，《世本》第3页，齐鲁书社2010年1月第1版。
[3] 参见[汉]司马迁撰《史记》第1册38页、第39页注2，第5册1690页、第1691页注4，中华书局点校本，1959年9月第1版。
[4] 参见[清]王聘珍撰，王文锦点校《大戴礼记解诂》第178页，中华书局点校本，1983年3月第1版。
[5] 见[晋]常璩撰，刘琳校注《华阳国志校注》第897页，巴蜀书社1984年7月第1版。

作王朝的史官，可见蜀中文化的高超。"①《尚书·牧誓》与《古本竹书纪年》中都有蜀与彭参加武王伐纣的记载②，学者们大都认为，这应该是鱼凫时代的事情，鱼凫王朝与西周王朝是同时期的友好邻邦，彭也是当时的大部族，所以蜀国和彭族才参与了周武王的军事行动。由此可见，古蜀与中原的关系一直是比较密切的，这也说明了古蜀文化并不落后。常璩在《华阳国志·蜀志》中说，岷山之地不仅物产丰富，而且"其卦值坤，故多斑采文章"，"与秦同分，故多悍勇。在《诗》，文王之化，被乎江汉之域；秦豳同咏，故有夏声也"。③这是说古蜀国很早就接受了文王之化，古蜀人擅长写斑采文章，而且擅长音乐。既然能写很多斑采文章，当然是有文字的。关于音乐，开明王朝末代蜀王就擅长谱写歌曲，曾为爱妃创作了《臾邪歌》与《龙归之曲》，据说还为秦国美女创作了《幽魄之曲》。④这说明常璩的记述，表达了与扬雄不同的看法，通过宏观概述肯定了古蜀文化绚丽多彩的特点。

春秋时期有一位名叫苌弘的蜀人，担任过周室的史官，博学多才，也很有名。诸多传世文献对苌弘的事迹都有记载，譬如《左传》从昭公十一年到哀公三年就有很多关于苌弘为周大夫的记述。刘安《淮南子·氾论训》说："昔者苌弘，周室之执数者也。天地之气，日月之行，风雨之变，律历之数，无所不通。"⑤由此可知，苌弘是个才能超群的人，其主要职责是观测天象、推演历法、占卜凶吉，对周王室的出行起居、祭祀与战事等做出预测，并对天象变化、自然变迁等进行预报和解释。据《国语·周语》记述，周敬王迁都成周时，苌弘曾到晋国游说，促成了晋国率诸侯扩建成周："敬王十年，刘文公与

---

① 见顾颉刚著《论巴蜀与中原的关系》第19页，四川人民出版社1981年5月第1版。
② 参见[清]阮元校刻《十三经注疏》上册第183页，中华书局影印本，1980年9月第1版；参见[晋]皇甫谧等撰，陆吉等点校《帝王世纪 世本 逸周书 古本竹书纪年》，《古本竹书纪年》第79页，齐鲁书社2010年1月第1版。
③ 见[晋]常璩撰，刘琳校注《华阳国志校注》第175—176页，巴蜀书社1984年7月第1版。
④ 参见[晋]常璩撰，刘琳校注《华阳国志校注》第188—190页，巴蜀书社1984年7月第1版。
⑤ 见《二十二子》第1267页，上海古籍出版社1986年3月第1版。

苌弘欲城周，为之告晋。魏献子为政，说苌弘而与之。将合诸侯。"①这也说明了苌弘的能干以及对周室的忠心。这时发生了一件很重要的事情，孔子于周敬王二年（前518年）来到成周，恭敬地拜访了苌弘，向苌弘求教韶乐与武乐之异同以及其他不解之处。苌弘精通乐理，对孔子给予了指教。对于这段史实，《史记》和《孔子家语》等皆有提及。司马迁《史记·乐书》记载孔子曾与宾牟贾讨论武乐："子曰：'唯丘之闻诸苌弘，亦若吾子之言是也。'"索隐说："《大戴礼》云孔子适周，访礼于老聃，学乐于苌弘是也。"②《孔子家语·观周》亦载：孔子"至周，问礼于老聃，访乐于苌弘"。③韩愈《师说》中曾说："圣人无常师，孔子师郯子、苌弘、师襄、老聃。"④可见苌弘为孔子之师，已成为后来文人们津津乐道的一个典故。苌弘忠于周室，却遭谗言与离间而被杀。《韩非子·内储说下·六微》就有"叔向之谗苌弘也……因佯遗其书周君之庭而急去行。周以苌弘为卖周也，乃诛苌弘而杀之"的记述。⑤《左传·哀公三年》也有"周人杀苌弘"的记载。⑥《庄子·杂篇·外物》说："人主莫不欲其臣之忠，而忠未必信，故伍员流于江，苌弘死于蜀，藏其血，三年而化为碧。"⑦疏云："苌弘遭谮，被放归蜀，自恨忠而遭谮，遂刳肠而死。蜀人感之，以匮盛其血，三年而化为碧玉，乃精诚之至也。"⑧晋人干宝《搜神记》亦说："周灵王时，苌弘见杀。蜀人因藏其血，三年乃化而为碧。"⑨成语"碧血化珠""碧血丹心"即由此而来，这个典故曾被后人广泛引用，后来便

---

① 见[周]左丘明撰，上海师范学院古籍整理组校点《国语》第144页，上海古籍出版社1978年3月第1版。
② 见[汉]司马迁撰《史记》第4册第1228页，中华书局点校本，1959年9月第1版。
③ 见《百子全书》上册第7页，浙江古籍出版社1998年8月第1版。
④ 见[清]董诰等编《全唐文》第3册第2500页，上海古籍出版社1990年12月第1版。
⑤ 见《二十二子》第1154—1155页，上海古籍出版社1986年3月第1版。
⑥ 参见王守谦、金秀珍、王凤春译注《左传全译》下册第1500页，贵州人民出版社1990年11月第1版。
⑦ 见《二十二子》第73页，上海古籍出版社1986年3月第1版。
⑧ 见郭庆藩辑，王孝鱼整理《庄子集释》第4册第921页注3，中华书局1961年7月第1版。
⑨ 见[晋]干宝撰《搜神记》第130页，中华书局1979年9月第1版。

成了人们耳熟能详的成语。

关于苌弘为蜀人之说，也主要是由《庄子》的记载而来的，学者大都赞同此说，认为苌弘是"周灵王的贤臣，被放归蜀，刳肠而死"①，或认为苌弘是"周王朝的贤大夫，相传流放巴蜀后被剖腹而死"。②但也有认为《庄子·杂篇·外物》中说的"蜀"是"周时一个小邑。在今河南禹县西北。传说苌弘死后，血凝成块，状似碧玉"。③这个说法比较独特，与众不同，为一家之言。在史籍的相关注引中，也有人指出并认为苌弘死后葬于洛阳，譬如《史记·封禅书》集解引《皇览》曰："苌弘冢在河南洛阳东北山上。"④《后汉书·郡国志》说洛阳周时号成周，注引《皇览》也说："县东北山苌弘冢。"⑤虽然关于苌弘之死与墓冢有不同说法，但苌弘是蜀人仍是公认的看法。

常璩对苌弘的故事也是熟悉的，在《华阳国志》卷十二有"周苌弘之血变成碧珠，杜宇之魄化为子鹃"的记述与质疑。蒙文通先生认为，可"知旧传蜀事，也就可能是《蜀王本纪》原有苌弘化碧之说"，又说"苌弘是历法家，他死于蜀，蜀地应该有他的学术传于后代"。⑥刘琳先生认为，苌弘是春秋末周大夫，"关于苌弘的传说很多，大抵说他是蜀人，因忠于周室，为晋所不容，迫周杀之"。⑦任乃强先生《华阳国志校补图注》对有关苌弘的各种传说也做了梳理与分析，表示赞同《庄子·杂篇·外物》的说法，在前言中很明确地称苌弘为"蜀士"。⑧在后来的一些地理志书中，都有关于苌弘为蜀人的记述。譬如《大明一

---

① 见陈鼓应注译《庄子今注今译》第702页注6，中华书局1983年5月第1版。
② 见[战国]庄周原著，张耿光译注《庄子全译》第484页注8，贵州人民出版社1991年7月第1版。
③ 见曹础基著《庄子浅注》第407页注5，中华书局1982年10月第1版。
④ 见[汉]司马迁撰《史记》第4册第1364页，中华书局点校本，1959年9月第1版。
⑤ 见[南朝·宋]范晔撰《后汉书》第12册3390页，中华书局点校本，1965年5月第1版。
⑥ 见蒙文通著《巴蜀史的问题》，载《古族甄微》第266—267页，巴蜀书社1993年4月第1版。
⑦ 见[晋]常璩撰，刘琳校注《华阳国志校注》第899页注7，巴蜀书社1984年7月第1版。
⑧ 参见[晋]常璩撰，任乃强校注《华阳国志校补图注》前言第6页，第728—729页注5，上海古籍出版社1987年10月第1版。

统志·成都府·人物志》卷六十七就说:"苌弘,资中人,敬王时为大夫,孔子尝从之问乐。死而血碧,蜀人祀之。"①曹学佺《蜀中广记》也做了相同记述:"苌弘,资中人。事刘文公,为其属,大夫孔子尝问乐焉"。②《汉书·艺文志》中有"《苌弘》十五篇。周史"的记载③,可惜早已散佚。总之,苌弘在春秋时期做周朝的史官,连孔子都要向博学多才的苌弘请教,这也说明当时蜀地的文化并不落后,才能出现苌弘这样的人物。

到了战国时代,开明王朝末代蜀王据有褒、汉之地,在褒谷狩猎时与秦惠王相遇,曾互赠礼品。之后,秦惠王相继赠送五头石牛、五位秦国美女给蜀王,蜀王派五丁力士去迎接,又派使者去秦致谢,扬雄《蜀王本纪》与常璩《华阳国志》对此都有记述。这里很自然涉及一个问题:蜀王与秦惠王互派使者的时候是否有书信交往?按常理推测,秦人有篆书,蜀人不仅有图语,很可能也是有文字的。彭祖与苌弘都做过史官,当然是要精通史料与各种书籍的,也说明蜀人应该有文字。但四川考古迄今尚未发现古蜀文字材料,因为缺少出土实证,古蜀时代究竟有没有文字,就成了一个令人疑惑的古蜀之谜。这确实令人困惑和费解,只有期待以后的考古发现来揭示古蜀文字真相了。尽管有许多未解之谜,秦并巴蜀之后,蜀人便开始使用统一的文字,接受了来自黄河流域的诸子百家的思想,并使之与古蜀的传统文化习俗相互融合,则是肯定的。这对蜀地文化的发展以及秦汉之际蜀中文人的大量涌现显然起到了很重要的作用。

总之,灿烂的古蜀文化是一个很重要的历史背景,秦并巴蜀为蜀地带来了新的发展机遇。这两者,对汉晋时期蜀地的文人学者都具有深远的影响。

---

① 见[明]李贤等撰《大明一统志》下册第1048页,三秦出版社1990年2月第1版。
② 见[明]曹学佺撰,杨世文校点《蜀中广记》上册第405页,上海古籍出版社2021年3月第1版。
③ 见[东汉]班固撰《汉书》第6册1760页,中华书局点校本,1962年6月第1版。

汉代文运

蜀地文运的勃兴，则是从西汉初期开始的。

秦始皇兼并六国统一天下，中国从此进入了大一统的历史发展进程。秦始皇雄才大略，是个很了不起的君主，但统治中国的时间并不长。秦始皇死后，秦朝很快就被后来的汉朝取代了。秦末爆发了农民大起义，最终刘邦战胜项羽，建立了西汉。西汉是一个承前启后的伟大时代，继承了秦朝大一统的政治格局，在经济、文化、军事、外交、科技等诸多方面都谱写了新的绚丽华章。西汉涌现了很多杰出的人物，既有叱咤风云的英雄豪杰与军事将领，又有治国的能臣与著名的教育家、思想家，还有著书立说文章盖世的文人学者。其中也包括出自蜀地的大文豪和著名学者，如司马相如与扬雄等人，他们撰写的著作曾产生了巨大的影响。说到蜀地文人学者的涌现，最关键的原因，其实是和教育密切联系在一起的。

如果说秦李冰修建都江堰开创了水旱从人、经济富庶的天府之国，那么西汉文翁在成都办学育人，则促进了蜀地文化的兴旺与持续繁荣。李冰在水利与农业方面为蜀地奠定了坚实的经济基础，文翁开启了蜀地的好学读书之风，两人都是了不起的人物，都为蜀地在经济文化方面的长远发展做出了杰出的贡献。

文翁是西汉孝文帝时很有作为的一位蜀郡守。他上任之后，着重抓了两件大事：一是继续兴修水利，为蜀地的农田提供灌溉便利，保障了农业的丰产；二是在成都兴办学校，积极培育人才，倡导了重视教育的社会风气。

班固在《汉书·循吏传》中对文翁办学的经过和影响，做了较为详细的记述："文翁，庐江舒人也。少好学，通《春秋》，以郡县吏察举。景帝末，为蜀郡守，仁爱好教化。见蜀地辟陋有蛮夷风，文翁欲诱进之，乃选郡县小吏开敏有材者张叔等十余人亲自饬厉，遣诣京师，受业博士，或学律令。减省少府用度，买刀布蜀物，赍计吏以遗博士。数岁，蜀生皆成就还归，文翁以为右职，用次察举，官有至郡守刺史者。又修起学官于成都市中，招下县子弟以为学官弟子，为除更繇，高者以补郡县吏，次为孝弟力田。常选学官僮子，使在便坐受事。每出行县，益从学官诸生明经饬行者与俱，使传教令，出入闺阁。县邑吏民见而荣之，数年，争欲为学官弟子，富人至出钱以求之。繇是大化，蜀地学于京师者比齐鲁焉。至武帝时，乃令天下郡国皆立学校官，自文翁为之始云。文翁终于蜀，吏民为立祠堂，岁时祭祀不绝。至今巴蜀好文雅，文翁之化也。"①班固在《汉书》中强调了文翁的官吏身份，虽将文翁划归为"循吏"，但对文翁办学的创举和影响则给予了很高的评价。

常璩自幼就熟读《史记》《汉书》，非常敬佩文翁的作为，深知文翁办学对蜀地产生的巨大影响，所以很早就搜集过文翁的史料，在《华阳国志》中也详细

四川成都文翁石室内的文翁塑像

文翁石室故址

---

① 见[东汉]班固撰《汉书》第11册第3625—3627页，中华书局点校本，1962年6月第1版。

记述了文翁的事迹。《华阳国志》卷三说："孝文帝末年，以庐江文翁为蜀守，穿湔江口，溉灌繁田千七百顷。是时世平道治，民物阜康，承秦之后，学校陵夷，俗好文刻。翁乃立学，选吏子弟就学；遣隽士张叔等十八人东诣博士受七经，还以教授。学徒鳞萃，蜀学比于齐鲁。巴、汉亦立文学。孝景帝嘉之，令天下郡国皆立文学，因翁倡其教，蜀为之始也。孝武帝皆征入叔为博士。叔明天文、灾异，始作《春秋章句》，官至侍中、扬州刺史。"又说："文翁立文学精舍、讲堂，作石室，一（作）〔曰〕玉室，在城南。"《华阳国志》卷十又说："叔文播教，变风为雅。道洽化迁，我实西鲁。张宽，字叔文，成都人也。蜀承秦后，质文刻野，太守文翁遣宽诣博士东受七经，还以教授，于是蜀学比于齐、鲁，巴、汉亦化之。景帝嘉之，命天下郡国皆立文学，由翁唱其教，蜀为之始也。宽从武帝郊甘泉泰畤……以为扬州刺史……作《春秋章句》十五万言。"①在文翁培养推荐的人才中，张叔（即张宽）被朝廷征为博士，后官至侍中、扬州刺史，其他担任各级职务的还有很多。更重要的是，文翁创立郡学使得蜀地社会风气焕然一新，蜀中涌现了很多文人学者，在文学和学术上取得的成就足以同齐鲁之地的稷下学派相比，这时蜀文化已开始向汉文化转型。在汉朝大一统的格局下，巴蜀与华夏之间的地域文化，这时已有了更多和更好的融合。阅读常璩的这些记述，从地方史的角度来看蜀地文化的发展变化，可以和《史记》《汉书》的记载相互参照，使我们对文翁的贡献与创办郡学的意义，有了更加客观细致的了解。

文翁在蜀中创办郡学，其直接目的主要有二：一是移风易俗，二是培养人才。教育具有潜移默化的作用，对民俗民风的影响确实是非常大的。按照史籍中的说法，当时蜀地僻处西南部族众多，故而有蛮夷之风，文教方面更是落后于中原地区。文翁担任蜀郡守之后，对蜀地的这种状况，有意加以改变。但他并没有采取简单的行政手段来改变百姓的行为习惯，而是从兴办学校入手，来巧妙地改善蜀地的社会风俗。文翁很有眼光，也非常睿智，办学校抓教育就充分显示了他的远见卓识。当时任职的官吏大都是蜀中比较有地位有声望的阶层，文翁很果断

---

① 见[晋]常璩撰，刘琳校注《华阳国志校注》第214页、第235页、第711—712页，巴蜀书社1984年7月第1版。

地首先挑选了官吏子弟入学，并选派其中的优秀者去齐鲁游学，学成归来再传授给其他学生。齐鲁是孔孟之乡，也是儒学昌盛之地，游学是学习与传播知识的好办法，文翁派去的青年人才果然不负所望，将齐鲁的儒学经典著述带回了蜀地，由此而促使蜀学的兴起。榜样的力量是无穷的。其他年轻人都竞相入学，蜀人读书好学从此蔚然成风。文翁办学不仅改变了蜀地文教落后的面貌，更重要的是培养了蜀中人才，促进了蜀地文运的勃兴。文翁办学为蜀地带来了新貌，在当时产生了很大的影响，连汉朝的最高统治者都知道了，对此赞赏有加，命令天下郡国都效仿文翁，采用官办的形式来积极兴办学校，开创了全国各郡都特别重视文化教育的一代新风。

据文献记载，在文翁创办学校的过程中，汉代著名的文学家司马相如，在成都居住期间也曾执教于石室。曹学佺《蜀中名胜记》卷一引《寰宇记》说："石室，司马相如教授于此，从者数千人。"又根据秦宓引《地里志》的说法"文翁倡其教，相如为之师"，认为"汉家得士，盛于其世矣"。①其实早在秦宓之前，班固《汉书·地理志》对此就已经有记载了："文翁为蜀守，教民读书法令，未能笃信道德，反以好文刺讥，贵慕权势。及司马相如游宦京师诸侯，以文辞显于世，乡党慕循其迹。后有王褒、严遵、扬雄之徒，文章冠天下。繇文翁倡其教，相如为之师。"②由此可知，司马相如对汉代蜀地的教育事业，也发挥了非常重要的作用。

司马相如是和文翁同时代的人，文翁兴学可能略早一点，应该是建立石室讲堂于前，司马相如执教于后。值得注意的是，据陈寿《三国志·蜀书·秦宓传》记述，秦宓曾说："蜀本无学士，文翁遣相如东受七经，还教吏民，于是蜀学比于齐、鲁。故《地里志》曰：'文翁倡其教，相如为之师。'汉家得士，盛于其世。"③司马相如是否先在石室讲堂读书，然后又执教于石室讲堂呢？关于秦宓的说法，文翁是否确实曾派遣司马相如去齐鲁求学东受七经？《史记》《汉书》《华阳国志》中皆无此说法，所以是一个很大的疑问。按照常璩的记述，文翁

---

① 参见[明]曹学佺著《蜀中名胜记》第7页，重庆出版社1984年10月第1版。
② 见[东汉]班固撰《汉书》第6册第1645页，中华书局点校本，1962年6月第1版。
③ 见[晋]陈寿撰《三国志》第4册第973页，中华书局点校本，1959年12月第1版。

成都市图书馆内的司马相如塑像

派遣的是张叔等十八人去齐鲁学习儒家七经，并非司马相如。因无其他史料记载可供参照印证，秦宓说的很可能不准确，还是应该相信常璩严谨的记述。但司马相如曾经执教于石室讲堂，则是可以充分肯定的。可见司马相如和文翁一样，也是对蜀地的教育事业和文化发展具有重要影响的杰出人物。

司马相如青年时期在蜀中成都等地的故居，因历史久远已难觅踪迹，而传世文献记载的成都石室讲堂保存完好历久弥新，应该就是司马相如在步入仕途之前曾经执教的地方。汉代的成都石室，又称文学精舍讲堂，与文庙相邻，以后一直是历代府学所在，也就是今石室中学的前身，前后延续了两千多年，可谓是人类文明史上创办时间最长的一所学堂。我国许多著名的历史文化古都，如西安、洛阳、南京、开封等，都是古代学子云集之地，可是随着历史岁月的变迁，千年以前的古老学堂皆已湮没无存，成都文翁石室迄今却依然在发挥着培养人才的作用，这也足以称为中华教育史上的千古佳话了。

文翁是继李冰之后在蜀地做出了巨大贡献的一位杰出郡守，因而深受蜀人敬仰。李冰去世后，蜀人为他建了大墓，曹学佺《蜀中名胜记》卷九说：什邡的"章山后崖有大冢，碑云：秦李冰葬所"。又引《开山记》说："什邡公墓化上有升仙台，为李冰飞升之处。"又引《古蜀记》中的说法，认为"李冰功配夏后，升仙在后成化，藏衣冠于章山冢中"矣。①蜀人将李冰修建都江堰的功劳与大禹治水相提并论，特地在都江堰附近为李冰修建了祠庙，每年都要举行祭祀活

---

① 参见[明]曹学佺著《蜀中名胜记》第139页，重庆出版社1984年10月第1版。

动来纪念他。文翁为蜀地的教育事业与经济发展鞠躬尽瘁,他在蜀地因病去世后,蜀中的父老乡亲也特地为他建立了祠堂,每年也要举行祭祀活动以表达缅怀与纪念。顾颉刚先生称赞文翁在蜀地推行教育和文化的贡献说:"于是文教大行,蜀郡青年到京城里读书的数目不比齐、鲁少了。武帝看他的教育行政办得这样好,便命天下郡国都模仿他立起学堂,所以后来各地都有文庙和学宫。文翁死于蜀,蜀人替他造了祠堂作纪念,和那位大兴水利的李冰同样致敬。到现在,已经两千多年了,谁提起四川的好官,谁都会想起这两位贤太守来。"[1]天府之国由于拥有了李冰和文翁这两位客居于此的杰出人物,是多么荣幸!蜀人每年持续不断的祭祀活动,就由衷地表达了对他们的缅怀与崇敬之情。

从汉代开始,随着文运的勃兴,蜀地涌现了很多才华横溢的文人学者。司马相如撰写的大赋,辞藻华美,气势宏大,获得汉武帝的赞扬,产生了轰动效应,当时的文人才子们都竞相仿效,由此推动了汉赋的兴盛。司马相如成了蜀中文人学习的榜样,之后的王褒、严遵、扬雄等人,都是写文章的好手。蜀地堪称人才辈出,群星闪耀,在汉代文学史上留下了绚丽多彩的篇章,对后世文人产生了很大的影响。常璩自幼就熟读了蜀中前辈文豪的著述文章,对他们产生了崇敬之情。常璩后来在《华阳国志》中专门为蜀中先贤立传,对前辈文豪赞扬有加,就真实地表达了他发自内心的敬佩与推崇。

与繁荣的文学景观相呼应的,则是蜀地史学的兴盛。蜀人好治史,特别好治地方史,亦是汉代以来蜀地文人中的一个重要传统。西汉时期,扬雄撰有《蜀王本纪》,严君平撰有《蜀本纪》,可能还有许多蜀人也撰有这方面的著述,惜多已不存。东汉时期,成都人杨终撰有《春秋外传》,郫人何英撰有《汉德春秋》,雒人李尤与人合撰了《东观汉记》,等等,也大都失传。以上是文献史料记载透露的信息,由此可知蜀人治史的传统及对地方史的重视,在蜀地已经形成了一种浓郁的风气。

蜀汉时期,蜀地史学十分活跃,谯周是这个时期最杰出的代表。他先后撰写了《后汉记》《古史考》《蜀本纪》《巴蜀异物志》《益州志》《三巴记》等大

---

[1] 见顾颉刚著《论巴蜀与中原的关系》第92页,四川人民出版社1981年5月第1版。

量史学著作，对当时和后世治史者都产生了很大影响。谯周是西充人，自幼好学，熟读诸子文章并精研六经，对天文与史学都有深入的研究。谯周很有学问，名声在外，但口才一般，穿着不修边幅，不善于与人辩论，却很有见识，擅长写作。出仕蜀汉时，诸葛亮任命他为劝学从事，蒋琬任命他为典学从事，总管益州的学者，后主拜他为太子的老师。在魏国派邓艾从阴平小道攻入蜀地兵临成都之际，后主听从了谯周的献策而投降了魏国。三国归晋之后，谯周被征召至洛阳，后来因病去世。谯周著述颇丰，据《三国志·蜀书》记载，他撰有"《法训》《五经论》《古史考》（书）之属百余篇"。① 其中史学著述数量众多，对蜀中文人影响较大，弘扬了蜀地自西汉以来好学的传统，促进了重视地方风土民俗与历史地理的风气。谯周除了著书立说，还招收了一些弟子，向他们传授做学问的方法，其中有些弟子后来也成了蜀中的著名学者。

　　秦宓也是蜀汉时期一位博古通今的人才，在刘焉、刘璋时就出仕了，蜀汉时曾任长水校尉等。秦宓在史学方面很有造诣，曾发表过一些很有见识的高论，如与广汉太守夏侯纂谈论益州的优劣时，秦宓说蜀有汶阜之山为江水的源头，禹生石纽乃汶山郡人，疏江决河为民除害功冠华夏，三皇出谷口即今之斜谷，"此便鄙州之阡陌，明府以雅意论之，何若于天下乎？于是纂逡巡无以复答"。② 秦宓认为巴蜀的历史文化早于天下，以此抗衡中原，可谓独树一帜，他的学术思想对蜀中学者影响很大。《三国志·蜀书》记载，秦宓是谯周之师，谯周"少时数往咨访，纪录其言于《春秋然否论》，文多故不载"。③ 可惜秦宓撰写的著述都失传了，谯周记录的访谈也散佚了。但从谯周撰写的其他著述可知，谯周在史学方面师承了秦宓，很多学术见解都与秦宓一脉相承。

　　与秦宓同时代的，有从河南新野入蜀的来敏，他撰有《蜀本论》，记述了古蜀时候的蜀王事迹，可惜此书也散失了。传世的《水经注》中引用过两条记录，

---

① 见[晋]陈寿撰《三国志》第4册第1033页，中华书局点校本，1959年12月第1版。
② 参见[晋]陈寿撰《三国志》第4册第975页，中华书局点校本，1959年12月第1版。
③ 见[晋]陈寿撰《三国志》第4册第976页，中华书局点校本，1959年12月第1版。

记述了望帝与鳖灵的故事以及石牛便金的传说，与扬雄《蜀王本纪》大同小异。

陈寿是谯周的弟子，在史学方面造诣很高，阅读极多，用功甚深。谯周写过《益州志》，陈寿撰写了《益部耆旧传》十篇。晋初，陈寿撰写了《蜀书》，记载了东汉末年刘璋、刘焉二牧以及蜀汉先主、后主君臣史事。后来陈寿做了晋朝的著作郎，"乃鸠合三国史，著魏、吴、蜀三书六十五篇，号《三国志》。又著《古国志》五十篇，品藻典雅"。陈寿还将诸葛亮的故事集为二十四篇，还撰写了其他一些著述。①

常璩的从祖常宽撰有《蜀后志》《后贤传》《梁益篇》等，记载了晋武帝时蜀中官吏之事，还写有《典言》五篇，并"著述诗、赋、论、议二十余篇"。②从常宽的著书立说，可知常氏家族有读书好学的家风与治史的传统。常璩生于"文献故家"，自幼就受到了这种家风与传统的熏陶，并得其从祖常宽《易》学、史学之真传，这对他的成长显然起到了很重要的作用。

当然更重要的还是自汉代以来蜀地文化的繁荣与史学领域的活跃，这对常璩的影响很大，给了他丰富的文化滋养，使他成为一位很有学养与见识的文人。正是常璩的勤奋好学和博览群书，丰富了他的学识，其学问逐渐进入比较全面和深厚的境界，从而为他奠定了非常坚实的写作基础。

---

① 参见[晋]常璩撰，刘琳校注《华阳国志校注》第849页，巴蜀书社1984年7月第1版。
② 参见[晋]常璩撰，刘琳校注《华阳国志校注》第881—882页，巴蜀书社1984年7月第1版。

出仕成汉

常璩出身于名门望族，从小读书学习，阅读了很多先世遗书。

江原常氏家族中，有不少做官的名人。譬如蜀汉设立南广郡时，就以蜀郡江原人常竺为首任太守。常竺字代文，后来升迁为侍中，回到成都在蜀汉朝中做官。常竺的儿子常伟，字公然，也走了仕途，做过阆中令。常竺的孙子常骞从小读书治学，钻研过《毛诗》《三礼》，曾以清尚知名，后来也从政了，先在州里做从事、主簿，然后郡里察孝廉，做萍乡令，选为西晋成都王司马颖的侍郎，先被派去做绵竹令，后又被召回做郎中令。在西晋"八王之乱"中，常骞因为跟随司马颖有功，被封关内侯，接着又升迁为魏郡太守，加材官将军。常骞觉得晋朝皇族内乱潜藏着很多不测之险，中原很乱不是久待之地，便"固辞去官，拜新都内史"。"八王之乱"前后延续了十六年，参战诸王相继败亡，被杀的官员与民众数量众多，是西晋历史上一场触目惊心的王室内部大屠杀。随后又出现了"永嘉之乱"，使得社会陷入动荡，经济遭到严重破坏，导致了西晋的衰亡。常骞回到蜀郡，使他避免了中原的纷争祸乱。后来蜀中也发生了动乱，常骞被任命为湘东太守，此时他已是六十八岁的老人了，身体也不太好，尚未赴任就病故了。①

常璩的曾祖父常廓，字敬业，是常氏家族中的一位饱学之士，常璩《华阳国

---

① 参见[晋]常璩撰，刘琳校注《华阳国志校注》第419页、第880页，巴蜀书社1984年7月第1版。

志》卷十一说他"以明经著称,早亡"。常廓去世得比较早,没有担任过什么官职,却奠定了"阖门广学"的家风。常廓有几个儿子,都好学多才,其中以常宽最为著名。在常氏家族中,常宽和常骞是同辈,常宽是常骞的族弟。常宽很有才学,也非常能干,在著述方面颇有成就,在仕途上也担任过多种官职,是一位有影响的人物。常璩在《华阳国志》卷十一中,对常宽的学问成绩与仕途经历就做了较为详细的记述,说常宽早年认真研读过《毛诗》《三礼》《春秋》《尚书》,特别钻研过《周易》,很有心得。常宽还博览过《史记》《汉书》,强识多闻,很有学问,被称为江原当地的大儒。常宽为人却很谦虚,不喜俗务,蜀郡命功曹察举孝廉,都被他婉拒了。后来他还是走上了仕途,接受了任命,做了益州主簿、别驾,被推举为秀才,做了侍御史、繁县令。①

常璩继承了家学渊源,自幼好学不倦,少年时已经颇负才名。但那是一个动荡不安的时代,由于战乱骤起,一下就打破了平静的生活。像常氏这样的大家族也难以苟安,使得少年时代的常璩陷入了流离失所的境地。

当时蜀地爆发了农民起义,社会被战乱与恐慌的阴云笼罩,一些大家族为了避乱,纷纷远徙他乡。离开蜀郡的人越来越多,迁徙避乱成了当时的一股风潮。常氏家族也深受影响,随即以常宽为首领,也随大流开始了迁徙行动。他们离开蜀中江原故地,迁往荆湘地区。很多常氏族人都跟随着常宽走了,当然也有一些族人留了下来。没有迁徙远走的族人只有结寨自保,夯筑了坚固的土墙,以抵挡土匪的侵扰,过着提心吊胆的日子。常宽带领族人随同流民大潮进入荆湘地区之后,在零陵境内停留下来,从繁县迁徙来的很多百姓也跟随而至。东晋朝廷得知了这个情况,为了管理这些流民,便在零陵侨置繁县,任命常宽仍为繁县令,以治理民众。这是东晋王朝在特殊的历史阶段,采取的一种"侨治"方式。任乃强先生认为:当时"繁县民流居零陵者多,因设侨县以理之","江左侨立郡县,此其滥觞也"。②

---

① 参见[晋]常璩撰,刘琳校注《华阳国志校注》第881页,巴蜀书社1984年7月第1版。
② 见[晋]常璩撰,任乃强校注《华阳国志校补图注》第660页注3,上海古籍出版社1987年10月第1版。

那个年代战乱频繁,位于长江中游的荆湘之地也并不安全。从蜀中迁徙而来的民众,在当地原住民的眼中不过是一些流民,后来相互之间逐渐产生了比较大的矛盾。当时有位叫杜弢的成都书生,早年就以才学著称,曾被州里推举为秀才,因避乱来到了南平郡,得到当地太守应詹的欣赏和礼遇,请他做醴陵令。由于杜弢的地位与声望很高,很多从蜀郡迁徙来的民众都自发地追随他,拥戴他,使他成了流民的首领。这些来自蜀郡的流民散布在荆湘境内,遭到当地大姓人家的侵凌欺侮,都心怀怨恨。有些蜀人便开始闹事,与官府发生了争战。有人向湘州刺史荀眺进言说流民都想造反,荀眺准备杀死全部流民,于是流民推举杜弢率众起事。杜弢自称梁益二州州牧、平难将军、湘州刺史,率军攻破郡县,迫使荀眺弃城逃往广州。杜弢接着又击败了前来讨伐的官军,乘胜攻破了零陵、鄂州等,杀死了长沙太守与宜都太守等地方官员。晋元帝司马睿命令征南将军王敦、荆州刺史陶侃等人讨伐杜弢。前后交战数十次,杜弢的将士多数战死,于是向司马睿请求投降。司马睿起初不同意受降,杜弢便写信给应詹,自述被逼起事的原因,表示愿意为东晋朝廷效忠,投诚以后可以为朝廷北伐中原,或为朝廷西征李雄收复失土,以此救赎前罪将功补过。应詹将信呈交给了司马睿,并进言说:"杜弢是益州的秀才,一直享有很好的名望,被同乡人逼迫才聚众叛乱。现在悔恶归善,理应派使者去安抚,接受他投降,以使江、湘地区的百姓安定。"司马睿从当时的局势考虑,便派前南海太守王运去接受了杜弢的投降,并宣读诏书,赦免了杜弢与流民的反逆叛乱之罪,任命杜弢为巴东监军。杜弢接受任命之后,驻扎在附近的东晋将领们仍然不停地攻打他,这使得他非常愤怒,觉得朝廷是在欺骗他,于是杀死了前来受降招抚他的王运,再次率流民反叛。杜弢派部将攻打临川,接着攻陷了豫章;又派部将率领精兵向武陵进军,切断官军的运输路线。晋元帝对杜弢的反叛也很愤怒,下令调集各路官军,对杜弢进行围剿。经过几次激烈的厮杀,杜弢的部众被击败,全部溃散,杜弢见大势已去,于是趁乱"逃遁,不知所在"。①

在这种连续不断的战乱情形下,从蜀地迁徙到荆湘的民众自然是深受其害,

---

① 参见[唐]房玄龄等撰《晋书》第8册第2620—2624页,中华书局点校本,1974年11月第1版。

吃尽了动荡不安的苦头。常宽为了避乱，只得率领族人再次往南迁徙，进入交州暂时栖居。据《华阳国志》记述："湘州叛乱，乃南入交州。交州刺史陶咸表为长史，固辞不之职。虽流离交城，衣敝（褞）〔缊〕袍，冠皮冠，乘牛往来，独鸠合经籍，研精著述。"常宽在交州的时候，生活比较清贫，仍不忘读书写作，一些重要著述如《蜀后志》《后贤传》等，都是在这个时候撰写完成的。到了晋元帝的时候，"嘉其德行洁白，拜武平太守，民悦其政。以荣贵非志，在官三年，去职"。武平属于交州，在现在的越南河内以北，常宽做武平太守的时间很短，又遭遇交州内乱，幸免于难。常宽岁数已大，后来就在交州去世了。①当时跟随常宽迁徙到交州的蜀人比较多，到李雄派兵收取宁州、招辑流民的时候，蜀人流落在交州、南中、荆湘等地的，才又陆续回归蜀地。天下之大，五湖四海皆可安家，但眷恋家乡则是人之常情，更何况蜀地物产富庶，乃天府之国，对避乱远走的蜀人来说，盼望回归家乡，具有不可阻挡的吸引力。很多蜀人经历了这番折腾，又从交州、南中、荆湘等处辗转回到了蜀地。常氏家族的一些人，也有回来的，这些都是后来发生的事情了。

当流民潮引发大规模迁徙的时候，常璩还是少年，又由于家中的一些原因，所以没有跟着迁徙队伍远走他乡。按照任乃强先生的推测，这是由于"璩时尚幼，家较贫，未能远徙，随族结坞，附青城范长生以自存。后受李雄绥抚"。②

西蜀是道教的发祥地，当时范长生是青城山天师道首领，所以常璩要依靠范长生获得保护，这是乱世情形下一个比较明智的选择。众所周知，东汉时期的早期道教有两大派别，即五斗米道和太平道。五斗米道又称天师道或正一道，是沛国丰县人张道陵于东汉顺帝时，在西蜀鹤鸣山所创，奉老子为教主，以老子《道德经》为主要经典，因入教者要缴纳五斗米而得名。太平道是巨鹿人张角于东汉灵帝时所创，因奉《太平经》为主要经典而得名，用为人疗病的方式传教。由于

---

① 参见[晋]常璩撰，刘琳校注《华阳国志校注》第881—882页，巴蜀书社1984年7月第1版。
② 见[晋]常璩撰，任乃强校注《华阳国志校补图注》前言第1页，上海古籍出版社1987年10月第1版。

当时疫病流行，广大民众纷纷求治而信奉太平道，信众发展到了数十万，后来发动了黄巾起义，遭到了东汉王朝的残酷镇压。五斗米道在巴蜀地区也做了呼应，张道陵之孙张鲁在汉中建立了政教合一的地方政权，"不置长吏，皆以祭酒为治"，统治了将近三十年。张鲁后来投降了曹操，被迁至邺城，不久便病故了。天师道失去了统一领导，内部开始分化，但道教的巨大影响依然存在，蜀汉时期，蜀地的道教信徒就比较多。西晋"八王之乱"中的几位重要谋士都是天师道信徒。

据史籍记载，范长生是涪陵郡人，蜀汉后主的时候才迁居成都的。蜀汉后主延熙十一年（248年），涪陵发生了夷民造反事件，《三国志·蜀书·后主传》记载："秋，涪陵属国民夷反，车骑将军邓芝往讨，皆破平之。"《三国志·蜀书·邓芝传》也记载："十一年，涪陵国人杀都尉反叛，芝率军征讨，即枭其渠帅，百姓安堵。"①常璩《华阳国志·巴志》也记载了这件事，说涪陵郡"土地山险水滩，人多戆勇……延熙十三年，大姓徐巨反，车骑将军邓芝讨平之……乃移其豪徐、蔺、谢、范五千家于蜀，为猎射官。分羸弱配督将韩、蒋，名为助郡军，遂世掌部曲"。关于时间，延熙十三年可能是抄写之误，应该是延熙十一年。刘琳先生认为："范氏，李雄丞相范长生，涪陵丹兴人，当即诸葛亮此次迁于蜀者。范氏当亦为板楯蛮，与李雄为同族。"又说："蜀汉延熙十一年，车骑将军邓芝征涪陵，'移其豪徐、蔺、谢、范五千家于蜀'。故蜀郡多涪陵人，范贤家亦当为此时移入。"范贤为"青城山道士，涪陵丹兴人，本名长生。李雄称王，迎为丞相，尊称为范贤。世又称之为蜀才，《经典释文序录》有蜀才《易注》十卷，即长生也。自唐以来青城山有长生观，据说即其故宅所在"。《华阳国志》卷九也有关于范长生的记载："贤名长生，一名延久，又名九重，一曰支，字元，涪陵丹兴人也。"②从这些记载可知，范氏本是涪陵大族，蜀汉时期被迫迁徙，范长生一家就是这个时候离开故乡涪陵，迁居成都的。当时西蜀信奉

---

① 见[晋]陈寿撰《三国志》第4册第898页、第1072页，中华书局点校本，1959年12月第1版。
② 见[晋]常璩撰，刘琳校注《华阳国志校注》第83—84页、第86页注8、第640页注3、第663页，巴蜀书社1984年7月第1版。

青城山山门

道教的人很多，范长生也加入了天师道，长期住在青城山修炼道术，后来成为天师道首领。

按照道家的说法，青城乃昆仑下都、岷山南首，黄帝曾在此问道于宁封子、容成公。张道陵创立天师道，设立了二十四治，作为传教活动的根据地，以加强对道众的管理，沿岷江流域分布的有青城治、鹤鸣神山太上治等。青城治不在后来的二十四治之中，可能属于别治或游治。为了便于修道和传教，道治大都设立在群山环抱的山间小平原，南方民族称此为"峒"，附会传说有神仙石室，可上通于天，后世道教因此称之为"洞天"。"这些地方多为汉夷互市之处，是西南各民族经济、文化交流的孔道"，而且"山清水秀，云遮雾绕，其自然生态既优美迷人而又充满神秘的气氛"。道教设治在这些易守难攻、进退自如的山水之间，也就有了较大的安全性。①青城山是天师道的洞天福地，是道教十大洞天中

---

① 参见王纯五著《天师道二十四治考》第78—79页，四川大学出版社1996年9月第1版。

的"第五洞天",有"神仙都会"之称,相传张道陵曾于此修真创教。①范长生选择在青城山隐居,当然是很有眼光的,也是生逢乱世的一种深思熟虑的行为。因他本是大族,有部曲跟随,又注重信义,博学多才,所以深得天师道教徒的敬服和拥戴,成了天师道的重要首领。《晋书·载记》说"涪陵人范长生率千余家依青城山"②,可见当时追随他的民众是很多的,也说明他成为天师道首领后拥有很强的宗教号召力。范长生不仅有家族部曲和道教信徒,而且有自保的武装力量,既有威望又有实力,是西蜀地区众望所归的大人物。

范长生在青城山除了隐居修炼,还办了私塾,教育子弟,跟随他学习和拜他为师的人很多。到了西晋时期,巴蜀地区爆发流民起义的时候,范长生年事已高。崔鸿《十六国春秋·蜀录》说范长生在青城山"岩居穴处,求道养志"。《资治通鉴》卷九十说:"长生博学,多艺能,年近百岁,蜀人奉之如神。"③关于范长生的年龄,有多种说法,有的似有夸大的成分。常璩前往青城山求学,拜范长生为师的时候,范长生已是古稀之年了。相传,范长生开办私塾教学的地方,是在青城山的清风洞。也有说范长生是住在青城山下的,后来在原址修建了道教宫观长生宫,唐代的唐求、宋代的陆游与范成大等人都游览过,还留有诗文记录其事。

常璩青少年时代跟随范长生读书学习应该有好几年时间,这对他的人生影响比较大。首先是在当时兵荒马乱的情形下有了依靠,常璩不用再害怕遭到匪徒的袭扰,可以安心读书。其次是常璩在此期间又阅读了很多书籍,增进了学问,也磨炼了性格,开阔了胸襟,为他今后著书立说奠定了扎实的基础。再者是为他成年之后的仕途提供了机会。大约在常璩十九岁的时候,范长生接受了李雄的邀请,担任大成国的丞相之职。由于范长生备受成汉政权尊崇,而常璩是范长生的学生,后来常璩入仕,也很受信任,做了大成国的史官,在李势即位后被任命为

---

① 参见王纯五主编《青城山志》第189页,四川人民出版社1998年7月第3版。
② 见[唐]房玄龄等撰《晋书》第10册第3030页,中华书局点校本,1974年11月第1版。
③ 见[宋]司马光编著《资治通鉴》第7册第2857页,中华书局点校本,1956年6月第1版。

成汉政权的散骑常侍。

常璩大约在二十岁时娶妻成家。这时蜀地的社会秩序相对稳定，常氏家族在江原的产业也逐渐得到恢复，重新过上了比较安定的生活。关于常璩妻室的情况，有传说是娶了入蜀的流民之女，因缺少史料记载而不得其详。常璩年轻的时候，曾外出游览，去过江州（今重庆）。江州在先秦时期曾是巴国的都邑，一直是巴人的重要聚居地，常璩在这里了解到了很多关于巴人的传说故事。常璩还出游过其他一些地方，对巴蜀各地的民俗风情都非常熟悉。据传，他很可能还到过南中等地，对司马迁《史记》与班固《汉书》等史籍所记载的西南夷的历史地理人文做过一些实地考察。出游增长了见识，也开阔了眼界，对常璩后来撰写《华阳国志》大有好处。因为缺少史料记载，常璩的早年经历似乎相对简单，他究竟还游历过哪些地方，经历过什么曲折的故事，我们都不得而知。此处不便推测，当然也不能虚构。常璩出游归来之后，便走上了仕途。

常璩受其恩师、大成国丞相范长生的举荐，进入李雄建立的李氏朝廷，担任了大成国的史官一职。史官是中国历史上较为特殊的官职，大约从夏朝就有了，其职责主要是负责记录和编撰史书。后来演化为两种职务：一是负责皇帝的起居注，二是负责整理史料和撰写史书。前者随侍皇帝左右，专门记录皇帝的言行与政务得失；后者在史馆整理史料，专门将前代王朝的历史编撰成史书。《吕氏春秋·先识》就记载了夏桀荒淫无道，太史令终古劝谏无效"乃出奔如商"的故事。[1]殷商时期的甲骨文中已有"作册""史""尹"等字，《说文解字》说："史，记事者也。"[2]史的初义，就是指古代记事之官吏，即史官。据《周礼·春官》记载，周王朝设有五史：一、大史，新王登基，大史要参加册命典礼；二、小史，辅佐大史，掌其小事；三、内史，掌管册命诸侯，传达王命；四、外史，掌管四方之志与三皇五帝之书；五、御史，又名柱下史，掌管图书。春秋时期，设置有大史、小史、内史、外史、左史、右史等，《礼记·玉藻》

---

[1] 参见陈奇猷校释《吕氏春秋校释》第3册第945页，学林出版社1984年4月初版。

[2] 见[汉]许慎撰，[清]段玉裁注《说文解字注》第116页，上海古籍出版社1988年2月第2版。

说:"动则左史书之,言则右史书之。"①刘知几《史通·史官建置》说:"太史掌国之六典,小史掌邦国之志,内史掌书王命,外史掌书使乎四方,左史记言,右史记事。"②到了汉朝,汉武帝设置了太史令,以司马谈任其职,司马谈死后,由司马迁继其任。司马迁是汉代著名史官,撰写的《史记》被誉为"无韵之离骚,史家之绝唱"。除了太史令,西汉王朝在宫中还设置有女史,专门记录皇帝起居,故而有《禁中起居注》,东汉王朝也延续了这个制度。到了三国时期,魏明帝设置史官,称为著作郎。常璩担任的史官,其职责也就是整理史料和记录大成国朝廷的政务等。

大成国是李雄建立的流民王朝,实质上也就是一个地方割据政权。其由来,是从流民大量进入蜀地开始的。西晋时期,由于政局动荡战乱频繁,加之天灾人祸,一些地区发生了严重的饥荒。《晋书·食货志》说:"至于永嘉,丧乱弥甚。雍州以东,人多饥乏,更相鬻卖,奔迸流移,不可胜数。幽、并、司、冀、秦、雍六州大蝗,草木及牛马毛皆尽。又大疾疫,兼以饥馑,百姓又为寇贼所杀,流尸满河,白骨蔽野。"③可见情况是非常严重的。常璩《华阳国志》卷八记述,当时"略阳、天水六郡民李特及弟庠、阎式、赵肃、何巨、李远等,及氐叟、青叟数万家,以郡土连年军荒,就谷入汉川",因汉中粮食有限,于是大量流民经剑阁入蜀,"布散梁州及三蜀界"。常璩说"益州以蜀郡、广汉、犍为为'三蜀'。土地沃美",流民为了就食,所以散布到了"三蜀"各处。④

当时流民中间有很大一部分为賨人,或称为板楯蛮。据《华阳国志》卷九记载,这些賨人"祖世本巴西宕渠賨民。种党劲勇,俗好鬼巫",东汉末年才移居汉中和略阳。流民首领李特便是賨人的后裔,兄弟五人"皆锐骁有武干","人

---

① 见[清]阮元校刻《十三经注疏》下册第1473—1474页,中华书局影印本,1980年9月第1版。
② 见[唐]刘知几撰,赵吕甫校注《史通新校注》第633页,重庆出版社1990年8月第1版。
③ 见[唐]房玄龄等撰《晋书》第3册791页,中华书局点校本,1974年11月第1版。
④ 参见[晋]常璩撰,刘琳校注《华阳国志校注》第617页、第254页,巴蜀书社1984年7月第1版。

多归之"。① 流民入蜀后,同地方官府发生了矛盾。李特兄弟于是联合"六郡豪右",率领流民,以对抗官府的压迫。《华阳国志》卷八与《晋书·载记》说,益州刺史赵廞曾利用流民武装,企图割据巴蜀,却心怀疑忌,杀死了最有才干的李庠和一些李氏族人,导致李特率部攻入成都,赵廞战败被杀。新任益州刺史罗尚到任后,准备强行遣返流民,并部署军队,"欲杀流人首领,取其资货",矛盾进一步激化,由此而爆发了长达数年的流民抗晋之战,战火蔓延到了整个巴蜀地区。

李特率领六郡流民起兵抗晋,应是时势所迫和官逼民反的结果,也可以说是西晋末年规模最大的一次流民大起义。晋朝大为恐慌,急忙从荆州调集了数万军队前来镇压。李特不懂兵法,虽然多次打胜仗,却疏于防范,遭到官兵掩袭,在退却途中败死。其弟李流、子李雄率部继续战斗,打败了荆州兵,先后攻占了郫城和成都,后李雄建立了大成国。后来李寿称帝改国号为汉,历史上称之为成汉政权。

李雄称帝后,仿照汉、晋制度设立百官,并不断对外用兵开拓疆土,逐渐占领了梓潼、巴西、巴东、涪陵、汉嘉、越嶲等郡,控制了梁、益、宁三州的大部分地区与南中之地。《晋书·载记》说李雄"虚己爱人,授用皆得其才",而且"性宽厚,简刑约法",即使对待仇家也能厚待之,"由是夷夏安之,威震西土"。② 常璩《华阳国志》卷一也说"李雄,宕渠之厮伍、略阳之黔首耳,起自流隶,(君获)〔获君〕土民,其长人之魄,良有以也"。③ 可见李雄确实很有才干,绝非一般等闲人物。为了巩固政权,李雄将天师道首领范长生拜为丞相尊为国师,以充分利用民间道教的影响来增强凝聚力。李雄还采取了轻徭薄赋、鼓励农耕的政策,并兴文教、立学官;《晋书·载记》说"时海内大乱,而蜀独无事,故归之者相寻"。但成汉政权始终未能改变流民集团性质,"为国无威仪,

---

① 参见[晋]常璩撰,刘琳校注《华阳国志校注》第661页、第662页,巴蜀书社1984年7月第1版。
② 参见[唐]房玄龄等撰《晋书》第10册第3038页、第3040页,中华书局点校本,1974年11月第1版。
③ 见[晋]常璩撰,刘琳校注《华阳国志校注》第101页,巴蜀书社1984年7月第1版。

官无禄秩","行军无号令,用兵无部队"。①成汉政权内部的争权夺利也一直没有停止过,李雄在位三十年,死后,李班、李期、李寿、李势相继登位,十余年内曾发生多次政变,后来为东晋所灭。

  常璩在大成国做史官,这是个没有什么实权的闲职,却使常璩有机会接触了更多的书籍和史料,对他来说可谓适得其所。蜀地自从西汉文翁办学以来,就有了重视书籍的风气,州郡都比较重视藏书。大成国在成都建立政权,也收集了很多书籍,都交给史官来管理。这对于嗜书好学的常璩来说,当然是求之不得了。常璩幼承家学,最喜欢做的事情就是读书与写文章。在治学方面,常璩尤其对史学情有独钟,对西南地区的人文地理、风土人情特别关注。常璩的从祖常宽在史学方面很有造诣,曾撰有《典言》《蜀后志》《后贤传》,续陈寿《耆旧》作《梁益篇》等著述,对常璩的影响比较大。常璩很早就产生了著书立说的念头,与这些都是大有关系的。李雄建立的大成国,虽然疆域有限,并存在着错综复杂的各种矛盾和问题,但蜀地人民逐渐恢复了相对安定的生活。到李雄派遣李寿夺取宁州,招还流民的时候,蜀人在交州、南中、荆湘避乱的,都陆续返回蜀地。此时常璩四十岁左右,刚回归蜀地的常氏族人都来依附他。常璩通过回归的蜀地流民,了解到许多外地的情况,包括南中、交州等地的人文地理故事。常璩博闻强记,长期负责管理大成国的图书史料,搜集了很多关于蜀地的历史、人文、地理、民俗等方面的资料,加上访谈记录和早年实地考察所见,这使他有了相当丰富的资料积累。常璩于是开始写作,撰写了不少著述。任乃强先生经过考证,为常璩列出了生平年表,推测认为常璩在四十岁左右已经撰写了梁、益二州地记及《南中志》,不久改写《梁州记》为《巴汉志》,改写《益州记》为《蜀志》,接着又撰写了《蜀汉书》;五十岁左右改写《三州志》为《华阳国记》。②任乃强先生的考证与推测,当然是很有见地的。

  常璩撰写的这些著述,记述了巴蜀和南中等地的故事,展现了人文地理的丰

---

① 见[唐]房玄龄等撰《晋书》第10册第3040页,中华书局点校本,1974年11月第1版。
② 参见[晋]常璩撰,任乃强校注《华阳国志校补图注》前言第2—3页,上海古籍出版社1987年10月第1版。

富多彩与蜀中文化的厚重。因为常璩是成汉的史官，他的著述自然得到了成汉统治者的重视和赞赏。当时成汉政权为了抗衡东晋，与北方的割据政权常有交流往来，李氏王朝向石虎赠送的礼物有蜀地出产的丝绸，还有蜀地的著述典籍。常璩撰写的书也被抄写传到了北方，开始流传于黄河流域。中原和北方的很多学者都读到了常璩的著述，增加了对巴蜀与南中等地的了解，后来崔鸿撰《十六国春秋》、郦道元注《水经》、刘昭注《后汉书》等，都依据和采用了常璩著述中的记述。

李势继位后，常璩官至散骑常侍。散骑常侍是随侍皇帝左右的显职，掌规谏奏事，能参与朝政。这说明常璩获得了提拔与重用，能够经常向皇帝建言献策了。但常璩的主要职责，仍是致力于著书立说。桓温的参军孙盛，就称常璩为"蜀史"。[①]孙盛是和常璩同时代的史学家，曾与桓温一起伐蜀，接受了李势君臣降晋，对常璩应该是比较了解的。

简而言之，常璩在成汉做史官的时候，撰写了《巴汉志》《蜀志》《南中志》等的初稿。常璩后来被桓温任以官职，迁居江左的时候，自然也将这些初稿与旧作都带去了，这为他潜心著书立说打下了扎实的基础。

---

① 参见[晋]陈寿撰《三国志》第4册第933页注2，中华书局点校本，1959年12月第1版。

第二章 发愤著书

常璩在成汉做史官时,已经写了很多书稿。

桓温伐蜀,常璩劝李势息战投降,归顺晋朝。

常璩是蜀中硕儒,著述传抄,归晋时已颇有名气。

迁居江东之后,却长期赋闲,遭到歧视而备受冷落。

常璩受此激励而发愤著书,专心致志撰写《华阳国志》。

桓温伐蜀

　　常璩在成汉做史官，在李势继位后做了散骑常侍。李势是成汉末代皇帝，整个形势与李雄建都立国初期相比，发生了很大的变化。成汉经历了多次内部纷争与手足相残之后，已经日渐衰微，而这时候又面临着东晋的讨伐。

　　我们知道，西晋王朝自从发生了"八王之乱"，王室内部相互残杀，元气大伤。其后又发生了"永嘉之乱"，塞外众多游牧民族趁乱建立了多个非汉族政权，从而导致了西晋王室的衰落和被迫南迁。

　　用历史发展的眼光来看，自从曹魏统一北方，晋武帝攻灭孙吴统一中国之后，西晋王朝本可以继续秦汉统一之格局，但是司马氏实行的是门阀政体，其政权由少数几个高门巨族的人物掌握。这样的政治格局，加深了社会各个阶级的矛盾和对立，动摇了晋王室的统治基础。晋惠帝末年的"八王之乱"，就是王室内部矛盾的大爆发，也可以说是难以避免的政治结构所致。其直接的结果，就是造成了严重的内忧外患，北方的游牧民族在"八王之乱"后纷纷举兵南下，导致中原沦陷，继而又建立了许多政权，彼此攻战，致使百姓四处逃难，形成了流民潮，更加剧了社会的动荡。正是由于晋廷的虚弱腐败和民族之间复杂尖锐的矛盾，这个时期政权更迭频繁，战乱纷争不断，对中国社会政治、经济、民族、文化等方面都造成了严重影响，人民生活在水深火热之中，苦不堪言，中原陷入长期分裂混战的状态。

东晋王朝在江东立足之后，力图收复失地，念念不忘的主要是北伐中原。但北伐与收复失地也不是那么容易的事情，所以东晋王朝一直在筹集力量和等待时机。而李雄建立的成汉占据了蜀地，也一直是东晋王朝耿耿于怀的。出兵西征，收复蜀地，灭掉成汉政权，也是东晋王朝的一项重要战略谋划。由于受到当时北方少数民族政权攻晋的牵制，东晋迟迟没有出兵伐蜀，主要是在等待合适的机会。到了李势坐上成汉皇位的时候，东晋出兵的良机终于来了。王夫之在《读通鉴论》中评论当时的情形说："蜀之宜伐久矣……至李寿死，李势立，骄淫虐杀，此天亡李氏之日，不待再计而宜兴师者也。"①成汉偏安一隅，李势胡作非为，不得人心。一直希望收复蜀地的东晋王朝，不久便开始了对成汉的讨伐。

率军攻蜀的是东晋权臣桓温。桓温是东晋宣城太守桓彝的儿子，是当时有名的贵族官宦子弟。《晋书》卷九十八记述，桓温小的时候就得到了温峤的夸奖，称他将来会成为英雄人物。桓温十八岁时，为父亲报仇，手刃了仇人的三个儿子，可知桓温从小就是个好勇斗狠的厉害角色。

桓温长大后，娶了南康长公主，拜为驸马都尉，继承了父亲的爵位，开始了他的仕途生涯。南康长公主司马兴男是东晋明帝司马绍的嫡长女，为皇后庾氏所生。《太平御览》卷一五二记载："南康宣公主兴男，明帝长女，庾后所生，初封遂安县主，适桓温。"又记载："桓温尚南康公主。温与庾翼友善，恒相期以宁济之事。翼尝荐温于明帝曰：'桓温少有雄略，愿陛下勿以常婿畜之。宜委以方邵之任，托其弘济艰难。'翼卒。以温为都督荆梁四州诸军事。"②《晋书》卷七十三也有记载，庾亮是东晋明帝皇后之兄，庾翼是庾亮的弟弟，都是皇亲国戚，东晋明帝病死后他们都辅佐成帝，庾翼"见桓温总角之中，便期之以远略，因言于成帝曰：'桓温有英雄之才，愿陛下勿以常人遇之，常婿畜之，宜委以方邵之任，必有弘济艰难之勋。'"③有的记载是向东晋明帝推荐，有的记述是向

---

① 见[明]王夫之著《读通鉴论》中册第421页，中华书局1975年7月第1版。
② 见[宋]李昉等撰《太平御览》第1册第744页、第743页，中华书局影印本，1960年2月第1版。
③ 见[唐]房玄龄等撰《晋书》第6册第1931页，中华书局点校本，1974年11月第1版。

东晋成帝进言，总之是希望朝廷重视桓温。年幼的成帝对舅舅庾翼的举荐当然是言听计从的，对驸马桓温给予了提拔重用。

东晋初期的几位皇帝在位时间都不长，晋元帝司马睿在位六年，晋明帝司马绍在位三年，晋成帝司马衍在位十七年，晋康帝司马岳在位二年，晋穆帝司马聃在位十七年。桓温在晋明帝、晋成帝、晋康帝三朝先是担任了琅邪太守、徐州刺史，后来成了朝中的权臣，到晋穆帝时已被任命为都督荆梁四州诸军事、安西将军、荆州刺史、领护南蛮校尉、假节，可谓权倾朝野了。

桓温在东晋逐步掌权之后，建功立业之心更加强烈，决定出兵攻取巴蜀之地，以此来扩张东晋的势力，同时也进一步建立自己的功勋。当时李势的兵力比较薄弱，而东晋的军队比较强悍善战，桓温雄心勃勃，对形势的判断非常乐观，觉得率兵伐蜀犹如探囊取物，是有绝对把握毋庸置疑的事情。当时晋穆帝司马聃年幼即位，康献太后临朝听政，桓温决计伐蜀，没有人能阻拦，东晋朝廷只能同意他率军西行。但实际上，东晋朝廷认为蜀地险远，桓温远征蜀地，孤军深入，胜负难料，甚以为忧。譬如《世说新语·识鉴》就记述了当时朝臣对桓温伐蜀的担忧与争论："桓公将伐蜀，在事诸贤咸以李势在蜀既久，承藉累叶，且形据上流，三峡未易可克。唯刘尹云：'伊必能克蜀。观其蒲博，不必得，则不为。'"①尽管朝廷对伐蜀的行动非常担忧，桓温却胸有成竹，于东晋穆帝永和二年（346年），率领数万人的军队，誓师西征，溯江而上，水陆并进，很快就进入了防御薄弱的蜀地。成汉兵少将寡，疏于防范，很多要害之地都没有驻军，给了晋军可乘之机。

桓温的进军很顺利，长驱直入，由长江进入岷江与青衣江，几乎没有遇到什么抵抗，就到达了彭山一带，在彭模（据史料说在彭山东南十里）这个地方驻扎下来。桓温命令参军周楚、孙盛率兵守护水师辎重，他亲自率领晋军的陆路主力直捣成都。从彭山到成都只有两百里左右，晋军声威雄壮，突然打到了家门口，使得整个成汉朝廷都陷入了恐慌。

李势平日都在宫廷里享乐，此时接到探报，得知晋军来了，这才手忙脚乱

---

① 见[南朝·宋]刘义庆原著，余嘉锡撰《世说新语笺疏》第401页，中华书局1983年8月第1版。

地调兵遣将，慌忙迎战。但当时成汉能够调集的兵力并不多，擅长领兵作战的将领就更少了，李势命昝坚率兵数千人去阻击晋军。昝坚奉命领兵，从成都匆忙出发前去迎敌，诸将都建议在陆路设伏，以邀击进攻成都的晋军，而昝坚不听，自以为桓温会先攻犍为郡城，于是率兵经武阳城，经由鸳鸯碕渡到达犍为。哪知道晋军的目的是直接攻取成都，走的是奔袭成都的另一条捷径。关于晋军入蜀后的神速进兵，刘琳先生认为："其路线当是由今双江镇溯府河东岸至顺河场，西渡府河至府河场（《载记》所谓'从山阳出江南'当即指此）。然后顺山梁穿过牧马山而达成都南之白家场、石羊场。此线历来有小径，为彭山至成都最捷近之路。温欲速进，故避开犍为郡城及武阳县城。"①昝坚不了解桓温用兵的情况，判断严重失误，结果走错了方向，错过了迎战的机会。等昝坚得知消息率军掉头时，晋军已经快速逼近成都了。昝坚急忙率领蜀兵回援成都，匆匆忙忙地就向晋军主力发起了攻击。晋军有备而来，两军刚一交战，昝坚的部众就遭到痛击而溃败了。昝坚带着一些残兵，退到了成都东门附近，据垒而守。

李势在昝坚率兵出发后，又派遣弟弟李福与从兄李权分别率领部众，兵分两路进攻驻守在彭模的晋军。李福率兵先发起攻击，遇到了周楚的强力反击，战败而退。李权在进兵途中就遭遇了桓温亲自率领的晋军主力，双方展开激战，晋军三战三捷，蜀兵四散而逃，李权带着几名亲兵，从小路逃回了成都。

桓温率军乘胜而进，很快就杀到了成都南郊。李势得知派出的几路兵马迎战桓温都失败了，知道大事不妙，便集中了驻扎在成都的所有人马，全力以赴，迎战桓温。成都当时有大城与小城之分，双方在成都小城附近与笮桥一带进行了激烈的交战，晋军攻势凌厉，蜀军的抵抗也很顽强，相互厮杀，拼死相搏。此战关系到成汉的生死存亡，李势督军力战，蜀军拼命厮杀的时候战斗力还是不弱的，在激战中杀死了晋军的参军龚护，阻挡了晋军的攻势。晋军虽然强悍，但因为长途奔袭，连续行军，将士疲劳，战斗力还是受到了影响。

这时晋军都准备暂时鸣金退兵了，意欲调整兵力然后再战。但晋军中的鼓吏

---

① 见[晋]常璩撰，刘琳校注《华阳国志校注》第695—696页注4，巴蜀书社1984年7月第1版。

听错了传令，开始奋力敲击进军鼓。军令如山，晋军的将士们为急促的进攻鼓点所激励，于是继续奋力攻城，又借风势射箭放火，射燃了成都小城的房屋，火借风势，将整座小城都给烧了。晋军的凌厉攻势加上迅速蔓延的熊熊火势，影响了蜀军的士气，晋军终于突破了蜀军的防线，李势的部众大溃而逃，退入大城拼死防守。桓温督率晋军，乘胜进攻大城。这场进攻成都之战，颇具戏剧性，在关键的时间点上，由于晋军鼓吏的误操作，竟然一下子就取得了胜利。

晋军乘胜而进，兵临城下，继续采用火攻，开始放火焚烧成都大城的几个城门。李势率领残兵败将困守于成都大城之内，如同热锅上的蚂蚁惶恐不安。散骑常侍常璩与中书监王嘏，这时都劝李势向桓温投降，止戈息战，归顺东晋。李势犹豫不决，问身边的侍中冯孚。冯孚是李势的亲信近臣，对李势说，东汉初吴汉征蜀，尽诛公孙氏，当下降晋，恐怕也难以保全。李势害怕被诛杀，决定保命要紧，于是带着亲信近臣和一些侍从，宫中的金银细软和财富之类都顾不上携带，连夜出了成都东门，与昝坚的残兵会合，惊慌失措地向北逃亡。史书说李势夜遁九十里，逃到了葭萌（《晋书》卷一百二十一说是走到了晋寿）。李势逃走了，守城士兵也随之溃散了，桓温于是顺利地占领了成都。

葭萌是蜀地北边的一处关隘，位于现在的广元昭化。古蜀开明王朝末代蜀王封其弟为苴侯驻守于此。秦惠王派司马错伐蜀，利用蜀国的内乱与矛盾，轻而易举就攻取了葭萌与成都。三国蜀汉时期，葭萌也是比较著名的险要之地，刘备率兵从荆州入川，也是先取葭萌，然后取了成都。葭萌的地理位置很重要，是蜀地的北方门户，但失去了成都，这里就成了一座孤单的关隘。李势兵败如山倒，逃到葭萌之后，进退失据，跟随他的只有很少的残兵，已经失去了扭转局势的所有希望。晋军占领了成都，很快就会追击而至。跟随李势北逃的部将邓嵩、昝坚等人，这时也劝李势降晋。

李势走投无路，于是写了降文，派散骑常侍王幼到成都送交桓温，准备向桓温投降，同时传令各州郡都投戈释杖，放弃抵抗。然后李势又主动返回，"舆榇面缚"，去见桓温。桓温"解其缚，焚其榇"，接受了李势的投降。随即派兵护送，将李势迁往东晋都城建康，随同迁徙到建康的还有李势的弟弟李福、从兄李权及亲族十余人。成汉政权就此灭亡。

李势降晋

在李势降晋的过程中，常璩等人的劝谏起了很重要的作用。

《晋书》卷一百二十一说："温至城下，纵火烧其大城诸门。势众惶惧，无复固志，其中书监王嘏、散骑常侍常璩等劝势降。"①《华阳国志》卷九也记载了散骑常侍常璩劝说李势归降东晋。当时李势有点犹豫和纠结，从成都逃到葭萌，经过了一番思考，这才派人送上降书，向桓温投降。常璩的叙述很简略，却真实地记载了当时的实际情况，可知李势降晋是迫不得已，最终还是听从了王嘏、常璩等人的劝谏。

常璩劝说李势归降东晋，并非贪生怕死，而是和他维护国家统一的思想有着非常密切的关系。巴蜀地区物产富饶，地势险要，有着独特的地理环境优势，曾是野心家妄图割据称霸之地。譬如西汉末年，公孙述就在巴蜀建立了割据政权，当时蜀郡功曹李熊曾为之谋划说："蜀地沃野千里，土壤膏腴，果实所生，无谷而饱。女工之业，覆衣天下。名材竹干，不可胜用。又有鱼盐银铜之利，浮水转漕之便。北据汉中，杜褒、斜之涂，东守巴郡，拒扞关之口，地方数千里，战士不下百万。见利则出兵而略地，无利则坚守而力农。东下汉水以窥秦地，南顺江

---

① 见[唐]房玄龄等撰《晋书》第10册第3048页，中华书局点校本，1974年11月第1版。

流以震荆、扬,所谓用天因地,成功之资也。"①公孙述割据巴蜀之后,老朋友马援曾去见他,《后汉书·马援列传》对此有一段精彩的记述:"王莽末,四方兵起……是时公孙述称帝于蜀,嚣使援往观之。援素与述同里闬,相善,以为既至当握手欢如平生,而述盛陈陛卫,以延援入,交拜礼毕,使出就馆,更为援制都布单衣、交让冠,会百官于宗庙中,立旧交之位。述鸾旗旄骑,警跸就车,磬折而入,礼飨官属甚盛,欲授援以封侯大将军位。宾客皆乐留,援晓之曰:'天下雌雄未定,公孙不吐哺走迎国士,与图成败,反修饰边幅,如偶人形。此子何足久稽天下士乎?'因辞归,谓嚣曰:'子阳井底蛙耳,而妄自尊大,不如专意东方。'"文中说的嚣是指隗嚣,子阳即公孙述。马援很有见识,对公孙述割据称帝,认为不过是井底之蛙而已。接着马援又去洛阳见光武帝刘秀,对恢宏大度的光武帝表达了敬佩:"当今之世,非独君择臣也,臣亦择君矣。"马援认为天下迟早是要统一的,光武帝是汉朝正统,公孙述必败无疑。②后来的历史进程也正是如此,《后汉书·光武帝纪》载,光武帝派遣"吴汉、臧宫与公孙述战于成都,大破之。述被创,夜死"。之后,"吴汉屠成都,夷述宗族及延岑等"。③

东汉末,刘备在隆中三顾茅庐,诸葛亮为刘备分析天下大势,也说到了占据巴蜀、三国鼎立的战略构想。后来刘备建立了蜀汉政权,与曹魏、东吴三国鼎立。但分久必合,中国仍旧是要统一的。在刘禅继位后,诸葛亮曾多次北伐,六出祁山,都未能实现光复汉室的愿望。诸葛亮病故之后,蜀中缺少杰出的人才和将领,邓艾奇袭,乘虚入蜀,逼近成都,兵临城下,当时有主张抵抗也有主张投降的,软弱的刘禅做不了决断。谯周是光禄大夫,力劝刘禅归顺曹魏,认为统一是大势所趋。刘禅采纳了谯周的意见,放弃了抵抗,顺应了历史发展的潮流。后主刘禅举家东迁至洛阳,被封为安乐县公。陈寿在《三国志·蜀书·后主传》中

---

① 见[东汉]刘珍等撰,吴树平校注《东观汉记校注》下册第910—911页,中华书局2008年11月第1版。又见[宋]李昉等撰《太平御览》第3册第2122页,中华书局影印本,1960年2月第1版。
② 参见[南朝·宋]范晔撰《后汉书》第3册第828—830页,中华书局点校本,1965年5月第1版。
③ 参见[南朝·宋]范晔撰《后汉书》第1册第59页,中华书局点校本,1965年5月第1版。

对此做了如实记述，借用"策命"给予了称赞："公恢崇德度，深秉大正，不惮屈身委质，以爱民全国为贵。"①陈寿是谯周的弟子，亦是大一统的拥护者。他把魏、蜀、吴三志合为《三国志》一书，也表达了三国归一的寓意。可见"大一统"思想，是蜀中几代史学家的共识，劝降有利于国家统一，可以停止战乱，让老百姓重新过上安居乐业的生活，这是有传统的。

常璩是史学家，对历史上的这些故事是很熟悉的，他欣赏马援的卓越见识，赞同谯周与陈寿拥护大一统的做法。常璩的观点也比较鲜明，认为割据只能导致战乱，统一才是中国历史发展的大势所趋。自从秦并巴蜀、统一六国，巴蜀地区就已归入统一的版图。

常璩在《华阳国志·序志》中就旗帜鲜明地阐述了自己的这种历史观："综其理数，或以为西土险固，襟带易守，世乱先违，道治后服，若吴、楚然，固逋逃必萃，奸雄窥觎。盖帝王者统天理物，必居土中，德膺命运，非可资能恃险，以干常乱纪；虽饕窃名号，终于绝宗殄祀……夫恃险凭危，不阶历数，而能传国垂世，所未有也。故公孙、刘氏以败于前，而诸李踵之覆亡于后。天人之际，存亡之术，可以为永鉴也；干运犯历，破家丧国，可以为京观也。"②常璩以历史上在巴蜀割据称霸的公孙述、刘焉、刘璋以及李氏成汉政权的最终失败为殷鉴，认为中华统一才是历史发展的必然之路。这样的见识与思想境界确实值得称赞。

常璩对那些反叛中央、窃霸一方的权臣与野心家，也给予了贬斥。比如东晋时赵廞阴谋叛乱欲割据益州称帝之事，常璩就认为是"赵倡祸阶，乱是用长"③，表达了他对分裂割据者的憎恶。

常璩在《华阳国志·序志》中还揭露和批判了李氏割据政权对社会造成的危害。他说："李氏据蜀，兵连战结，三州倾坠，生民歼尽。府庭化为狐狸之窟，城郭蔚为熊罴之宿，宅游雉鹿，田栖虎豹，平原鲜麦黍之苗，千里蔑鸡狗之响，

---

① 见[晋]陈寿撰《三国志》第4册第901页，中华书局点校本，1959年12月第1版。
② 见[晋]常璩撰，刘琳校注《华阳国志校注》第901页，巴蜀书社1984年7月第1版。
③ 见[晋]常璩撰，刘琳校注《华阳国志校注》第906页，巴蜀书社1984年7月第1版。

丘城芜邑，莫有名者。嗟乎三州，近为荒裔，桑梓之域，旷为长野。反侧惟之，心若焚灼。"①常璩目睹了分裂割据给人民带来的深重灾难，表达了"心若焚灼"的真实感受。正是这些亲身经历与感受，更加深了常璩赞成统一的观念。

常璩劝李势降晋，避免了更大的流血战争，结束了巴蜀地区长期被割据的局面，同时也保全了李氏家族，使其免于被诛杀。从客观上看，成汉归晋确实是顺应了历史发展潮流，为统一做出了贡献。这也是民心所向，所以获得了巴蜀民众的拥护。

李势降晋后，桓温派兵护送，将李势以及李氏亲族十余人迁往了东晋的都城建康。《晋书·载记》记载："势寻舆榇面缚军门，温解其缚，焚其榇，迁势及弟福、从兄权亲族十余人于建康，封势归义侯。升平五年，死于建康。在位五年而败。"②《华阳国志》对此也有记载："中书监王嘏、散骑常侍常璩劝势降，乃夜开东门走。至葭萌，使散骑常侍王幼送降文于温。势至建康，封归义侯。"而据《华阳国志》附录佚文说："晋安西将军伐蜀，势归降，迁之扬州。"③《世说新语·识鉴》注文也引用了这个说法。④李势归降被送到东晋后，一说安置在建康，一说迁至扬州，因史料记载比较简略，对此难以深究，有可能两地都待过。李势于永和二年（346年）归降东晋，大约过了十四年，于升平五年（361年）死于建康，则是明确无疑的。李势作为成汉的末代皇帝，终于为成汉王朝画上了句号。

在桓温攻克成都接受了李势归降之后，还发生了一个值得提及的故事。据《世说新语·贤媛》记载，李势有个年轻漂亮的妹妹，被桓温纳为妾了。在南朝人写的《妒记》、敦煌本《残类书》第二种、《太平御览》卷一五四等文献中，说桓温纳的是李势之女。而据史料记载，李势继位时还没有孩子，若从李势的年

---

① 见[晋]常璩撰，刘琳校注《华阳国志校注》第894页，巴蜀书社1984年7月第1版。
② 见[唐]房玄龄等撰《晋书》第10册第3048页，中华书局点校本，1974年11月第1版。
③ 见[晋]常璩撰，刘琳校注《华阳国志校注》第695页、第968页，巴蜀书社1984年7月第1版。
④ 参见[南朝·宋]刘义庆原著，余嘉锡撰《世说新语笺疏》第401页，中华书局1983年8月第1版。

龄推测，即使有女儿岁数也很小，可知《世说新语·贤媛》的记载应该比较准确，桓温纳的是李势之妹而不是李势之女。李势的妹妹貌美如仙，桓温对她宠爱有加，率军凯旋后，没有将她带回府中，而是在外面找了座别墅，悄悄将她安置在书斋后面的房间里，有空就和她亲热。桓温不敢将纳妾之事告诉夫人，因为夫人是南康长公主，身份比较特殊，性情比较强悍，桓温是有点惧内的。在南朝江敩《辞婚表》中就提到了"自晋氏以来，配尚王姬者，虽累经美胄，亟有名才，至如王敦慑气，桓温敛威"。①所谓"慑气"与"敛威"，就是民间所言"怕老婆"的意思。这也是历史上做驸马的惯例，凡是娶了公主的，大都有惧内的"美誉"。关于桓温和夫人的关系，《晋书》卷七十九也记载了一个故事，说桓温有个好友叫谢奕，两人的交情非常好，桓温将谢奕任为安西司马，谢奕做了桓温的下属，仍然像布衣时候一样，经常跑到桓温府中喝酒，喝醉了就发酒疯，追着桓温拼酒，"在温坐，岸帻笑咏，无异常日。桓温曰：'我方外司马。'奕每因酒，无复朝廷礼，尝逼温饮，温走入南康主门避之。主曰：'君若无狂司马，我何由得相见！'奕遂携酒就听事，引温一兵帅共饮，曰：'失一老兵，得一老兵，亦何所怪。'温不之责"。②这段记述很生动也很有趣，可知由于惧内与年龄的原因，桓温平日已难得去南康公主的卧房，而南康公主是非常想和桓温在一起独处的，所以才感慨说："如果不是这个狂司马，我怎么能见得到郎君！"

桓温瞒着夫人纳妾，又经常在别墅和年轻貌美的爱妾亲热。过了些日子，南康公主有所耳闻，就带了数十名婢女，拿着刀剑，趁桓温在外办理公务之际，突然来到了别墅。李势的妹妹正临窗梳头，乌黑秀美的长发，洁白玉润的肌肤，有倾城之貌，果然是天姿国色。她神色从容，对气势汹汹的南康公主施礼说："我已国破家亡，不想苟活，今天若能被你杀了，正符合我的心意。"南康公主看到李氏楚楚动人，顿生怜爱之心，于是扔了刀，上前将李氏拥抱在怀里，感叹说："我见汝亦怜，何况老奴。"意思是说，我看见你都这么喜欢，何况桓温那个好

---

① 见[南朝·梁]沈约撰《宋书》第4册第1290页，中华书局点校本，1974年10月第1版。
② 见[唐]房玄龄等撰《晋书》第7册第2080页，中华书局点校本，1974年11月第1版。

色的老奴！南康公主随即将李氏接回府中，友善待之。①"我见犹怜"后来成了一个成语，这件事也就成了一个广为流传的典故。

桓温攻克成都后，在蜀地停留了一个月左右，采取了一些措施来稳定局势，其中一个很重要的做法，就是在投降归顺的成汉官员中，选拔了一些蜀中的知名人才，授予参军之职，采用"举贤旌善"的方式，以笼络人心。《晋书·桓温传》称："温停蜀三旬，举贤旌善，伪尚书仆射王誓、中书监王瑜、镇东将军邓定、散骑常侍常璩等，皆蜀之良也，并以为参军，百姓咸悦。"②参军不是什么重要官职，属于佐吏。东汉末，将参谋军事的人员称为参军。晋朝将其设置为官员，将军或三公受命统兵出征的时候，会挑选一些下属官员来参与军府事务，简称参军。③桓温将常璩等人都授予参军，让他们成为军府属官，以显示对贤能人才的重视，所以百姓为之高兴。可见桓温的这个做法，获得了民众的称赞和拥护，效果还是不错的。这也说明了统一是民心所向，大家都不愿意看到分裂和战乱，都希望过统一、和平、安定的日子，这也是历史发展的必然趋势。

据《世说新语·豪爽》记述，永和三年（347年）桓温平蜀后曾置酒慰劳随征将士，并安抚蜀中降臣，"桓宣武平蜀，集参僚置酒于李势殿，巴、蜀缙绅，莫不来萃。桓既素有雄情爽气，加尔日音调英发，叙古今成败由人，存亡系才。其状磊落，一坐叹赏"。④《世说新语》虽是古代的一部小说，却采集记录了汉末魏晋间的很多遗闻逸事，历来为研究者所重视。书中叙述的桓温故事就很生动，也很真实。后来明代曹学佺在《蜀中名胜记》卷一中也引用了《世说新语》记载的这个故事。桓温所言古今成败与存亡，也清晰地表明了统一是大势所趋。桓温讲得很有道理，所以得到了众人的叹赏。当时常璩等人，应当

---

① 参见[南朝·宋]刘义庆原著，余嘉锡撰《世说新语笺疏》第693—694页，中华书局1983年8月第1版。
② 见[唐]房玄龄等撰《晋书》第8册第2569页，中华书局点校本，1974年11月第1版。
③ 参见徐连达主编《中国历代官制词典》第681页，安徽教育出版社1991年6月第1版。又参见罗竹风主编《汉语大词典》第2卷第844页，汉语大词典出版社1988年3月第1版。
④ 见[南朝·宋]刘义庆原著，余嘉锡撰《世说新语笺疏》第601页，中华书局1983年8月第1版。

也参加了这次酒会。

李势君臣降晋，蜀郡归于统一，已经没有什么悬念。但成汉降晋之后不久，又发生了一件事情。据《晋书·桓温传》记载，和常璩一起降晋并被任为参军的原成汉官员王誓、邓定、隗文等，又起兵反叛。桓温指挥晋军，迅速平定了这次叛乱。《晋书·周抚传》也记载了蜀地发生的反叛之事，说东晋永和初，桓温征蜀，平定了第一次叛乱后，又发生了第二次规模更大的叛乱，周抚在两次平叛中都立下了功劳。第一次是周抚"击破蜀余寇隗文、邓定等，斩伪尚书仆射王誓、平南将军王润，以功迁平西将军"。第二次是"隗文、邓定等复反，立范贤子贲为帝。初，贤为李雄国师，以左道惑百姓，人多事之，贲遂有众一万。抚与龙骧将军朱焘击破斩之，以功进爵建城县公"。①由这段记述可知，范长生的儿子范贲反叛称帝，很快就被剿灭了。范贲利用了父亲范长生在蜀地的重要影响，却没有继承父亲的谨慎与睿智，草率举兵闹事，犹如昙花一现，结果被斩杀。从这几次反叛事件，可知范长生与李氏王朝的号召力依然存在，也说明蜀地不愿降晋的人还是不少，但统一是大势所趋，几次叛乱都被平定了。后来周抚治蜀，逐渐恢复了正常的社会秩序。《蜀中名胜记》卷一说："桓温西伐，李势出降。""永和之际，周抚为蜀郡太守，四十余年，境土粗安。"②

桓温征服了成汉、平定了蜀中叛乱之后，回到江陵。他这次西征，为东晋王朝立了大功，随即被授予征西大将军，封为临贺郡公。桓温是东晋的杰出人才，也是功利心很强的权臣，他还想有更大的作为，之后又准备率军北伐，收复河洛之地。但出征后打了败仗，损失了几万人，桓温归罪于作战不力的部将袁真，激起袁真的不满与反叛，袁真暗中联络苻坚反抗晋朝。桓温率兵包围了叛军，平定了这次叛乱，并歼灭了苻坚的援兵，算是挽回了面子。桓温也是一个有野心的人，曾经操控了东晋的皇位废立，《晋书·桓温传》说："温既负其才力，久怀异志，欲先立功河朔，还受九锡。既逢覆败，名实顿减，于是参军郗超进废立之

---

① 见[唐]房玄龄等撰《晋书》第5册第1583页，中华书局点校本，1974年11月第1版。
② 见[明]曹学佺著《蜀中名胜记》第3页，重庆出版社1984年10月第1版。

计，温乃废帝而立简文帝。诏温依诸葛亮故事。"①桓温与东晋其他权臣之间，关系比较复杂，对他有所牵制，使他未能篡位。桓温六十二岁时，突然病故。史臣评价说："桓温挺雄豪之逸气，韫文武之奇才……乃逾越险阻，戡定岷峨，独克之功，有可称矣。及观兵洛汭，修复五陵，引旆秦郊，威怀三辅，虽未能枭除凶逆，亦足以宣畅王灵。"但他"挟震主之威，蓄无君之志"，"委罪于偏裨，废主以立威"，"岂不悖哉"！②桓温因此成了一个被人非议的人物。

---

① 见[唐]房玄龄等撰《晋书》第8册第2577页，中华书局点校本，1974年11月第1版。
② 见[唐]房玄龄等撰《晋书》第8册第2581页，中华书局点校本，1974年11月第1版。

迁居金陵

李势降晋后,成汉的君臣都被迁徙,常璩也随之迁居建康。

建康是东晋的都城,也就是金陵(今江苏南京),当时是权贵阶层的聚集之地。自从西晋后期遭到北方少数民族的袭扰,局势动荡,连年战乱,经济与文化都遭到严重破坏,人口锐减。晋朝统治阶层被迫南迁,很多大户人家、士大夫阶层也都随之迁徙到了长江以南,择地而居。有的继续在东晋朝廷任职,有的成为江南各地郡县的官员。当时迁居江左的豪族很多,江南的名士也很多,都是一些有才华的文人,在偏安一隅的环境中,过着悠闲的生活。

金陵是南京的古称,也是南京最雅致的别称。长江下游的江南地区,在春秋战国时期曾是吴越之地。先是越国于公元前473年灭了吴国,然后楚威王又于公元前333年打败了越国,夺取了吴越之地。楚威王为了加强对长江险要的控扼,便于驻守与统治,特地在长江与秦淮河交汇口的石头山(今清凉山)筑城,修建了金陵邑,金陵由此而得名。唐代许嵩撰写的《建康实录》卷一对此有明确记载:"越霸中国,与齐、楚争强,为楚威王所灭,其地又属楚,乃因山立号,置金陵邑。"《景定建康志》卷二十"楚金陵邑城"条引旧志也说:"威王灭越,私吴越之富,擅江海之利,置金陵邑于石头。"关于金陵邑的取名原因,元代至正《金陵新志》卷一引《舆地志》解释说:是因为这里有"钟山,古金陵山也,县邑之名,由此而立"。钟山(今紫金山)与石头山巍峨屹立于大江之畔，古人称之为龙盘虎踞，确实是形胜之地。《建康实录》卷一又说："楚之金陵，今石头城是也，或云地接华阳金坛之陵，故号金陵。"这里说的金坛，因为其山产金，所以得名，这是关于金陵之名的又一种说法。金陵由于山中有金子而得名，在其他地理古籍中也有记载，但说法略有不同。譬如《太平寰宇记》卷九十引用《金陵图经》云："昔楚威王见此有王气，因埋金以镇之，故曰金陵。"①《景定建康志》卷五在考辨金陵名字的来历时，也提到了这一说法，说："金陵何为而名也？考之前史，楚威王时以其地有王气，埋金以镇之，故曰金陵。"按照这些记述，金陵山中并不产金，而是被人特地埋了金子，所以才称为金陵的。关于金陵与金子的关系，不过是传说而已，真相究竟如何，历来说法不一。后来又有了秦始皇使人埋金、掘山以泄王气的传说。

司马迁《史记·高祖本纪》记载："秦始皇帝常曰'东南有天子气'，于是因东游以厌之。"②《史记·秦始皇本纪》就记载了秦始皇于始皇三十七年（前210年）出游江东吴越的情形。有的史籍或地方志中又有记载，说秦始皇统一天下之后，晚年（始皇三十七年）巡游到江南，发现金陵有王气，于是下令，使淮水流贯金陵，泄散王气，并将金陵改为秣陵。改名是为了让人忘记这里，"秣"是"喂马的饲料"，其意是说这儿不过是个喂马的山岗而已。《宋书》卷二十七就记载："秦始皇东巡，济江。望气者云：'五百年后，江东有天子气出于吴，而金陵之地，有王者之势。'于是秦始皇乃改金陵曰秣陵，凿北山以绝其势。"③元代至正《金陵新志》也记述："三十七年，（始皇）东游还过吴，从江乘渡，望气者言五百年后，金陵有天子气，因凿钟阜，断金陵长陇以通流，至今呼为秦淮。"南京有秦淮河，其由来便与此有关。又传说金陵的名称是因秦始皇在金陵岗埋金以镇王气而得，如《景定建康志》记载："耆

---

① 见[宋]乐史撰，王文楚等点校《太平寰宇记》第1772页，中华书局2007年11月第1版。
② 见[汉]司马迁撰《史记》第2册第348页，中华书局点校本，1959年9月第1版。
③ 见[南朝·梁]沈约撰《宋书》第3册第780页，中华书局点校本，1974年10月第1版。

老言秦（始皇）厌东南王气，铸金人埋于此。"并传说在秦始皇埋金的金陵冈曾立有一碑，上刻"不在山前，不在山后，不在山南，不在山北，有人获得，富了一国"。又有人传说秦始皇并没有真的埋金，而只是诡称在山中埋金。这样真真假假，其目的就是让寻金的人在山的前后南北，"遍山而凿之，金未有获，而山之气泄矣"。显而易见，这些都是传说附会，有的说是楚威王埋金，有的说是秦始皇埋金，只能姑妄听之。

到了三国的时候，孙权采纳了张纮的建议，在秣陵建立了吴国的都城，《三国志·吴书·张纮传》对此有记载："纮建计宜出都秣陵，权从之。"裴松之注引《江表传》说："纮谓权曰：'秣陵，楚武王所置，名为金陵。地势冈阜连石头，访问故老，云昔秦始皇东巡会稽经此县，望气者云金陵地形有王者都邑之气，故掘断连冈，改名秣陵。今处所具存，地有其气，天之所命，宜为都邑。'"孙权听了，并未采纳。"后刘备之东，宿于秣陵，周观地形，亦劝权都之。权曰：'智者意同。'遂都焉"。①意思是说，后来刘备到江东来，也劝孙权以金陵为都，孙权这才决定于此修建都城。《太平御览》卷一五六引《吴录》也说："刘备曾使诸葛亮至京，因睹秣陵山阜，叹曰：'钟山龙盘，石头虎踞，此帝王之宅。'"②孙权于是将他的政治中心从京口（今江苏镇江）迁到了秣陵，第二年在秦淮河边的石头山修筑了石头城，随即定都于此，并将秣陵改称为建业，取"建功立业，统一天下"之意。建业之古称，以及石城、石头城之雅号，均产生于此。孙权在公元229年建都于金陵，是一件很重要的大事情，使这座古老的江南之城增添了新的活力，发展成了繁荣之都。从历史地理的角度来看，金陵的地位比较独特，它以长江为战略屏障，成为政治经济的枢纽，引领着中国江南地区的发展。金陵在历史上被称为"六朝古都"，三国时期的吴国与东晋以及南北朝时期的宋、齐、梁、陈等都建都于此，堪称真正的历史文化名城。

三国归晋之后，公元282年，西晋王朝将建业改为建邺。邺城是司马氏的发

---

① 见[晋]陈寿撰《三国志》第5册第1245页、第1246页注2，中华书局点校本，1959年12月第1版。
② 见[宋]李昉等撰《太平御览》第1册第758页，中华书局影印本，1960年2月第1版。

迹之地，"建邺"的取名暗含了司马氏要在江南建立新邺城之意。到了公元313年的时候，为避晋愍帝司马邺的名讳，又改建邺为建康。这就是金陵在历史上经历了几番风云变幻，改称为建康的由来。晋朝永嘉南迁，历史进入了东晋时期。金陵曾是三国时期吴国的都城，这时又成了东晋王朝的都城。晋武帝的时候，因担心金陵王气而采取了镇压瓦解的措施，用秣陵之水将孙吴故都分裂为几小块，北名建邺，南为秣陵。到了晋元帝时，又彻底改变了以前的说法，开始充分利用金陵的王气之说，为其在江东立足建立东晋王朝寻求合法依据。《宋书》卷二十七就记述："后元帝兴于江左。吴亡后，蒋山上常有紫云，数术者亦云，江东犹有帝王气。又谣言曰：'五马游度江，一马化为龙。'元帝与西阳、汝南、南顿、彭城五王过江，而元帝升天位。"[1]因为秦始皇时望气者所言"五百年后金陵有天子气"，而到晋元帝渡江时"乃五百二十六年，真人之应在于此矣"。之前孙吴的时候才"四百三十七载，考其历数，犹为未及"。[2]由此来表明，东晋建都于金陵，是顺应了司马氏的"天命"，将古人所说的"王气"变成了为东晋统治者服务的舆论工具。

东晋在金陵修建了都城，依然称为建康，当时来自华夏各地的名流都聚集在这里，使得建康成了繁华之都。东晋初期，晋元帝渡江之后立足于江左，是否建都于此，东晋王朝的君臣与权贵阶层曾有所争论，最终还是选择了金陵。《太平寰宇记》卷九十记载："按晋书：苏峻初平，温峤议迁都豫章，三吴之豪请都会稽，二论纷纭，未有所适。扬州刺史、司徒王导曰：'建康，古之金陵，旧为帝里，孙仲谋、刘玄德俱言王者之宅，今宜时定。'帝从焉。其所会幽、冀、青、兖之士，秦、郑、周、韩之人，五方杂会，各得所理，即晋室之兴也。"[3]由此记述可知，金陵成为东晋都城之后，因人才荟萃而出现了一番热闹的情形。

---

[1] 见[南朝·梁]沈约撰《宋书》第3册第782页，中华书局点校本，1974年10月第1版。
[2] 参见[唐]房玄龄等撰《晋书》第1册第157页，中华书局点校本，1974年11月第1版。
[3] 见[宋]乐史撰，王文楚等点校《太平寰宇记》第1773页，中华书局2007年11月第1版。

东晋时期的名士很多,江左有很多来自北方的名流,大都风流潇洒、才华过人,留下了很多脍炙人口的故事。大书法家王羲之等人,就是其中的佼佼者。王羲之字逸少,出身于官宦之家,祖父王正做过晋朝的尚书郎,父亲王旷做过晋朝的淮南太守,叔父王导官至晋朝司徒。王羲之青少年时就写得一手好字,尤其擅长隶书,被称誉为"古今之冠,论者称其笔势,以为飘若浮云,矫若惊龙"。王羲之不仅书法有名,性格也很有特点。史书记载了他的婚姻故事:"时太尉郗鉴使门生求女婿于导,导令就东厢遍观子弟。门生归,谓鉴曰:'王氏诸少并佳,然闻信至,咸自矜持。惟一人在东床坦腹食,独若不闻。'鉴曰:'正此佳婿邪!'访之,乃羲之也,遂以女妻之。"①

王羲之有这样的家庭背景,走上仕途也是很顺利的,先做秘书郎,接着做征西将军庾亮的参军、长史,然后升迁为宁远将军、江州刺史。王羲之自少年时代就享有美誉,他的朋友圈比较大,朝廷公卿皆爱其才器,推荐他为侍中、吏部尚书,都被他婉拒了。他不愿到朝中任职参政,自称素无廊庙志。后来做了右军将军、会稽内史。因为他"雅好服食养性,不乐在京师",所以到了浙江之后,可谓适得其所。加上会稽有佳山水,名士多居于此,王羲之经常与他们在一起,雅集交往,乐此不疲。其中最有名的一次聚会,是在永和九年(353年)暮春之际,王羲之邀请了诸多文人雅士宴集于会稽山阴的兰亭,饮酒赋诗,玩得非常开心。王羲之亲自书写了《兰亭集序》,文辞与书法都极其漂亮,在后世备受推崇,被赞誉为绝世瑰宝。

王羲之的书法名气很大,交往的名人很多,其中有些是皇亲国戚,譬如晋成帝的两位舅舅庾亮、庾翼也都擅长书法,与王羲之的关系就比较好。庾翼的书法,据说写得比王羲之还好,于是王羲之苦练书法,特别是在行书与草书上,下的功夫很深,这才日益精进,后来居上。王羲之用章草书体,写了封信给庾亮。这封信被庾亮的弟弟庾翼看到后,他对王羲之的书法大为赞叹,深为敬服,马上写信给王羲之说:"吾昔有伯英章草十纸,过江颠狈,遂乃亡失,常叹妙迹

---

① 见[唐]房玄龄等撰《晋书》第7册第2093页,中华书局点校本,1974年11月第1版。

永绝。忽见足下答家兄书，焕若神明，顿还旧观。"① 伯英是东汉书法家张芝的字，张芝擅长章草，被尊称为"草圣"，庾翼在信中将王羲之与张芝相提并论，可见他对王羲之书法造诣的推崇。王羲之对自己的书法也颇为自负，他最佩服的两位前代书法家就是曹魏时的钟繇与东汉的张芝，每自称"我书比钟繇，当抗行；比张芝草，犹当雁行也"。② 这也说明王羲之的书法，确实不亚于前代的两位大书法家，而有其独特的过人之处。

王羲之的交往非常宽，当时一些有名的文人才子大都是他的朋友。王羲之经常约上一些名士朋友游山玩水、射猎钓鱼为乐，又和道士采药炼丹，遍游江南诸郡名山，还泛舟沧海，总之是玩得很尽兴。

那么王羲之和常璩有没有来往呢？这是一个很有趣的话题，不妨对此做些探讨。常璩是蜀中学者，很有学问也很有才气，他早年撰写的一些著述已经传抄流传，使他享有了不小的名气。他又是劝谏和促使李势投降归晋的有功之人，为晋朝收复蜀地做出了贡献，按理说是应该进入东晋名士行列的。但他随同李势家族迁居建康之后，却没有得到应有的尊重和擢用，甚至可以说是备受冷落，处于一种被彻底闲置和不受重视的状态之中。其实这也不奇怪，因为李势是被灭国后降晋的，随同李势迁居而来的都是俘虏与降臣，遭到冷遇也是很正常的现象。在当时王羲之等名人的朋友圈里，就没有蜀中文人的名字。当时流传后世的，有两部很著名的著述与作品：一是《华阳国志》，二是《兰亭集序》。《华阳国志》是中国地方志的开山之作，《兰亭集序》是脍炙人口的书法作品。这两部同时诞生的传世名作，是东晋时期文人学者中的经典之作，堪称是那个时代文化中的精粹。但令人好奇的是，两位作者又都在江南，在当时怎么会没有交往呢？后来有学者对此曾做过资料方面的梳理与研究。从史料文献上看，确实没有发现常璩与王羲之二人交集的信息。常璩比王羲之大十多岁。两人当时没有交往，当然不是年龄的缘故，也不是常璩不愿和他们交往，

---

① 见[唐]房玄龄等撰《晋书》第7册第2100页，中华书局点校本，1974年11月第1版。

② 见[唐]房玄龄等撰《晋书》第7册第2100页，中华书局点校本，1974年11月第1版。

主要还是由于江左贵族阶层对蜀中人士有着明显的偏见，也可以说压根儿就没有将成汉降臣放在眼里。

永和九年的这次聚会因为王羲之亲笔书写了《兰亭集序》而名声大噪，成了江左文人雅士们津津乐道的美谈。兰亭聚会，是江左权贵阶层玩的游戏，既是雅集，也是炫耀。从北方南迁到建康的簪缨之家，大都是赫赫有名的晋朝豪族，有的是皇亲国戚，有的担任了重要而显赫的官职，都是东晋的正统士人。这些出身于名门豪族的士人，不仅在朝廷与官场占据了要津，而且经常一起吃喝玩乐，很容易就形成了专属于他们的活动圈子。而来自蜀中的降晋士人，是很难进入他们这个圈子的。也可以说，作为一个败亡政权的官员，与东晋王、谢等簪缨之家有着一条很难逾越的鸿沟。

这是当时的实际情形，客观形势使然，故而常璩迁居江左之后，不被重视，过着闲居无聊的日子。王、谢是豪族，日常的应酬聚会很多，过着热闹而奢华的生活。常璩是被冷落的，长期坐冷板凳，相对寂寞。冷落使人郁闷和不快，但若换个角度思考，其实也不是什么大不了的坏事，因为闲居而减少了各种应酬干扰，可以集中精力和时间做自己喜欢的事情，也未尝不好。犹如塞翁失马，焉知非福？常璩很明智，便充分利用了这段闲居而又相对平静的日子，静下心来，专心致志地整理资料和旧作，开始撰写《华阳国志》，从而使生命获得了升华。

当永和九年王羲之在会稽山阴之兰亭以文会友，饮酒赋诗写就《兰亭集序》时，常璩则在金陵寓所闭门潜心著书。这是同一个历史时期的两个不同情景的真实画面。在东晋的星空中，常璩和王羲之是不同轨迹的两颗行星。两人虽然没有交集，却都焕发出了耀眼的光彩，在史册上留下了经典之作和传世佳话。

从史料记载来看，王羲之虽与常璩没有什么交往，但王羲之对蜀地的山水人文还是非常欣赏和深有好感的。王羲之晚年的时候，在他的书法作品中，就多次表达了对蜀地的向往。王羲之的《邛竹杖帖》《成都城池帖》等都写了他对蜀地的畅想。《游目帖》中更是写道："要欲及卿在彼，登汶领、峨眉而旋，实不朽之盛事。但言此，心以驰于彼矣。"永和之际，周抚为蜀郡太守，王羲之与周抚有交往，经常有书信问候。《蜀中名胜记》卷一记载了王羲之

《与周益州书》云:"省足下别疏,具彼土山川诸奇。扬雄《蜀都》、左太冲《三都》,殊为不备悉,彼故为多奇,益令其游目意足也。可得果,当告卿求迎,少人足耳。至时示意,迟此期真以日为岁,但言此心已驰于彼矣。"①可知王羲之是非常想到蜀地游览一番的,他在给周抚的信中就充分表达了这个想法。可是王羲之没有去成,是什么原因呢?据《蜀中名胜记》卷一记述,王羲之云:"吾有七儿,唯一小者未婚,过此便得至彼,得果此缘,一段奇事也。"②总之,王羲之对蜀中的名胜充满向往,却未能入蜀一游。人生总会有遗憾,名士也难免。

---

① 见[明]曹学佺著《蜀中名胜记》第3页,重庆出版社1984年10月第1版。
② 见[明]曹学佺著《蜀中名胜记》第3页,重庆出版社1984年10月第1版。

潜心著述

常璩在蜀中就著书立说，写了很多文稿。

后来常璩做了成汉的散骑常侍，他的著述被誊写之后，曾作为礼品，赠送给了后赵。常璩撰写的著述颇多，其中一些经传抄，为蜀人所重视，并开始在北方流传，引起了文人学者们的关注，产生了一定的影响。

常璩归晋迁徙金陵之后，还是很想有所作为的。桓温曾将常璩等人称为蜀之良也，授予参军之职，但这却是个职位不高的闲职。常璩入晋后，才发现东晋朝廷重用的都是中原故族，当时的权贵阶层根本没有把成汉降臣放在眼里，骨子里是轻视蜀人的。常璩不被重用，有几个原因。首先是由于东晋的门阀制度。权贵们把持了朝政，重用的都是他们阶层中的人。其次是朝廷对蜀中降臣的提防。桓温伐蜀，李势降晋之后不久，和常璩一起降晋并被任为参军的原成汉官员王誓、邓定等，又起兵反叛，被桓温迅速平定。常璩虽然没有参与叛乱，但很可能因此而受到猜忌，所以没能获得像晋武帝对待谯周、邵正那样的待遇。正如任乃强先生所说的，常璩随同李势迁徙金陵后，由于"江左重中原故族，轻蜀人，璩时已老，常怀亢愤，遂不复仕进"。[1]

常璩在著述中记述了自己当时的心情与想法，因为政治上不得志，所以精神

---

[1] 见[晋]常璩撰，任乃强校注《华阳国志校补图注》前言第2页，上海古籍出版社1987年10月第1版。

十分苦闷,他曾叹息自己:"流离困瘵,方资腐帛于颠墙之下,求余光于灰尘之中。"①此时的常璩已老,又备受歧视和冷遇,便不再在仕途中追求进取,而一心专注于史学。常璩从此专心致志地撰写《华阳国志》,以此来展现自己的学问与才华,同时也借此来释放自己的郁闷与不得志。任乃强先生认为,常璩当时撰写《华阳国志》,"其主旨在于夸诩巴蜀文化悠远,记述其历史人物,以颉颃中原,压倒扬越,以反抗江左士流之诮藐"。②常璩的目的很明确,就是希望通过自己的著述来宣扬绚丽多彩的巴蜀文化,这也成了激励常璩写作的一种精神动力。

由此可知,常璩发愤著书,花了大力气来撰写《华阳国志》,主要有两个外在因素对他产生了很大的刺激:一是因为备受冷落,二是为了反抗江左权贵对巴蜀的轻视。当时的东晋王朝,非常讲究门第与家族出身,江左贵族阶层中的一些权贵认为巴蜀地区是荒蛮之地,他们瞧不起来自巴蜀地区的常璩,这使常璩深感压抑,也备受刺激。常璩认为,巴蜀地区人杰地灵,应该让江南人多了解巴蜀文化,正是在这样的情况下,常璩开始撰写《华阳国志》。

从主观方面分析,常璩长期担任成汉的史官,对巴蜀、南中地区的地理历史、人文古迹、风土民俗都非常熟悉,积累和掌握了大量翔实的资料。常璩又非常喜欢写作,进行过多年深入的史学研究,先前已经撰写了一些著作。随同李势家族迁徙到金陵的时候,常璩将以前的旧作也都随身带去了。这些资料与旧作,为常璩撰写《华阳国志》奠定了一个厚实的基础。常璩在金陵闲居,有比较宽裕的时间,他习以为常的写作习惯也促使他动笔。文人学者如果在仕途上不再有奢望与幻想,写作自然也就成了另一种最好的精神追求。常璩当时的情况便正是这样,客观方面的刺激与压抑,加上内心强烈的写作欲望,都促使他下定决心,开始整理旧稿,发愤著书。

常璩原来的一些著述文稿,迁居的时候带到了建康,为他著书立说提供了方

---

① 见[晋]常璩撰,刘琳校注《华阳国志校注》第895页,巴蜀书社1984年7月第1版。
② 见[晋]常璩撰,任乃强校注《华阳国志校补图注》前言第2页,上海古籍出版社1987年10月第1版。

便，但有些文稿，必须加以修改，重新叙述。譬如常璩原来写的《蜀汉书》，是以蜀作为正统的，在江左撰写《华阳国志》时，就要以晋为正统了，因而做了较大的修改。首先是改用晋朝皇帝的年号纪年，其次是调整叙述方式与篇章结构。常璩将公孙述与刘二牧的史事（原来为列传）合为一志，将李特、李流的史事（原来为本纪）与益州刺史王濬、赵廞、罗尚等人的史事组合为《大同志》。常璩又将仿照《耆旧传》而撰写的《益部士女总赞》做了增补，分为先贤、后贤两篇，对巴蜀著名人物的德业功名加以颂扬，在其他地理书中也对州郡杰出人士加以表扬，借此标榜蜀中人才济济，以抒发自己在江东备受冷落的郁闷之气。这两卷的内容比较丰富，常璩意犹未尽，又特地撰写了益梁宁三州《士女目录》，来加以张扬和充实。

  常璩为了撰写《华阳国志》，在收集资料上也是下了大功夫的。

  首先，是对巴蜀史料的汇集与整理。自汉代以来，蜀地的读书治学之风就比较兴盛，蜀人尤其喜好治史与撰写地方志，三国两晋时代撰写地方志的文人学者很多，在常璩之前撰写益州地区地方志的就有二十多家。譬如扬雄、谯周等人撰写了《蜀本纪》（见诸记载的有八家之多），陈寿等人撰写了《益部耆旧传》，郑伯邑等人撰写了《巴蜀耆旧传》，常宽撰写了《蜀后志》，等等。这些前辈的史志著作，其中有许多珍贵史料，都成了常璩的重要参考资料。常璩在《华阳国志·序志》中，对整理与引用这些前辈著述史料就做了如实说明："巴、蜀厥初开国，载在书籍，或因文纬，或见史记，久远隐没，实多疏略……司马相如、严君平、扬子云、阳成子玄、郑伯邑、尹彭城、谯常侍、任给事等各集传记，以作《本纪》，略举其隅。其次圣称贤，仁人志士，言为世范，行为表则者，名注史录。而陈君承祚别为《耆旧》，始汉及魏，焕乎可观。然三州土地，不复悉载。"①由此可见常璩对这些史料的重视，但他也发现其中有很多不足，需要参照其他资料来加以充实。

  其次，是对文献档案资料的利用。常璩担任李氏成汉政权的史官和散骑常侍，可以直接阅读宫中的藏书与资料，常璩也充分利用了这个机会，对相关的文

---

① 见[晋]常璩撰，刘琳校注《华阳国志校注》第891页，巴蜀书社1984年7月第1版。

献史料做了整理和引用，正如他在《华阳国志·序志》中所说："于时汉、晋方隆，官司星列，提封图簿，岁集司空。"①可见这些档案资料，为他撰写著述提供了很大的便利。

又其次，是常璩的亲身经历与实地调查获得的第一手资料，包括他收集的口头传说和所见所闻，也为他提供了很重要的参考。他在《华阳国志》中就记录了很多他通过实地调查所获得的资料。譬如《华阳国志·蜀志》说："长老传言：李冰造七桥，上应七星。故世祖谓吴汉曰：'安军宜在七星间。'"《华阳国志·巴志》说："长老言，宕渠盖为故賨国，今有賨城、卢城。"②这些资料虽然传说的色彩较浓，却很有价值，是了解古代历史与社会状况的重要参考。

再者，是参考先秦以来的史书典籍。常璩博览群书，撰写《华阳国志》时，从《左传》《战国策》《史记》《汉书》《东观汉记》《三国志》等著作中也引用了不少史料。譬如关于古蜀国在先秦时期的历史以及与中原王朝的交流联姻等关系，常璩就参考了《史记》中的《五帝本纪》《秦本纪》《楚世家》《六国年表》等。对于巴国在春秋时期的历史，常璩就参考和综合了《春秋》中的相关记载。对于公孙述、刘焉刘璋父子的割据政权历史，常璩参考了《东观汉记》与《三国志》中的记载，并引用了其中的相关资料。对于蜀汉政权历史，撰写《刘先主传》与《刘后主传》，常璩主要取材于《三国志·蜀书》中的记载。

这是常璩有生之年最重要的一段写作经历，他积平生所学，将晚年的精力与时光都投入到了写作上。从永和四年到永和十年，他花了六年时间，终于大功告成，完成了《华阳国志》的写作。

常璩撰写的《华阳国志》，是一部地方性的通史，综合记载了西南各个地区的政治、经济、军事、文化、教育、人物、地理、交通、科技、民俗等内容，将编年史、地理志、人物传融会结合，可谓是中国地方志编纂史上的一个创举。常璩撰写的这部著述，成为我国现存最早、最完整的地方志，对后世产生了深远的

---

① 见[晋]常璩撰，刘琳校注《华阳国志校注》第891页，巴蜀书社1984年7月第1版。
② 见[晋]常璩撰，刘琳校注《华阳国志校注》第227页、第96页，巴蜀书社1984年7月第1版。

影响。《华阳国志》所记地区在《尚书·禹贡》中为九州之梁州,其地因在华山之南而得名"华阳"。古之华阳国其实就是古蜀国,而巴国与古蜀的关系甚为密切,汉中与南中也曾囊括在古蜀疆域范围之内。《华阳国志》记载的历史,从上古至汉晋时期,跨度比较久远,在不同地域各有侧重,记述的都是比较重要的史实。

中国撰写和记载史事的传统起源甚早,封建王朝置有史官,专门记录统治者的言行与发生的大事情。文人学者喜欢著书立说,这是自古以来的优良传统。早在先秦时期,就涌现了很多杰出的思想家,出现了百家争鸣的局面。诸子百家,五彩缤纷,自春秋战国以来,可谓盛极一时。史家也应运而生,从左丘明撰《左传》《国语》,到司马迁撰写了巨著《史记》,史家著述提升到了前所未有的高度,对后世的史事记载产生了巨大而深远的影响。

中国地方志的撰述之风,大约是从汉代开始的,这与地方文化教育的兴旺发达、培养了众多的文人学者显然是大有关系的。地方志与正史,在内容与体例方面都有所不同。如果说正史比较规范的话,地方志的写作就比较自由了。正史记载的人物主要是皇亲国戚与权贵显要,是整个国家统治阶层中的精英人物,记述的史事也都是历史大事件。地方志虽然涉及的地域比较具体,而记述的内容却相对宽泛,包括地方官吏、乡贤士女、民俗民风、传说故事等。蜀地文人的著述,自汉代开始便日趋繁荣。司马相如是成都的大文豪,写作的汉赋影响很大,得到汉武帝的青睐,使得汉代诸多文人竞相仿效。汉赋中就有大量描写地方人文历史与山川名胜物产的内容,譬如扬雄、左思等人写作的汉赋就是如此。蜀地的雄奇壮丽与神秘的历史传说以及富饶的物产,也成了汉赋描述的重要对象,当时写蜀地或蜀都的汉赋就有好几篇,都很著名。而采用地方志的形式来写蜀地的地理与历史、风俗与人物,也成了蜀地文人比较喜欢的一种著述形式。

我国的方志之作,虽然肇始颇早,东汉时便已形成风气,在当时的益州地区撰写之风尤其盛行,但那些早期的方志往往各有偏重,从内容到体裁都有明显的缺陷。正是有鉴于此,常璩对地方志的编撰方法进行了大胆革新,从内容上将历史、地理、人物相结合,从体裁上将编年史、地理志、人物传相结合。常璩倡导这种新方法与新体裁,是非常有道理的,可谓见识高明,堪称是中国方志编纂史上的一个创举。

常璩静下心来著书立说，这是他人生后期的一个重要内容。用历史的眼光来看，坐冷板凳不一定就是坏事。左丘明写《左传》，司马迁著《史记》，都是坐冷板凳而发愤著书从而流芳百世的经典例子。常璩也是如此，虽然在江左受到冷落而心情郁闷，却完成了一部很重要的扛鼎之作，在中国地方志的发展历程中创建了开山之功。

常璩撰《华阳国志》时，对史料的引用比较严谨，对前人的不实之处敢于纠正。作为一位优秀的史学家，这也是他值得称赞的闪光之处。譬如战国时期，楚国派遣将军庄蹻伐南中夜郎，司马迁《史记·西南夷列传》是这样记载的："楚威王时，使将军庄蹻将兵循江上，略巴、（蜀）黔中以西。庄蹻者，故楚庄王苗裔也。蹻至滇池，（地）方三百里，旁平地，肥饶数千里，以兵威定属楚。"①常璩在写《南中志》时，对这段史实做了考订，并记述："周之季世，楚顷襄王遣将军庄蹻溯沅水，出且兰，以伐夜郎，柯牂柯系船于且兰。既克夜郎，而秦夺楚黔中地，无路得归，遂留王之，号为庄王。以且兰有柯船牂柯处，乃改其名为牂柯。"②常璩对司马迁《史记》中记载的庄蹻故事做了三处订正：一是将楚威王改为楚顷襄王；二是将庄蹻的进兵路线"循江上，略巴、（蜀）黔中以西"改为"溯沅水，出且兰，以伐夜郎"；三是将庄蹻在滇称王改为在夜郎称王。常璩的订正是否正确？唐代著名史学家杜佑在《通典》中考证，认为常璩的记述是对的。以后郑樵《通志》卷一百九十七，马端临《文献通考》卷三百二十九，乐史《太平寰宇记》卷一百七十九，都采用了常璩的记述。

关于蜀与中原的交流往来，不少史书认为蜀道通于战国时的周显王之世，即公元前368年至公元前321年之间，由于秦惠王伐蜀，才开凿了石牛道。有人认为这是最早的蜀道。常璩在《华阳国志·序志》中纠正了这个说法，说："《蜀纪》言：'三皇乘祇车出谷口。'秦宓曰：'今之斜谷也。'及武王伐纣，蜀亦从行。《史记》：周贞王之十（六）〔八〕年，秦厉公城南郑。此谷道之通久

---

① 见[汉]司马迁撰《史记》第9册第2993页，中华书局点校本，1959年9月第1版。
② 见[晋]常璩撰，刘琳校注《华阳国志校注》第335页，巴蜀书社1984年7月第1版。

矣。而说者以为蜀王因石牛始通,不然也。"①

这些都说明,常璩的治学态度是严谨的,实事求是的。常璩敢于纠正过去史书中的谬误,实属难能可贵。正如任乃强先生所评论的:"在科学还未昌明时代,他已具有这样的史识和敢于纠正的魄力,这不但是魏晋以前的史学家所不曾有,即魏晋以来的封建史学家也未能有。"②

不可讳言,常璩《华阳国志》中也有一些缺点,"有的地方考证不精,记载失实"。③譬如,秦封蜀王之子为侯,误记为封秦王之子为侯。关于蜀侯恽叛乱的记载,也不准确:"赧王十四年,蜀侯恽祭山川,献馈于秦(孝文)〔昭襄〕王。恽后母害其宠,加毒以进王。王将尝之,后母曰:'馈从二千里来,当试之。'王与近臣,近臣即毙。(文)王大怒,遣司马错赐恽剑,使自裁。恽惧,夫妇自杀。秦诛其臣郎中令婴等二十七人。"④核对史实,周赧王十四年(前301)时,秦的统治者是昭襄王,而不是孝文王。据《史记·秦本纪》记载,秦孝文王即位是在公元前250年,即位三天就死了。怎么可能发生蜀侯恽向秦孝文王献馈加毒、秦孝文王赐恽剑令其自杀的事呢?另外,常璩相信天命历数,甚至用谶纬迷信来记述巴蜀古史,也说明了他思想观念方面的局限性。

常璩重视正史与地方历史的衔接,特别强调史实的严谨,这是其值得称赞之处。而他对有些上古流传下来的神话传说、民间传闻之类,采取了剪辑或删减的做法,有时也有失误,造成了宝贵资料的遗漏和记录的缺失,也可以说是其不足之处。譬如《华阳国志》中对古蜀历史的记述,就参考了扬雄《蜀王本纪》中的很多说法,但又删去了很多宝贵的传说史料,因而显得比较空洞和苍白。例如鳖灵治水期间,杜宇与鳖灵之妻发生私情,常璩可能觉得不雅,而删去了关于此事的记载。其实正是这件事情导致了政权的更替,使得鳖灵取代杜宇而建立了开明

---

① 见[晋]常璩撰,刘琳校注《华阳国志校注》第896页,巴蜀书社1984年7月第1版。
② 见任乃强《〈华阳国志〉简介》,载《历史知识》1980年第2期。
③ 见刘琳《〈华阳国志〉简论》,载《四川大学学报》1979年第2期。
④ 见[晋]常璩撰,刘琳校注《华阳国志校注》第199页,巴蜀书社1984年7月第1版。

王朝，有很多重要的历史信息就隐藏在这个大事件的后面。在与中原历史的衔接上，常璩的有些叙述，如将古蜀早期历史叙述为春秋战国时期，也比较勉强，难以令人信服。

顾颉刚先生在20世纪40年代研究巴蜀史时，阅读相关的文献资料，曾将扬雄《蜀王本纪》与常璩《华阳国志》中记述的古蜀历史相互对照，就注意到了这方面的问题。他说："抗日战争时期，我国的专家学者差不多全体集合到四川。当时，对于川康的自然界和社会各方面的调查研究风起云涌……我自己呢，到成都快两年了，服务的余暇曾游了郫县的望帝丛帝陵、温江的鱼凫城、双流的蚕丛祠和瞿上乡，对于古代的蜀国也浮动了重重的幻想。蜀国的材料不多，满想下手整理，写一篇古蜀国的传说。无如一经下手即感困难。其关键为：当时的蜀国本和中原没有关系，直到春秋战国间才同秦国起了交涉。李白《蜀道难》所谓'蚕丛及鱼凫，开国何茫然？尔来四万八千岁，不与秦塞通人烟'确是说的不错。不幸历代人士为秦汉的大一统思想所陶冶，认古代也是一模一样的，终不肯说这一块地土上的文化在古代独立发展，偏要设法把它和中原的历史混同搅和起来，于是处处勉强拍合，成为一大堆乱丝。一班修史的人难以考核，把这些假史料编进许多史书里去。彼此纠缠，把人们的脑筋弄迷糊了，古蜀国的真相，再也看不清了。"① 顾颉刚先生关于古蜀是独立发展的观点，确实是很有道理的，三星堆遗址与金沙遗址等重要考古发现所揭示的古蜀文明，具有鲜明而辉煌的特色，对此就给予了充分的印证。顾颉刚先生专门撰写了《〈蜀王本纪〉与〈华阳国志〉所记蜀国事》一文，将两书所记蜀国之事列举了二十二件史事进行比较，认为"常书虽多沿袭扬氏，而扞格牴牾处亦复不少。是何也？扬氏生于汉，其时离蜀国之亡不过三百年，民间传说犹有存者，故多撷取里巷之谈以成书。常氏，晋人，离扬氏又三百年矣，文籍大备，理智日高，其鄙视俚俗不经之谈而悉欲去之，固其宜也"。通过对两书所记史事的比较，他发现"常氏作地方史，其标准有二：其一，秉'民无二王'之训，将蜀之称帝、称王者悉归之于'周之叔世'；其二，秉'子不语怪、力、乱、神'之训，将蜀中神话性之故事悉予删改。此足证常氏

---

① 见顾颉刚著《论巴蜀与中原的关系》第1—2页，四川人民出版社1981年5月第1版。

受中原文化洗礼之深厚"。但"扬氏所录固多不经之言,而皆为蜀地真实之神话、传说。常氏书雅驯矣,然其事既非民间之口说,亦非旧史之笔录,乃学士文人就神话、传说之素地而加以渲染粉饰者"。"常氏全不认识神话、传说之本来面目。在此种心理之下,不知曾毁弃若干可宝贵之古人遗产,今虽刻意求之而不可得矣,惜哉,惜哉!"①顾颉刚先生的评论与慨叹,确实很有见地,也令人深思。

简而言之,《华阳国志》共十二卷,对古代巴蜀历史传说、西南地理山川与郡县沿革、西南地区各民族与民俗民风,以及汉晋时期西南地区的人文、政治、经济、物产、水利、交通、自然科技等都做了较为完整而详细的记述,为我们了解和研究西南地区古代历史和人文地理提供了非常珍贵的资料。无论是从史学的角度,或是用文化研究的眼光来看,《华阳国志》都是一部非常重要的经典之作。正如任乃强先生所说:"巴、蜀、南中,即今所谓大西南者,开化虽与中原同时,而以地形险阻,僻在边方,文化发育则不与中原一致。尤以古代巴蜀,自有其独特的经济基础,文物有独具之特色,其与中原文化,尺短寸长,各有所适。汉魏以降,虽已互相融合,仍各有所偏重……常璩此书……使中土不复以蜀士见轻,而蜀人亦不复以中土为远。唐宋以降,蜀与中原融为一体,此书盖有力焉。此就掌握地方特殊性与全国一致性相结合言,常氏实开其先河者。"②

《华阳国志》因其取材的广博、资料的丰富和编撰的精妙,在当时刊行后便广为流传而深受好评,并为其他许多著作所引用,譬如郦道元撰《水经注》就屡屡引用,又譬如裴松之注《三国志》、刘昭注《后汉书》、贾思勰撰《齐民要术》、虞世南编撰《北堂书钞》、欧阳询撰《艺文类聚》、徐坚等撰《初学记》、李吉甫撰《元和郡县图志》、李昉等撰《太平御览》等也多有引用。唐代著名史学家刘知几在《史通·杂述》中对常璩的著述给予了充分的肯定和很高的评价,由此可见《华阳国志》在后世的深远影响。

---

① 见顾颉刚著《论巴蜀与中原的关系》第72页、第78页、第79页,四川人民出版社1981年5月第1版。
② 见[晋]常璩撰,任乃强校注《华阳国志校补图注》前言第6—7页,上海古籍出版社1987年10月第1版。

第三章
开山之作

成都平原在古代被称为华阳，又被称为天府之国，
常璩认为巴蜀和中原都属于华夏，自古就关系密切。
《华阳国志》记述了古蜀传说、巴国故事、秦并巴蜀，
还记载了汉中之地、南中诸郡的地理、物产、民俗民风。
常璩将编年史、地理志、人物传融会结合，堪称杰出创举。

华阳由来

常璩在金陵长期坐冷板凳，发愤著书立说，积平生所学，花了六年时间，撰写了地方志巨著《华阳国志》。常璩在这部著述中，完整地记述了西南地区从远古到东晋时期的山川地理、人文风物、历史兴衰，为了解古代巴蜀绚丽多彩的历史文化，提供了全面而又翔实的史料。

成都平原在古代被称为华阳，又被称为天府之国，蜀人对此是颇为自豪的，因为这两个称呼不仅是个形象生动的地理概念，更被赋予了丰富多彩的人文内涵。千百年来，"华阳"与"天府"的称号已成为一方乐土的象征。而其由来和广为流传，并得到世人的向往和认同，则与常璩撰写的《华阳国志》有很大的关系。

关于华阳的由来，《尚书·禹贡》有"华阳黑水惟梁州"之说。传说大禹治水成功后，将全国划分为九州，《尚书·禹贡》便对大禹治水的过程与九州区划中的山川河流加以概述。九州之说，传说的成分较重，与其说是古人假托大禹治水以后的行政区划，不如说是我国最早的一种地理划分。《尚书·禹贡》所说的"华阳"其实是一个比较宽泛的地理概念，主要是指华山之南，其广义则包括巴、蜀、滇、黔以及陕南一带，即现在的整个西南地区。博学多才的常璩将撰写的地方志巨著取名为《华阳国记》，后来又正式定名为《华阳国志》，"华阳"从此被赋予了全新的内涵，不再是一个宽泛的地理概念，而成了一个响亮的地域称号。

常璩在《华阳国志》中强调了"华阳"这个独特而鲜明的概念，称华阳是一块对中华文明影响深远的独特区域，囊括巴、蜀、汉中、南中，这充分展现了他与众不同的思考和见识。这一区域，其实是黄帝、大禹、古蜀、西周、秦、汉的龙兴凤举之地。而将"华阳"与"天府"并列，则是常璩的创举。随着《华阳国志》在后世的广泛传播和产生的深远影响，"华阳"与"天府"也终于成了家喻户晓的蜀地美称。

"天府"之说，原是形容犹如天帝之府库，无所不有。据《战国策》记载，苏秦说秦惠王就提道："大王之国，西有巴、蜀、汉中之利，北有胡貉、代马之用，南有巫山、黔中之限，东有肴、函之固。田肥美，民殷富，战车万乘，奋击百万，沃野千里，蓄积饶多，地势形便，此所谓天府，天下之雄国也。"① 司马迁《史记·苏秦列传》也做了相似的记述。这两处记载中的"天府"，是将蜀地、汉中与关中渭水平原都混在了一起。而据任乃强先生考证，苏秦之说出于秦并巴蜀之前，或疑是后人伪造的。② 后来陈寿《三国志》记述，诸葛亮在隆中对刘备说"益州险塞，沃野千里，天府之土"③，才将"天府"确定为蜀地的称号。实际上，陈寿和常璩都是晋朝人，而且都是蜀中著名史学家，对于"天府"这一称号都给予了很好的定性，可谓灵犀相通，英雄所见略同。

常璩《华阳国志·蜀志》中是这样说的："蜀之为国，肇于人皇……其地东接于巴，南接于越，北与秦分，西奄峨嶓。地称天府，原曰华阳。"这里不但"多斑采文章"，而且物产富饶，"其山林泽渔，园囿瓜果，四节代熟，靡不有焉"。又说"蜀之为邦"，"国富民殷"，"于斯为盛。固乾坤之灵囿，先王之所经纬也"，确实是一个神异的区域。特别是李冰修建都江堰之后，从此"水旱从人，不知饥馑，时无荒年，天下谓之'天府'也"。④ 常璩的记述，

---

① 见缪文远著《战国策新校注》（修订本）第61页，巴蜀书社1998年9月第3版。
② 参见[晋]常璩撰，任乃强校注《华阳国志校补图注》第115页注6，上海古籍出版社1987年10月第1版。
③ 见[晋]陈寿撰《三国志》第4册第912页，中华书局点校本，1959年12月第1版。
④ 参见[晋]常璩撰，刘琳校注《华阳国志校注》第175—176页、第330页、第202页，巴蜀书社1984年7月第1版。

具有比较浓郁的感情色彩，充分显示了他对乡土的热爱，但也并非溢美和夸张，大都是真实的记载和描写。而史料的翔实与依据的可信，也正是《华阳国志》的价值与魅力之所在。常璩在其中构建了一个文化丰饶、和平统一的"理想国"。他用"华阳"来解读巴蜀文明，产生了深远影响，也为巴蜀历史研究提供了强大底气。

古代巴蜀史，春秋之前只有《尚书·牧誓》提及。之后《左传》《史记》《汉书》等史书中才有了对巴蜀与西南夷的一些记载，但比较零散，疏漏之处也比较多。汉代扬雄等人对古蜀的记述，大都是碎片状的，传说的色彩比较浓郁。常璩《华阳国志》的记述，则弥补了这方面的不足。《华阳国志》最显著的特点，就是将巴蜀放在与华夏统一的大格局下进行审视和叙述。这显示了常璩卓越的见识，对蜀中前辈学者在记述历史方面是一个很大的超越。

中华文明的起源发展格局，具有多源一统、多元一体的特点，苏秉琦先生对此就有非常精深的论述[①]，考古发现与文献记载对此都给予了很好的揭示。中华文明在发展进程中，随着区域之间的交流与部族之间的联姻，由多源走向融合，从多元走向统一，是必然的趋势。中国自上古以来，在漫长的历史进程中虽然经历了分分合合的曲折，但各民族的交流融合与中华文明的统一发展潮流不可阻挡。

中国的大一统思想，可以追溯到夏商周时期，其核心观念就是重视和推崇国家统一，反对民族分裂。这也是中华民族的一个优良传统。大禹治水，划分九州，就是把黄河流域、长江流域等全都纳入统一的版图之中。大禹会见万邦，巴、蜀都参加了。春秋战国时期，面对群雄争霸、诸侯割据的社会动乱局面，很多有识之士都希望恢复大一统的国家统治。他们认为只有大一统，国家才能安定繁荣，广大民众才能过上和平的生活。以孔子为代表的儒家，就高扬起了大一统的旗帜。孔子亲订了《春秋》一书，提出了"尊王攘夷"的主张。"尊王"就是拥护以周天子为核心的中央王权对各诸侯国的宗主统治，"攘夷"就是反对外来民族对华夏的侵略与破坏。这是儒家的共识，后来成为中国

---

① 参见苏秉琦、殷玮璋著《关于考古学文化的区系类型问题》，载《文物》1981年第5期。又参见《苏秉琦考古学论述选集》第225—234页，文物出版社1984年6月第1版。

大禹像（山东嘉祥武梁祠汉代石刻）

封建王朝基本的政治框架。

尽管先秦诸子对社会的改革方案并不一致，各有政治见解，但他们都有一个共同的目标，就是希望建立一个统一的多民族国家。大一统思想，不仅是儒家思想的重要内容，也是史学家们评价历史事件、历史人物的基本标准。司马迁《史记·五帝本纪》中，已有黄帝娶嫘祖、黄帝与蜀山氏联姻的记载。司马迁是汉朝正统史学家，他的著述与历史观产生了巨大的影响，代表了华夏历史学的主流，获得了后世诸多学者的认同与赞扬。常璩读书很多，也是熟读过《史记》的，对司马迁也深为敬佩。

常璩有着很好的历史大局观，赞成统一，崇尚儒术。因此，他在撰写《华阳国志》的时候，努力将古蜀的历史与中原王朝的历史相衔接，认为蜀山氏与黄帝就结为亲戚了。常璩《华阳国志·蜀志》开篇就说："蜀之为国，肇于人皇，与巴同囿。至黄帝，为其子昌意娶蜀山氏之女，生子高阳，是为帝（喾）〔颛顼〕；封其支庶于蜀，世为侯伯。"这段记述就参考引用了《史记·五帝本纪》

中的说法，强调了黄帝与蜀山氏的联姻，说明古蜀与中原的亲缘关系由来已久，堪称源远流长。常璩在卷末又说："蜀之为邦：天文，井络辉其上；地理，岷嶓镇其域；五岳，则华山表其阳；四渎，则汶江出其徼。故上圣则大禹生其乡，媾姻则黄帝婚其族，大贤彭祖育其山，列仙王乔升其冈。"① 可见古蜀的地理人文，不仅与中原关系密切，而且自有鲜明的特点。

常璩在《华阳国志·巴志》中也强调了巴蜀与中原的亲缘关系："《洛书》曰：人皇始出，继地皇之后，兄弟九人分理九州，为九囿，人皇居中州，制八辅。华阳之壤，梁岷之域，是其一囿，囿中之国则巴、蜀矣。其分野：舆鬼、东井。其君上世未闻。五帝以来，黄帝、高阳之支庶世为侯伯。"在卷末又重申和强调说："巴国远世则黄、炎之支封，在周则宗姬之戚亲。"②

常璩认为，巴蜀和中原的民众都是炎黄子孙，中国自古以来就是统一的整体。常璩的这个观点非常鲜明，他在《华阳国志》不同篇章中都做了论述和强调。这展现了常璩开阔的眼界，说明他是站在历史的高度来看中华民族的组成和中国社会的发展的，而且把道理讲得非常透彻，至今仍闪耀着光芒。与汉晋时代其他诸多历史学者相比，常璩更加强调巴蜀和中原的密切关系，也更加重视中国的统一与融合发展格局。这正是常璩的过人之处，显示了他卓越的大局观和历史观，也彰显了他思想的深刻。后人称赞常璩是一位杰出的历史学家，确实并非过誉。他的这种旗帜鲜明的思想观念，也为《华阳国志》这部地方志中的开山之作增添了强光异彩。

常璩认为巴蜀与中原的交往有着密切的关系，这也是源远流长的。他在《华阳国志·蜀志》中说"大贤彭祖育其山"，又在《华阳国志·序志》中说"孔子'述而不作，信而好古，窃比于我老彭'。则彭祖本生蜀，为殷太史"。后来巴蜀参加了武王伐纣，为周朝建国立下了汗马功劳，"文王之化，

---

① 见[晋]常璩撰，刘琳校注《华阳国志校注》第175页、第330页，巴蜀书社1984年7月第1版。
② 见[晋]常璩撰，刘琳校注《华阳国志校注》第20页、第101页，巴蜀书社1984年7月第1版。

被乎江汉之域；秦豳同咏，故有夏声也"。①巴蜀与中原自古就有同样的教化，这也表达了常璩的大一统思想，始终认为巴蜀与中原是统一的整体。这种思想，贯穿于他的整部著述之中。

　　常璩对历史的论述比较客观，喜欢讲真话，不说违心之论。他对史料的梳理和引用也比较慎重，特别重视史料的真实性。这说明了他治学的严谨，体现了他正直磊落的学者品质。常璩的这些长处与优点，也充分体现在他著书立说之中，他著述中的很多内容都较为真实可信，他的论述也常常令人折服。因此《华阳国志》也就成了研究巴蜀地区古代历史的重要参考资料，成为学者们的案头必备之作。

　　从20世纪以来的考古发现来看，四川和重庆境内出土的大量文物，就揭示了古代巴蜀与中原的交流往来和密切关系。四川广汉三星堆出土的铜尊、铜罍等青铜器，就显示了对殷商礼器的模仿。还有四川彭州竹瓦街出土的商周时期的窖藏青铜器，也为古蜀和中原的往来提供了佐证。这些考古出土资料，也印证了常璩对历史的论述，彰显了他的大一统历史观念，确实是很有见地的。

　　任乃强先生高度评价了常璩能够站在中华统一的高度来写地方志，他说："我国两千年来，地方史志不下万种，无非流行一时，旋成覆瓿。惟璩此书，虽仅方隅之事而能流行全国，迄今研究封建社会史者犹必重之。此其在历史发展阶段中，代表性强，足以抗衡正史者。""常璩此书，纯用中原文化之精神，驰骛于地方一隅之掌故，通其痞隔，畅其流灌，使中土不复以蜀士见轻，而蜀人亦不复以中土为远。唐宋以降，蜀与中原融为一体，此书盖有力焉。此就掌握地方特殊性与全国一致性相结合言，常氏实开其先河者。"②

---

① 见[晋]常璩撰，刘琳校注《华阳国志校注》第330页、第897页、第176页，巴蜀书社1984年7月第1版。
② 见[晋]常璩撰，任乃强校注《华阳国志校补图注》前言第6—7页，上海古籍出版社1987年10月第1版。

为蜀立言

古蜀的历史跨度比较长,见诸文献记载的,有蚕丛、柏灌、鱼凫、杜宇、开明等朝代。

古蜀国的历史,从上古流传后世的主要是一些传说,这些传说大都很简略而且语焉不详,因此古蜀国的真相也就云遮雾绕,留下了很多难解之谜。但这些传说也并非空穴来风、子虚乌有,大量真实的历史内容就隐藏在这些传说的深处。在一定意义上说,传说虽然与史实有别,但也是了解和研究古代历史的重要史料。中国上古时期历史邈远,那时的社会状况与人物事件都缺少文字记载,流传后世的传说也就成了很重要的参考依据。传说史料具有口传性、传承性、集体性和变异性的特点,所以扬雄、谯周、来敏、常璩等人依据上古的传说来述说古蜀历史,常有相同之处,也有相异之点。从扬雄《蜀王本纪》到常璩《华阳国志》,可以看出蜀中文人学者对古蜀历史的记述的变化,扬雄比较重视对传说故事的记录,常璩则努力将传说故事与正史相衔接。后来的学者们研究古蜀历史,《蜀王本纪》与《华阳国志》都是非常重要的参考书籍,学者们对其中的记述迄今已形成很多共识,同时也常有不同的见解,可谓见仁见智。

扬雄《蜀王本纪》记述古蜀早期历史说:"蜀之先称王者,有蚕丛、柏濩、鱼凫、〔蒲泽〕、开明。是时人萌椎髻左衽,不晓文字,未有礼乐。从开明已上至蚕丛,积三万四千岁。"后来,唐代大诗人李白在《蜀道难》中说:"蚕丛及鱼凫，开国何茫然？尔来四万八千岁，不与秦塞通人烟。"如果说三万四千岁是一种传说，那么四万八千岁更是一种文学的夸张了。扬雄《蜀王本纪》又说："蜀王之先名蚕丛，后代名曰柏濩，后者名鱼凫。此三代各数百岁，皆神化不死，其民亦颇随王化去。鱼凫田于湔山，得仙。今庙祀之于湔。时蜀民稀少。后有一男子，名曰杜宇，从天堕止。朱提有一女子名利，从江源井中出，为杜宇妻。乃自立为蜀王，号曰望帝。"后来有鳖灵，由荆入蜀，因治水有功而取代杜宇，"如尧之禅舜，鳖灵即位，号曰开明帝"。①这些记述充满了浓郁的神话传说色彩，古蜀早期历史也因此蒙上了神秘的面纱。

　　常璩《华阳国志》中对古蜀早期历史的记述也比较简略，他对史料的选用大都剔除了传说中过分夸张与荒诞的内容，而更侧重于客观的叙述，以及将巴、蜀地方史同中原历史相衔接。譬如《华阳国志·蜀志》中说："蜀之为国，肇于人皇，与巴同囿。至黄帝，为其子昌意娶蜀山氏之女，生子高阳，是为帝（喾）〔颛顼〕；封其支庶于蜀，世为侯伯。历夏、商、周，武王伐纣，蜀与焉。"这同《史记·五帝本纪》《尚书·牧誓》等的记载都是一致的。《华阳国志·蜀志》又说："有周之世，限以秦、巴，虽奉王职，不得与春秋盟会，君长莫同书轨。周失纲纪，蜀先称王。有蜀侯蚕丛，其目纵，始称王。死，作石棺石椁，国人从之，故俗以石棺椁为纵目人冢也。次王曰柏濩。次王曰鱼凫。鱼凫王田于湔山，忽得仙道，蜀人思之，为立祠。"②这里说的蚕丛、柏濩、鱼凫三代，也是依据了扬雄《蜀王本纪》的记述，传说的色彩比较浓。常璩叙述得都极其简略，可见能够依据的史料确实太少了，常璩的了解也很有限，所以只能概述。

　　通过扬雄和常璩的记述，可知古蜀历史上确实有过蚕丛、柏濩、鱼凫三个王朝，但这三个王朝的史迹却比较模糊，只留下了一些传说的影子。关于古蜀的记载虽然语焉不详，给人以太多的传说与推测之感，但也并非虚构，后来的考古发现便给予了充分的印证。譬如众所周知的四川广汉三星堆遗址、成都金沙遗址、

---

① 见《全汉文》卷五十三，[清]严可均校辑《全上古三代秦汉三国六朝文》第1册第414页，中华书局影印本，1958年12月第1版。
② 见[晋]常璩撰，刘琳校注《华阳国志校注》第175页、第181页，巴蜀书社1984年7月第1版。

成都宝墩古城遗址群等重大考古发现，就揭示了古蜀文明的悠久与灿烂辉煌。因为有大量遗址的考古发现，并出土了数量众多的珍贵文物，所以我们对古蜀国的历史与文明都有了真切而深入的认识。

根据古代文献透露的信息，蚕丛是古蜀国的开创者。而在蚕丛之前，有蜀山氏。司马迁《史记·五帝本纪》记述了黄帝与蜀山氏的联姻，说明古蜀的历史确实是非常久远的。黄帝先娶西陵之女为正妃，又为其子娶了蜀山氏女。在其他古籍中，也有类似记载，《山海经·海内经》就有"黄帝妻雷祖，生昌意，昌意降处若水"的传说。《世本》《大戴礼记·帝系篇》等也有"黄帝娶于西陵氏之子，谓之累祖，产青阳及昌意""颛顼母濁山氏之子，名昌仆""昌意娶于蜀山氏之子，谓之昌仆氏，产颛顼"的记述。袁珂先生考证说，蜀，古字通濁，《世本》说的"濁山氏"也就是蜀山氏。①如果说《山海经》等书记述的是颛顼神话世系，那么《史记·五帝本纪》就是史家之言了。

通过《史记·五帝本纪》的记载可知，蜀山氏和黄帝是同时代的重要部族。黄帝是上古时期中原地区的部族联盟首领，蜀山氏是蜀地最大的部族，所以才会相互通婚和联姻。联姻是古代部族之间增进团结和扩大势力的重要手段，黄帝娶四妃生二十五子就是和各部族联姻的结果（皇甫谧《帝王世纪》说，黄帝的元妃是西陵氏女嫘祖，此外还娶有次妃方雷氏女、次妃彤鱼氏女、次妃嫫母）。与黄帝同时期的蜀山氏，很可能是岷江上游最早养蚕的部族。有学者认为，蜀山氏因为长期养蚕和纺织丝绸，后来便以蚕为族名，称为蚕丛氏。蚕和蜀，其实都是和养蚕密切联系在一起的。《说文解字》就说："蜀，葵（桑）中蚕也。"任乃强先生认为，蜀山氏是最早"拾野蚕茧制绵与抽丝"的部族，到了"西陵氏女嫘祖为黄帝妃，始传蚕丝业于华夏"。②养蚕带来了部族的兴旺，也促使古蜀的崛起。蚕丛能够联盟诸多部族，执掌牛耳，创建蜀国，蜀山氏部族自身的强盛以及黄帝的联姻支持，都是不可忽视的重要原因。常璩在《华阳国志·蜀志》中就赞同并采用了司马迁的记述，同《史记·五帝本纪》《尚书·牧誓》等的记载都是

---

① 参见袁珂校注《山海经校注》（增补修订本）第503页及注2、第504页注8、第391页注4，巴蜀书社1993年4月第1版。
② 见任乃强著《四川上古史新探》第48页，四川人民出版社1986年6月第1版。

岷江上游的叠溪河谷有蚕丛遗迹

岷江上游的"蚕陵重镇"

四川茂县牟托石棺葬墓地遗址

一致的,也认为古蜀历史非常久远。

  岷江上游河谷是蚕丛的故里和崛起之地,扬雄《蜀王本纪》佚文有"蚕丛始居岷山石室中"之说①,常璩《华阳国志·蜀志》也说"有蜀侯蚕丛,其目纵,始称王。死,作石棺石椁,国人从之,故俗以石棺椁为纵目人冢也"。岷江上游河谷考古发现石棺葬多达上万座,对此便给予了充分的印证。蚕丛后来迁徙进入成都平原之后,岷江上游依然是古蜀人心目中的圣地。古蜀历代王朝都有祭祀神山的重要活动,神山指的就是蜀山。三星堆遗址出土的一件玉璋上,就刻画了古蜀人祭祀神山的情景。因为蚕丛是从这里崛起并创建蜀国的,而且传说蚕丛的王陵也在这里,所以蜀山便成了古蜀人心目中永恒的崇拜象征。古蜀人由此而形成了魂归天门的观念,扬雄《蜀王本纪》说李冰为蜀守

---

① 据《古文苑·蜀都赋》章樵注引,参见[晋]常璩撰,刘琳校注《华阳国志校注》第181页注2,巴蜀书社1984年7月第1版。

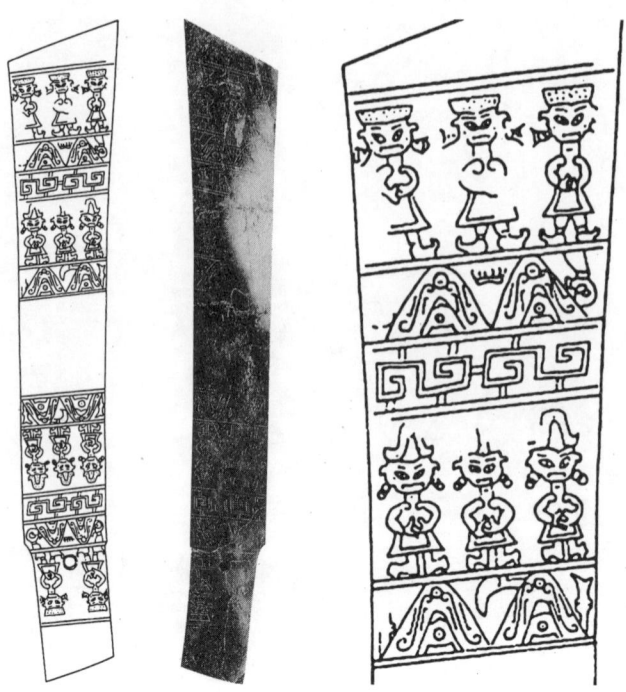

三星堆遗址二号坑出土的玉璋及其图案

时，"谓汶山为天彭阙，号曰天彭门，云亡者悉过其中，鬼神精灵数见"。①常璩《华阳国志》也说李冰为蜀守时，"能知天文地理，谓汶山为天彭门；乃至湔氐县，见两山对如阙，因号天彭阙。仿佛若见神，遂从水上立祀三所，祭用三牲，珪璧沉濆。汉兴，数使使者祭之"。②相比较而言，常璩的记载更加真实可信，说明古蜀人祭祀神山的习俗在秦汉时期依然兴盛。后来的《水经注·江水》中也有相同记述，说岷山是大江源头，"至白马岭而历天彭阙，亦谓之为天谷也。秦昭王以李冰为蜀守，冰见氐道县有天彭山，两山相对，其形如阙，谓之天彭门，亦曰天彭阙。江水自此已上至微弱，所谓发源滥觞者也"。③这些

---

① 见《全汉文》卷五十三，[清]严可均校辑《全上古三代秦汉三国六朝文》第1册第415页，中华书局影印本，1958年12月第1版。
② 见[晋]常璩撰，刘琳校注《华阳国志校注》第201页，巴蜀书社1984年7月第1版。
③ 见[北魏]郦道元撰，王国维校《水经注校》第1035—1036页，上海人民出版社1984年5月第1版。

记载，都说明了岷江上游的蜀山在古蜀人心目中的重要性，而天彭阙作为天门观念的象征，也就成了崇尚与祭祀的对象。

蚕丛为什么要举族迁徙？为什么要离开祖居之地、放弃岷江上游河谷，而选择成都平原作为新的定居之地？其最关键的至少有两大原因：一是发展所需，二是灾害所迫。首先从发展所需方面来看，蚕丛崛起之后，随着古蜀族人口的增多与势力的扩充，必须开拓疆域，所以进入了地域更加开阔、生态环境更为良好的成都平原。其次从灾害所迫方面来看，很可能当时发生了大地震，而且这样的大地震每隔几十年便会发生一次，这也促使蚕丛下决心率领族人迁出岷江上游河谷。古代文献记载中就透露有地震的信息，如《古本竹书纪年》说黄帝"七十七年，昌意降居弱水……一百年，地裂"，殷商时期也发生过"地震""瞿山崩"。①又如《太平御览》记述"《穀梁传》曰：梁山崩，壅河三日不流""《汉书》曰：成帝时，岷山崩，壅江水，江水逆流"。②《水经注·江水》也说"汉延平中岷山崩，壅江水三日不流"。③《国语·周语上》也记载"幽王二年，西周三川皆震。伯阳父曰：'……夫国必依山川，山崩川竭，亡之征也……'是岁也，三川竭，岐山崩。十一年，幽王乃灭，周乃东迁"。④这一记载说西周幽王时发生了大地震，引发了后来的改朝与迁都，由此也可见大地震造成的重大影响。

蚕丛率族迁徙，开始择地筑城而居。传世文献对此虽然缺少记载，考古发现却给予了较多的印证。成都平原上发现了许多早期古城遗址，有新津宝墩古城遗址、都江堰芒城遗址、崇州双河古城遗址、崇州紫竹古城遗址、郫县古城遗址、温江鱼凫城遗址等，其年代大约在新石器时代晚期，距今大约有4500—3700年历史。古代蜀人在成都平原上修筑城市和都邑，最初是从靠近岷山的西北部边缘地

---

① 见[晋]皇甫谧等撰，陆吉等点校《帝王世纪 世本 逸周书 古本竹书纪年》，《古本竹书纪年》第41页、第60页、第62页，齐鲁书社2010年1月第1版。
② 见[宋]李昉等撰《太平御览》第1册第192页、第193页，中华书局影印本，1960年2月第1版。
③ 见[北魏]郦道元撰，王国维校《水经注校》第1036页，上海人民出版社1984年5月第1版。
④ 见[周]左丘明撰，上海师范学院古籍整理组校点《国语》上册第26—27页，上海古籍出版社1978年3月第1版。

带开始的，然后沿着岷江支流河道两岸台地逐渐向平原腹心地区推进。最初修筑的早期城市规模较小，后来不断扩展，到殷商时三星堆古城已蔚为壮观，商周时的金沙遗址更是规模宏大。这些古城遗址说明，这个时期成都平原已经出现了早期城市文明的曙光，也揭示出当时散居在成都平原与西南地区的部族很多。有学者认为，早期的古蜀国，可能就是通过部族结盟而建立起来的酋邦式国家，从而形成了共主政治局面的出现。蒙文通先生曾精辟地指出："蜀就是这些戎伯之雄长。古时的巴蜀，应该只是一种联盟，巴、蜀不过是两个霸君，是这些诸侯中的雄长。""可见巴、蜀发展到强大的时候，也不过是两个联盟的盟主。"①后世为了纪念蚕丛，曾修建有蚕丛祠，并称蚕丛为青衣神，有些地方还修建了青衣神庙，传世文献对此记载颇多。《宋本方舆胜览》卷五十一就说"成都古蚕丛之国，其民重蚕事，故一岁之中二月望日鬻花木蚕器于某所者号蚕市"，又说成都有"蜀王蚕丛氏祠也，今呼为青衣神，在圣寿寺"。②《大明一统志》卷六十七也说成都有"蚕丛祠，在府治西南。蚕丛氏初为蜀侯，后称蜀王，教民桑蚕，俗呼为青衣神"。③《蜀中名胜记》卷十五也说：青神县的得名与蚕丛有关，"青神者，以蚕丛衣青，而教民农事，人皆神之，是也"。④因为蚕丛是古蜀国的开创者，数千年之后人们仍在怀念他倡导养蚕和教民农事的功绩，对后世的影响可谓深远。

  根据传世文献记载，柏灌是蚕丛之后的蜀王，是古蜀国第二个王朝的统治者。扬雄《蜀王本纪》就说"蜀王之先名蚕丛，后代名曰柏濩"。常璩《华阳国志·蜀志》则说蚕丛先称王，"次王曰柏灌"。扬雄记述的"柏濩"，与常璩记载的"柏灌"，一字之差，可能是后世文献在传抄上出现的问题，使字形发生了讹变，显然是同一个人。蒙文通先生就认为"濩"是字误，应是古籍传写

---

① 见蒙文通著《巴蜀古史论述》第30页、第31页，四川人民出版社1981年8月第1版。又见蒙文通著《巴蜀史的问题》，载《古族甄微》第199页、第200页，巴蜀书社1993年4月第1版。
② 见[宋]祝穆撰《宋本方舆胜览》第11册，上海古籍出版社影印线装本，1986年1月第1版。
③ 见[明]李贤等撰《大明一统志》下册第1043页，三秦出版社1990年2月第1版。
④ 见[明]曹学佺著《蜀中名胜记》第219页，重庆出版社1984年10月第1版。

之误。^①常璩记载的"柏灌",可能更准确一些。关于柏灌继承王位与统治古蜀国的时间有多久,柏灌的兴衰与去向又是怎样,《蜀王本纪》与《华阳国志·蜀志》中都语焉不详,说得极其笼统和含糊,因此成了古蜀历史上一个很大的谜。很可能柏灌继位之后,便发生了激烈的王位之争,不久就被鱼凫王朝取代了。有学者认为,大禹治水的时候,先从蜀地开始导山治水,柏灌失国之后很可能率领族人跟随大禹治水,迁往了中原。根据《尚书·禹贡》和《蜀王本纪》等古籍记载,西蜀岷江在五帝先秦时代是水患比较严重的地区,《尚书·禹贡》中数次提到大禹由"岷山之阳,至于衡山","岷山导江,东别为沱","岷嶓既艺,沱潜既道"^②,说明大禹曾花了大量

四川汶川的大禹塑像

精力对岷江进行治理,取得成功后进而推广到九州。古代文献中说大禹"兴于西羌",在鲧之后继续治理水患,终于取得了成功,然后建立了夏王朝。《古本竹书纪年》与《左传》等古籍中有关于中原斟灌族的事迹,都是发生在大禹建立夏王朝之后的事情,其时间在夏朝的太康与少康之间。若按时代推算,后来跟随大禹治水去了中原的斟灌族,很可能并非柏灌王亲自率领的本族民众,而是柏灌王的后代子孙,他们追随大禹参加了治水,由于深得大禹的信任和重用而举族迁徙。这样就解释得通了,也更加合情合理了。

鱼凫是古蜀历史上一个很重要的部族,继蚕丛与柏灌之后统治了蜀国,是古蜀历史上第三个王朝。扬雄《蜀王本纪》和常璩《华阳国志·蜀志》都有

---

① 参见蒙文通著《巴蜀古史论述》第42页、第81页,四川人民出版社1981年8月第1版。
② 见[清]胡渭著,邹逸麟整理《禹贡锥指》卷十一下、卷十四下、卷九的考述,上海古籍出版社1996年12月第1版。

"鱼凫王田于湔山"的记载。任乃强先生考证说,"湔水,今彭县北海窝子河是也"。认为鱼凫原为鸟名,是善于捕鱼之鸟,鱼凫族以此为名,透露了其对渔业的崇尚,说明其是一个好渔猎的民族。所以古蜀国在鱼凫王朝时期,是以渔猎为主的社会,后来到了杜宇时代,才进入了农业社会。①唐代卢求《成都记》说"古鱼凫国,治导江县",明代曹学佺《蜀中名胜记》卷六引用了这个记述,说蜀汉时刘备将这里设置为都安县,属汶山郡,周武帝并入益州之郫,唐初改为盘龙县,又改为导江县,孟蜀改导江为灌州。②宋代罗泌《路史前纪》卷四也有"蚕丛纵目,王瞿上。鱼凫治导江"的记述。由此可知,导江是秦并巴蜀之后的县治名称,其具体位置大约在今天的都江堰市城南一带。此外还有一些关于鱼凫的传说,宋代孙松寿《观古鱼凫城》诗自注云:温江县北十五里

四川成都温江区的鱼凫王墓遗址

---

① 参见[晋]常璩撰,任乃强校注《华阳国志校补图注》第119页注4,又参见第221页附录"蚕丛考"中所述,上海古籍出版社1987年10月第1版。
② 参见[明]曹学佺著《蜀中名胜记》第83页,重庆出版社1984年10月第1版。

鱼凫村遗址

有古鱼凫城。刘琳先生说,"据嘉庆《温江县志》,在县北十里,俗称古城埂"。①根据考古发现,温江确实有鱼凫古城遗址,其始筑于新石器晚期,后来延续使用的时间非常久远,蜀汉时期仍在使用,唐宋时期城址尚存。导江和鱼凫城,可能都是鱼凫王朝使用过的早期都邑。鱼凫王朝统治古蜀国的时间比较久,《古文苑》章樵注引《蜀纪》说"上古时,蜀之君长治国久长",说的便应该是古蜀国鱼凫王朝时期的情形。三星堆古城应该就是鱼凫王朝所建的一座新的都城,其规模的宏大和占地面积的广阔(约2.6平方公里)②,充分展示了鱼凫王朝鼎盛时期的兴旺景象。

据古籍记载,在商周之际,古蜀国曾派兵参加了武王伐纣的行动。《尚

---

① 见[晋]常璩撰,刘琳校注《华阳国志校注》第182页注4,巴蜀书社1984年7月第1版。
② 参见屈小强、李殿元、段渝主编《三星堆文化》第113页,四川人民出版社1993年12月第1版。

书·牧誓》说当时有"庸、蜀、羌、髳、微、卢、彭、濮人"参与了军事行动，在八个西南部族中，蜀是排在前面的。《古本竹书纪年》也有周师伐纣的记述："冬十有二月，周师有事于上帝。庸、蜀、羌、髳、微、卢、彭、濮从周师伐殷。""遂东伐纣，胜于牧野，兵不血刃而天下归之。"①蜀王派军队参加了周武王灭纣的战争，学者们大都认为，这应该是鱼凫时代的事情。但从时间上推测，显然不是第一代鱼凫王的时候，而是鱼凫王朝中期或后期发生的事情了。常璩《华阳国志·蜀志》对此也做了明确记载："蜀，世为侯伯。历夏、商、周，武王伐纣，蜀与焉。"又说："有周之世，限于秦、巴，虽奉王职，不得与春秋盟会。"《华阳国志·序志》也说："及周之世，侯伯擅威，虽与牧野之师，希同盟要之会。"②这些记载说明，在鱼凫王朝统治时期，古蜀国曾是西南地区一个实力比较雄厚的诸侯国。三星堆遗址出土的青铜人像群中有武士形象，就揭示了鱼凫王朝拥有军队。鱼凫王朝派兵参加武王伐纣后，仍同周王朝保持着密切关

三星堆遗址一号坑出土的
戴盔青铜人头像

三星堆遗址二号坑出土的
小型青铜跪坐人像

三星堆遗址二号坑出土的
小型青铜侧跪人像

① 见[晋]皇甫谧等撰，陆吉等点校《帝王世纪 世本 逸周书 古本竹书纪年》，《古本竹书纪年》第79页、第81页，齐鲁书社2010年1月第1版。
② 见[晋]常璩撰，刘琳校注《华阳国志校注》第175页、第181页、第891页，巴蜀书社1984年7月第1版。

系,但因受阻于秦、巴两国,所以很少参加中原盟会之类的活动。这也揭示出,鱼凫王朝确实延续了很多代,一直到后来,才被大力发展农业的杜宇所取代。常璩说的春秋盟会,从时间上推测,也可能是杜宇成为蜀王之后的事情。关于鱼凫王朝的结束,扬雄《蜀王本纪》说"鱼凫田于湔山,得仙。今庙祀于湔",透露出鱼凫王是在湔山田猎的时候,突然仙化了。常璩《华阳国志·蜀志》也说"鱼凫王田于湔山,忽得仙道,蜀人思之,为立祠"。湔山是都江堰附近的山林之地,仙化是一种很含蓄的说法,意思是从此消失了。由此推测,杜宇很可能乘着鱼凫王在湔山田猎时发动了袭击,鱼凫王猝不及防,因而战死或败亡了。由于鱼凫王的突然"仙化"失踪,鱼凫王朝也就此终结了,古蜀国江山易主,杜宇从此成了新的蜀王。

杜宇在古蜀历史上,也是一位杰出的蜀王,继蚕丛、柏灌、鱼凫之后建立了第四个古蜀王朝。常璩写杜宇,叙述的史事就要多一些了,但还是比较严谨,主要表现在四个方面:一是对杜宇与朱利的来历和结合,讲得比较真实。二是对杜宇的作为与功绩,譬如建立都城、扩展疆域、发展农业、号称望帝等,都给予了肯定和赞扬。三是对杜宇的好色、德薄、禅让之事做了技术处理。譬如略去了杜宇与鳖灵之妻私通的故事,也许是常璩觉得此事不雅,故而不做记载,从而使得后来的学者也都忽略或者回避了此事。其实这个故事很重要,情节也很关键,历史的真相就隐藏在这个故事的后面,是不应该回避的,删去了这个故事也就删去了真相。《荷马史诗》中描写了古代爱琴海沿岸的古希腊人和特洛伊人为了美丽的海伦而发生了长达十年的战争,古蜀时代杜宇和鳖灵妻子的风流故事虽然没有引发战争,却也诱发了政变,导致了王朝的更替。四是充分肯定和称赞了杜宇发展农业对巴蜀的影响,后人至今缅怀杜宇。

关于文献记载的杜宇与朱利的故事,曾出现过两个有争议的问题。

其一是杜宇与朱利的来历。杜宇来自何处?朱利究竟是什么地方的人?按照汉代扬雄《蜀王本纪》中的记述,说"后有一男子,名曰杜宇,从天堕止。朱提有一女子名利,从江源井中出,为杜宇妻。乃自立为蜀王,号曰望帝"。北魏郦道元《水经注·江水》引来敏《本蜀论》也沿袭了这一说法:"望帝者,杜宇也,从天下女子朱利,自江源出,为宇妻,遂王于蜀,号曰望帝。"①扬雄《蜀王本纪》关于杜宇与朱利的记述,传说的色彩很浓,因文字断句和读法的不同,很容易使人产生误解。如有的学者将其断句读为"杜宇,从天堕,止朱提。有一女子名利,从江源井中出,为杜宇妻",进而认为杜宇是从朱提(今云南昭通)来的,朱利是江源(即江原)人。但这个推论是有争议的,也可能把两人的来历说反了。常璩是严谨的史学家,在《华阳国志·蜀志》中对杜宇的传说可能做过考证,记述就比较清楚了:"后有王曰杜宇,教民务农,一号杜主。时朱提有梁氏女利游江源,宇悦之,纳以为妃。"②可见朱利应该是朱提人,后来可能行走江湖到了江原,结识了在当地发展农业的杜宇,两情相悦,成了杜宇的王妃。常

四川成都郫都区的古望帝之陵

---

① 见[北魏]郦道元撰,王国维校《水经注校》第1045页,上海人民出版社1984年5月第1版。
② 见[晋]常璩撰,刘琳校注《华阳国志校注》第182页,巴蜀书社1984年7月第1版。

璩是江原人，如果朱利真的是江原人，常璩是绝不至于说错的。朱利和杜宇都是古蜀历史上的著名人物，地方志对待名人皆会以此为荣，哪有将自己家乡的名人说成是其他地方之人的道理呢？所以，关于朱利的来历，常璩显然做过考证，说得很明确，朱利是朱提梁氏女，我们还是应该相信常璩的记述。明代曹学佺《蜀中名胜记》说"'（成都）府北三十里，有天回山。'扬雄《蜀记》以杜宇自天而降，号曰'天墮'"，认为天回山的原意便与"天墮"的传说有关，显而易见，杜宇就降生于此。到了后世，唐玄宗幸蜀返跸之后，土人呼为"天回"，才附会成了天回镇。①总之，杜宇和朱利结为夫妇，杜宇得到了朱提梁氏部族的支持，因而崛起，后来成了新的蜀王。

其二是杜宇究竟何时称帝，"望帝"究竟是杜宇的帝号还是谥号。杜宇是古蜀国继蚕丛、柏灌、鱼凫之后的又一位统治者，曾大力提倡耕、牧、工、商，拓展蜀国的疆域，在古蜀历史上留下了许多重要的记载。常璩《华阳国志·蜀志》说杜宇"教民务农，一号杜主"，娶朱提女子朱利为妃，在成都平原的腹心地带郫县建立了都邑，并将蚕丛时代的瞿上城作为别都，使古蜀地区成为当时华夏一个相当繁荣昌盛的区域。到"七国称王"的时候，"杜宇称帝，号曰望帝，更名蒲卑。自以功德高诸王，乃以褒斜为前门，熊耳、灵关为后户，玉垒、峨眉为城郭，江、潜、绵、洛为池泽，以汶山为畜牧，南中为园苑"。②这时的蜀国，是一片相当广阔的领域，除了成都平原和川西盆地的丘陵地带，还囊括了汉中平原以及贵州、云南的大部分地区。由此可知，杜宇是一位很有作为的蜀王，也是古蜀历史上第一位称帝的蜀王。关于杜宇称帝，也有学者提出过一些不同的看法。但常璩《华阳国志·蜀志》所言杜宇称帝之事，肯定不是空穴来风，应该是有所依据的。望帝称号，与杜宇有关，也应该是不争的事实。总而言之，因为杜宇大力发展农业，国力昌盛，对巴人和周边地区也产生了很大的影响，"巴亦化其教而力农务"，栖居在川东丘陵地带的巴族也因此进入农业社会，同蜀人一样尊奉杜宇为农神。

---

① 参见[明]曹学佺著《蜀中名胜记》第40页，重庆出版社1984年10月第1版。
② 见[晋]常璩撰，刘琳校注《华阳国志校注》第182页，巴蜀书社1984年7月第1版。

关于杜宇与鳖灵之妻的风流韵事，汉代扬雄在《蜀王本纪》中是这样记述的：“鳖灵治水去后，望帝与其妻通，惭愧，自以德薄不如鳖灵，乃委国授之而去，如尧之禅舜。鳖灵即位，号曰开明帝。”①汉代许慎《说文解字》解"觿"字时说：“蜀王望帝淫其相妻，惭亡去，为子觿鸟。”②《太平御览》卷一六六引《十三州志》也说"望帝使鳖冷治水，而淫其妻。冷还，帝惭，遂化为子规"。③到了晋代，常璩撰写《华阳国志》时，也许觉得此事不雅，而略去了这一重要情节。《华阳国志》是研究古蜀历史的案头常备之书，由于常璩的省略，后来研究古蜀历史的学者们亦大都忽略了这个故事。徐中舒先生认为："杜宇化

四川成都郫都区的古丛帝之陵

---

① 见《全汉文》卷五十三，[清]严可均校辑《全上古三代秦汉三国六朝文》第1册第414页，中华书局影印本，1958年12月第1版。
② 见[汉]许慎撰，[清]段玉裁注《说文解字注》第141页，上海古籍出版社1988年2月第2版。
③ 见[宋]李昉等撰《太平御览》第1册第808页，中华书局影印本，1960年2月第1版。

鹃本是一个优美的爱情故事,许慎是经学家,'淫其相妻'不合于儒家伦常道德,所以称其'惭,亡去'。点金成铁,实在糟蹋了这个故事。李商隐诗曰'望帝春心托杜鹃',才是这个故事的正解。"①实际上,这个故事向我们透露的信息是如此丰富,生动的历史真相就掩藏在这个故事后面。由杜宇王朝更替为开明王朝,正是这件事情起了非常关键的作用,使古蜀历史发生了重大转折。

　　杜宇与鳖灵之间由此爆发的矛盾冲突,也就不可避免了。一个是教民务农、拓展疆域,曾经雄视天下的望帝杜宇,一个是才略过人、治水创立奇功,赢得蜀人爱戴的蜀相鳖灵,两人之间的政权更替当然不会风平浪静。扬雄《蜀王本纪》等史料说杜宇委国禅让给鳖灵后,"遂自亡去,化为子规",或说"升西山隐焉",便隐约透露出了杜宇往岷江上游大山深处逃去的信息。《四川通志》则说得更为明确,认为杜宇显然是被推翻的:"望帝自逃之后,欲复位不得,死化为鹃,每春月间,昼夜悲鸣,蜀人闻之曰,我望帝魂也。名杜鹃,又名杜宇,又号子规。"②东汉应劭《风俗通义·怪神》引《楚辞》的一条记载,说"鳖令尸亡,溯江而上,到崏(岷)山下苏起。蜀人神之,尊立为王"③,也说明鳖灵推翻了杜宇王朝,成了新的蜀王。于是,杜宇王朝华丽的宫室和整个蜀国的权力都落入鳖灵之手。在子规鸟悲切的啼声中,古蜀历史上一个新的王朝诞生了,这个王朝就是鳖灵从治水开始创建大业的开明王朝。

　　杜宇由于好色"德薄"失去王位隐入西山后,蜀国百姓仍旧怀念他"教民务农"的恩惠,每当早春二月杜鹃鸟啼,农耕即将开始的时候,蜀人便会想到望帝,为他晚年的失国逃亡而感到悲伤。怀着这种感情的蜀人于是在灌县(今四川成都都江堰市)城西枕山临水的地方建起了望帝祠,以表达对杜宇的纪念。《元和郡县图志》卷三十一说"望帝祠,在灌口镇城内"。④到南朝齐明帝建武年间,益州刺史刘季连将望帝祠迁到郫县,与纪念鳖灵的丛帝祠移建在一起,合

---

① 见徐中舒著《论巴蜀文化》第141页,四川人民出版社1982年4月第1版。
② 见[清]常明、杨芳灿等纂修《四川通志》第8册第5753页,巴蜀书社1984年12月第1版。
③ 见《百子全书》下册第1094页,浙江古籍出版社1998年8月第1版。
④ 见[唐]李吉甫撰,贺次君点校《元和郡县图志》下册第774页,中华书局1983年6月第1版。

称为望丛祠，而将灌县的原址更名为崇德庙，以祭祀李冰。《大明一统志》卷六十七说成都有"望帝祠，在府城西五里，齐永宁末建。《九域志》：杜宇自立为蜀王，号望帝"。[①]望丛祠在宋朝得到了大规模的扩建，明末战乱中遭到破坏，清代乾隆以后又重新修复。这座成都平原上最古老的帝陵，如今位于成都市郫都区城郊，这里古柏森森，环境幽雅，是人们经常游览凭吊的一处人文古迹。闻名遐迩的望丛祠，已成为古蜀历史的象征。

---

① 见[明]李贤等撰《大明一统志》下册第1043页，三秦出版社1990年2月第1版。

秦并巴蜀

古蜀时期，自从鳖灵取代杜宇建立开明王朝之后，一共延续了十二代。常璩写开明王朝，就要详细一些了。不仅记叙了鳖灵的故事，而且重点记述了末代蜀王的败亡。

从文献史料记载来看，前期的开明王朝，是比较奋发图强的。扬雄《蜀王本纪》说："鳖灵即位，号曰开明帝。帝生卢、保，亦号开明。""开明帝下至五代，有开明尚，始去帝号，复称王也。"[1]常璩《华阳国志·蜀志》也说："开明（位）〔立〕，号曰丛帝。丛帝生卢帝。卢帝攻秦，至雍，生保子帝。帝攻青衣，雄张僚僰。九世有开明帝，始立宗庙，以酒曰醴，乐曰荆，人尚赤，帝称王。时蜀有五丁力士，能移山，举万钧。每王薨，辄立大石，长三丈，重千钧，为墓志，今石笋是也，号曰笋里。未有谥列，但以五色为主，故其庙称青、赤、黑、黄、白帝也。开明王自梦郭移，乃徙治成都。"[2]这些记载就讲述了开明王朝开疆拓土的历史，后来建都于成都，修筑了王城，经过数代蜀王的努力，社会繁荣，国力达到了鼎盛。成都商业街出土的船棺葬，就是开明王室的墓葬。

末代蜀王在位的时候，已经不图进取，只求享乐了。扬雄《蜀王本纪》记

---

[1] 见《全汉文》卷五十三，[清]严可均校辑《全上古三代秦汉三国六朝文》第1册第414页，中华书局影印本，1958年12月第1版。
[2] 见[晋]常璩撰，刘琳校注《华阳国志校注》第185—186页，巴蜀书社1984年7月第1版。

四川成都商业街船棺葬遗址

载有蜀王娶武都女子的传说："武都人有善知蜀王者，将其妻女适蜀。居蜀之后，不习水土，欲归。蜀王心爱其女，留之。乃作伊鸣之声六曲以舞之。"又说："武都丈夫化为女子，颜色美好，盖山之精也。蜀王娶以为妻。不习水土，疾病欲归。蜀王留之。无几物故。蜀王发卒之武都担土，于成都郭中葬之。盖地三亩，高七丈，号曰武担。以石作镜一枚，表其墓，径一丈，高五尺。"①常璩《华阳国志·蜀志》对此也有记述："武都有一丈夫化为女子，美而艳，盖山精也，蜀王纳为妃。不习水土，欲去。王必留之，乃为《东平之歌》以乐之。无几，物故。蜀王哀念之，乃遣五丁之武都担土为妃作冢，盖地数亩，高七丈，上有石镜，今成都北角武担是也。后王悲悼，作《臾邪歌》《龙归之

---

① 见《全汉文》卷五十三，[清]严可均校辑《全上古三代秦汉三国六朝文》第1册第414页，中华书局影印本，1958年12月第1版。

曲》。"①"丈夫化为女子"，可能是女扮男装，也许是为了出游的方便，被蜀王发现是绝色美女，便纳娶为妃了。由此可见，末代蜀王是位好色的君王，后来秦人正是利用了蜀王的这个毛病，策划了巨大的阴谋。

古蜀有五丁的传说，扬雄《蜀王本纪》就记述"天为蜀王生五丁力士，能徙蜀山"。说五丁有移山之力，如同超人。常璩《华阳国志·蜀志》对五丁也有记载，说开明王朝"九世有开明帝，始立宗庙，以酒曰醴，乐曰荆，人尚赤，帝称王。时蜀有五丁力士，能移山，举万钧"。到了末代蜀王的时候，秦惠王作石牛五头，说牛能便金，蜀王"乃遣五丁迎石牛"。蜀王的爱妃因不习水土病故后，蜀王"乃遣五丁之武都担土为妃作冢"。之后，秦惠王"知蜀王好色，许嫁五女于蜀，蜀遣五丁迎之"。②《太平御览》卷五五八援引了《华阳国志》的记述，也说"蜀有五丁，能移山，举万钧，其王薨，辄立大石，长三丈，重千钧，为墓志"，"蜀遣使朝秦，秦惠王许嫁五女于蜀，蜀遣五丁力士奉迎。蛇山崩，同时压杀五丁及秦五女。蜀王痛伤，命曰五妇冢，今其人或名五丁冢"。《太平御览》卷八八八又说"秦王知蜀王好色，乃献美女五人与蜀王，爱之，遣五丁迎女，还至梓潼，见一大蛇入山穴中，五丁共引蛇，山崩，压五丁，五丁大呼秦王五女及送迎者上，化为石。蜀王登台望之不来，因名五妇候台。蜀王亲理作冢，皆致方石以志其墓"。③

这些记载的传说色彩比较浓郁，其中既有一定的真实性，也有比较夸张的描述，同时也有较为明显的疑问。古蜀历史上是否确有五丁力士？五丁力士的故事是否可信？学者们对此曾有不同的解释与看法。蒙文通先生认为："《常志》说开明九世，'蜀有五丁力士能移山，举万钧。每王薨，辄立大石，长三丈，重千钧，为墓志'。秦惠王时，蜀'遣五丁迎石牛'。从开明九世到十二世应该有百年，前后服劳役的都是五丁。显然十二世三百余年间，都有五丁服沉重的劳役，

---

① 见[晋]常璩撰，刘琳校注《华阳国志校注》第188—189页，巴蜀书社1984年7月第1版。
② 参见[晋]常璩撰，刘琳校注《华阳国志校注》第185—190页，巴蜀书社1984年7月第1版。
③ 见[宋]李昉等撰《太平御览》第3册第2524页，第4册第3945页，中华书局影印本，1960年2月第1版。

可见五丁就不是偶然天降的五个大力士了……可能是一种奴隶社会制度。"①任乃强先生认为，"'五丁力士'，丁与个字古文无区别，犹云五大力士也。可能是此蜀王有忠勇奴隶，编为五军"。②任乃强先生推测，五丁应该是开明王朝末代蜀王的五支部队，能力超群，战斗力极强，属于特种部队的性质。据司马迁《史记·秦本纪》记载，秦惠王时就有任鄙、乌获、孟说三人，都是力能扛鼎的大力士。秦武王继位后，尤其崇尚武力，"武王有力好戏，力士任鄙、乌获、孟说皆至大官。王与孟说举鼎，绝膑。八月，武王死，族孟说"。③司马迁记载的人物与事件，应该是比较真实可信的。既然秦惠王有大力士，末代蜀王身边同样也有五丁这样的大力士，而且力气更大，更忠勇更威猛，也是符合情理的。所以，常璩的记载还是可信的。

常璩还详细记载了秦惠王谋划吞并巴蜀的过程，叙述秦惠王对蜀王使用了石牛计与美人计。常璩《华阳国志·蜀志》说："周显王之世，蜀王有褒、汉之地。因猎谷中，与秦惠王遇。惠王以金一笥遗蜀王，王报珍玩之物，物化为土。惠王怒。群臣贺曰：'天奉我矣，王将得蜀土地。'惠王喜，乃作石牛五头，朝泻金其后，曰'牛便金'，有养卒百人。蜀人悦之，使使请石牛。惠王许之。乃遣五丁迎石牛。既不便金，怒，遣还之。乃嘲秦人曰'东方牧犊儿'。秦人笑之曰：'吾虽牧犊，当得蜀也。'"④关于石牛计，扬雄《蜀王本纪》曾有记载，《水经注》卷二十七引来敏《本蜀论》也有记述："秦惠王欲伐蜀而不知道，作五石牛，以金置尾下，言能屎金，蜀王负力，令五丁引之成道。秦使张仪、司马错寻路灭蜀，因曰石牛道。"⑤唐代《艺文类聚》及宋代《太平御览》等大型类书，也都有引用或相似的记述，可知这是一个广为流传

---

① 见蒙文通著《巴蜀古史论述》第65页，四川人民出版社1981年8月第1版。
② 见[晋]常璩撰，任乃强校注《华阳国志校补图注》第124页注5，上海古籍出版社1987年10月第1版。
③ 见[汉]司马迁撰《史记》第1册第209页，中华书局点校本，1959年9月第1版。
④ 见[晋]常璩撰，刘琳校注《华阳国志校注》第187—188页，巴蜀书社1984年7月第1版。
⑤ 见[北魏]郦道元撰，王国维校《水经注校》第881页，上海人民出版社1984年5月第1版。

金牛古道

的比较可信的历史事件。

　　常璩《华阳国志·蜀志》又说:"周显王(二)〔三〕十二年,蜀(侯)〔使〕使朝秦——秦惠王数以美女进,蜀王感之,故朝焉。惠王知蜀王好色,许嫁五女于蜀,蜀遣五丁迎之。还到梓潼,见一大蛇入穴中。一人揽其尾掣之,不禁,至五人相助,大呼曳蛇,山崩。时压杀五人,及秦五女并将从。而山分为五岭,直顶上有平石。蜀王痛伤,乃登之,因命曰'五妇冢山',(川)〔于〕平石上为望妇堠,作思妻台。今其山或名五丁冢。"①剔去记述中的荒诞成分,五

---

① 见[晋]常璩撰,刘琳校注《华阳国志校注》第190页,巴蜀书社1984年7月第1版。

丁力士因为某种突然原因而同时葬身于梓潼县的山谷中，也应该是可信的。秦惠王使用的石牛计与美人计，利用了蜀王的贪财好色与昏庸，终于获得了成功。

常璩接着记述了蜀王与巴王的矛盾。蜀王和巴王可能因为某件事情结下了仇恨，双方已势若水火，这也正好给秦惠王提供了可乘之机。《华阳国志·蜀志》说开明王朝后期"巴与蜀仇"，记录的正是这种情形。末代蜀王的弟弟苴侯，倒是比较重视巴蜀友好，却招致了蜀王的愤怒。后来，"蜀王别封弟葭萌于汉中，号苴侯，命其邑曰葭萌焉。苴侯与巴王为好，巴与蜀仇，故蜀王怒，伐苴侯。苴侯奔巴，求救于秦"。①当时秦国君臣正在谋划攻取巴、蜀，常璩《华阳国志》对此做了记述："秦惠王方欲谋楚，群臣议曰：'夫蜀，西僻之国，戎狄为邻，不如伐楚。'司马错、中尉田真黄曰：'蜀有桀、纣之乱，其国富饶，得其布帛金银，足给军用。水通于楚，有巴之劲卒，浮大舶船以东向楚，楚地可得。得蜀则得楚，楚亡则天下并矣。'惠王曰：'善。'周慎王五年秋，秦大夫张仪、司马错、都尉墨等从石牛道伐蜀。蜀王自于葭萌拒之，败绩。王遁走，至武阳，为秦军所害。其相、傅及太子退至逢乡，死于白鹿山，开明氏遂亡。凡王蜀十二世。冬十月，蜀平，司马错等因取苴与巴。"②

开明王朝末代蜀王腐化享乐，导致了蜀国的衰败，又与苴侯发生了矛盾，还与巴国发生了争战，从而为秦惠王提供了出兵伐蜀之机。公元前316年秋，秦惠王派遣张仪、司马错、都尉墨率领大军从石牛道南下伐蜀，一路势如破竹，在短短的几个月内便攻占了蜀国。传了十二世的开明王朝，就这样灭亡了。司马错统率秦军紧接着又占领了葭萌，攻取了巴国，将巴、蜀都纳入了秦国的版图。秦并巴蜀之后，为加强对蜀地的控制，除了驻扎军队，还实施了从秦国本土往蜀地移民的措施。常璩《华阳国志·蜀志》说秦人认为蜀地"戎伯尚强，乃移秦民万家实之"，就真实地记述了这一状况。按一家最少三口人计算，迁移入蜀的秦民有数万人之多。秦始皇统一六国之后，仍继续实行这种移民措施，将北方的豪族

---

① 见[晋]常璩撰，刘琳校注《华阳国志校注》第191页，巴蜀书社1984年7月第1版。
② 见[晋]常璩撰，刘琳校注《华阳国志校注》第191—192页，巴蜀书社1984年7月第1版。

与商人大量迁徙入蜀。这些移民中有善于铸造与经商者,他们将中原地区的铁器铸造技术与农耕方法带到了蜀地,不仅对蜀地的经济发展起到了积极的促进作用,同时在客观上也加速了区域文化之间的相互渗透与融合。

秦并巴蜀之后,灿烂的古蜀文明并未终止,而是融入了新的发展格局,逐渐演变成具有鲜明特色的天府文化。任何地域文化,都有一个逐渐发展和形成的过程,古蜀文明既是天府文化的根脉所在,也是天府文化的源流。二者的关系,承前启后,继往开来,可以说是非常密切的。天府文化具有绚丽多彩的内涵,最重要的特色大致有五个方面:一是悠久的历史传承,这是天府文化的基础;二是治水精神,使成都平原成为天府之国;三是人文的丰富与厚重,从衣食住行到思想文化领域都独具特色,充满活力;四是重视教育,带来了文运的勃兴;五是城市的发展,发挥了重要的聚合效应,形成了持久的兴旺与繁荣。从古蜀文明演变为天府文化,这种新的历史格局的形成,就是从秦并巴蜀这个重要历史节点开始的。历史的发展,常有兴衰更替,总是要经过沉淀之后才会看得更加清晰。到了汉晋时期,再来看中国由群雄并立走向大一统的发展历程,就会更加明白秦并巴蜀的重要战略意义了。常璩对此有清醒而深刻的认识,很早就树立了大一统的历史观。他后来出仕成汉政权,长期担任史官,在东晋桓温率兵伐蜀之时,向李氏王朝大胆进言,力主归顺东晋,就充分彰显了他大一统的历史观,表现了他作为一位杰出历史学家的远见卓识。

常璩在《华阳国志》中对秦并巴蜀的意义与作用,给予了客观而又积极的评价。秦惠王派兵攻取蜀国之后,设立了蜀郡,将巴蜀地区都纳入了郡县制的统一管理体制。郡县制比起之前的分封制,无疑是一种更为先进而切实有效的管理制度,在之后两千多年都盛行不衰,也说明了这种管理制度的强大生命力。诚如王夫之所言:"郡县之制,垂二千年而弗能改矣,合古今上下皆安之,势之所趋。"① 可知这是符合历史发展趋势的制度,对秦统治巴蜀起到了至关重要的作用。在秦治理蜀郡的过程中,有几位重要人物,一是司马错,二是张若,三是李冰,都很有作为,都为秦建立了功业,也为蜀地的繁荣发展做出了杰出的贡献。

---

① 见[明]王夫之著《读通鉴论》上册第1页,中华书局1975年7月第1版。

常璩对这几位人物都给予了赞扬,用力透纸背的史家之笔记录了他们的事迹。

司马错是秦惠王时期的大将,是一位智勇双全的人物。秦惠王决定伐蜀,就是听取了司马错的战略分析和谋划,并派遣司马错为主帅,于周慎王五年(前316年)秋率兵伐蜀,到了冬十月,就平定了蜀地,并攻取了巴国。司马迁《史记·太史公自序》说:司马氏"在秦者名错,与张仪争论,于是惠王使错将伐蜀,遂拔,因而守之"。集解苏林曰"守,郡守也"[①],可知司马错是秦惠王任命的第一任蜀郡守,但时间很短,很快便由张若接任了蜀郡守之职,司马错仍被委以军事重任。常璩《华阳国志·蜀志》说,平定巴蜀之后,"司马错率巴、蜀众十万,大舶船万艘,米六百万斛,浮江伐楚,取商于之地为黔中郡"。[②]常璩的记述虽然简洁,却充分肯定了司马错在军事方面的杰出才能和巨大功劳。唐代卢求《成都记》序略也说:"蜀郡太守自秦惠王灭蜀始,而李冰、文翁其最著者。"[③]意思是说,秦惠王派军攻占了蜀地就马上任命了蜀郡守,司马错理所当然成了秦的第一任蜀郡守。而若从治蜀的作为与贡献来讲,秦汉时期最著名的蜀郡守当然是李冰与文翁了。卢求讲的是实话,很客观。

张若是秦并巴蜀之后的第二任蜀郡守,为了加强对蜀地的控制,秦除了实行郡县制和移民入蜀,采取的另一个重大措施,是仿照咸阳的模式修筑成都城,这个任务自然就落在了张若的肩上。在修筑成都城的过程中,曾发生了很有意思的故事,经历了一些挫折。《太平御览》卷一六六引《九州志》曰"益州城初累筑不立,忽有大龟,周行旋走,因其行筑之,遂得坚固。故曰龟城"。《太平御览》卷九三一引《华阳国志》曰"秦惠王十二年,张仪、司马错破蜀克之。仪因筑城,城终颓坏。后有一大龟,从硐而出,周行旋走,乃依龟行所筑之,乃成"。[④]这段文字可能是传抄的佚文,今本《华阳国志》中是没有这个记载的。

---

① 见[汉]司马迁撰《史记》第10册第3286页、第3287页注5,中华书局点校本,1959年9月第1版。
② 见[晋]常璩撰,刘琳校注《华阳国志校注》第194页,巴蜀书社1984年7月第1版。
③ 见[明]曹学佺著《蜀中名胜记》第50页,重庆出版社1984年10月第1版。
④ 见[宋]李昉等撰《太平御览》第1册第808页,第4册第4140页,中华书局影印本,1960年2月第1版。

常璩比较严谨,可能不相信这个传说,只记载了筑城的史实:"秦惠王封子通国为蜀侯,以陈壮为相。置巴郡。以张若为蜀国守。"又说:"(秦)惠王二十七年,仪与若城成都,周回十二里,高七丈;郫城周回七里,高六丈;临邛城周回六里,高五丈。造作下仓,上皆有屋,而置观楼射兰。成都县本治赤里街,若徙置少城内(城)。营广府舍,置盐、铁、市官并长丞;修整里阓,市张列肆,与咸阳同制。"①值得注意的是,常璩着重提到了张若,可见张若在修筑成都城的过程中发挥了重要作用。

根据常璩《华阳国志》的记述,张若还修建了郫城与临邛城,与成都城遥相呼应,为秦对蜀地实施行政管理与派军驻守提供了便利,同时也促进了蜀地商业贸易的发展和经济的繁荣。如果说古蜀早期城市的出现,使成都平原出现了文明

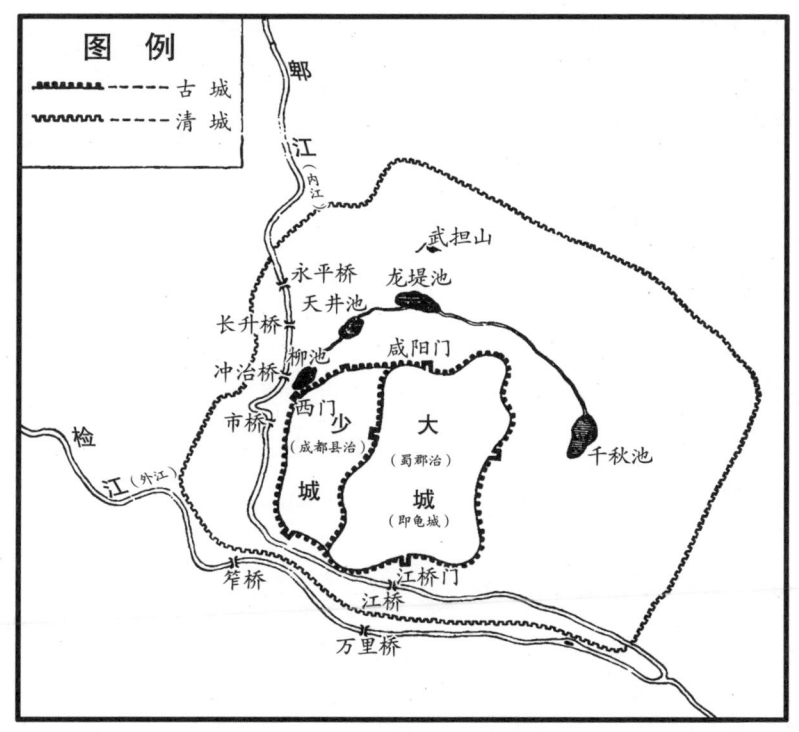

秦代修筑的成都城示意图

---

① 见[晋]常璩撰,刘琳校注《华阳国志校注》第194页、第196页,巴蜀书社1984年7月第1版。

的曙光，那么秦汉时期蜀地城市的发展，带来的则是社会的繁荣和经济的活跃。中国是典型的农业社会，广袤的农村以小农经济为主，城市则汇聚了各类手工业与工商业，发挥着重要的行政管理与交通枢纽的作用。城市的聚合模式，也促进了人口的繁衍，提升了人口的质量。从历史发展的角度来看，张若修筑的成都城，对后来蜀地经济的发展以及文化的繁荣和人才的涌现，都发挥了非常重要的作用。

据常璩《华阳国志·蜀志》记述，张若担任蜀郡守期间，还开疆拓土，"张若因取笮及（其）〔楚〕江南地也"。①参照其他史籍的记载，常璩说的应该是两件事。关于笮，即笮人之地，学者们认为指的是今四川凉山地区及汉源一带。司马迁在《史记·司马相如列传》中谓"邛、莋、冉、駹者近蜀，道亦易通，秦时尝通为郡县"②，就是从张若时开始的。关于江南地，司马迁《史记·秦本纪》记载，秦昭王三十年（周赧王三十八年，公元前277年），"蜀守若伐楚，取巫郡，及江南为黔中郡"。③顾祖禹《读史方舆纪要》卷八十说："临沅城，在府治东，一名张若城。《地记》：秦昭王三十年，使白起伐楚，起定黔中，留其将张若守之。若因筑此城，以拒楚。"④刘琳先生认为，张若离蜀即在此年，担任蜀郡守的时间长达四十年。⑤

李冰是第三任蜀郡守，其上任时间大概在秦昭王三十年张若离蜀调任黔中郡守的时候，离任时间应在其后任"金"于始皇九年（前238年）接任蜀郡守之前。⑥李冰长时间担任蜀郡守，为其在蜀中施展才能大干一番事业提供了条件。李冰在任期间有许多杰出的作为，如大力发展农业，积极兴修水利。李冰最重要的功业就是修建了都江堰，根除了岷江水患，使成都平原成了真正的粮仓，为蜀

---

① 见[晋]常璩撰，刘琳校注《华阳国志校注》第200页，巴蜀书社1984年7月第1版。
② 见[汉]司马迁撰《史记》第9册第3046页，中华书局点校本，1959年9月第1版。
③ 见[汉]司马迁撰《史记》第1册213页，中华书局点校本，1959年9月第1版。
④ 见[清]顾祖禹撰《读史方舆纪要》第543页，上海书店出版社1998年1月第1版。
⑤ 参见[晋]常璩撰，刘琳校注《华阳国志校注》第201—202页注2，巴蜀书社1984年7月第1版。
⑥ 参见罗开玉著《四川通史》第2册第9页、第10页，四川大学出版社1993年10月第1版。

人带来了长远的福祉。常璩对此给予了很高的赞誉，夸奖李冰是"能知天文地理"的奇才，"于是蜀沃野千里，号为'陆海'。旱则引水浸润，雨则杜塞水门，故记曰：水旱从人，不知饥馑，时无荒年，天下谓之'天府'也"。①都江堰水利工程是天人合一的伟大创举，堪称世界水利史上的千古绝唱，使旱涝无常的成都平原成了名副其实的天府之国。更重要的是，都江堰造福千年，恰如余秋雨所说："每当我们民族有了重大灾难，天府之国总是沉着地提供庇护和濡养。因此，可以毫不夸张地说，它永久性地灌溉了中华民族。"②

李冰在水利方面做出了伟大的贡献，但史籍中对他的记载却很简略，司马迁在《史记·河渠书》中说："蜀守冰凿离堆，辟沫水之害，穿二江成都之中。此渠皆可行舟，有余则用溉浸，百姓飨其利。"③班固在《汉书·沟洫志》中也做了相同的记载。④扬雄《蜀王本纪》中也简略地记载了李冰治水的事迹："江水为害，蜀守李冰作石犀五枚，二枚在府中，一枚在市桥下，二枚在水中，以厌水

都江堰

---

① 见[晋]常璩撰，刘琳校注《华阳国志校注》第201页、第202页，巴蜀书社1984年7月第1版。
② 见余秋雨著《文化苦旅》第36页，知识出版社1992年3月第1版。
③ 见[汉]司马迁撰《史记》第4册第1407页，中华书局点校本，1959年9月第1版。
④ 参见[东汉]班固撰《汉书》第6册第1677页，中华书局点校本，1962年6月第1版。

精。因曰石犀里也。"①此外，应劭《风俗通》记载了李冰修建都江堰时曾与江神进行大无畏搏斗的传说，郦道元《水经注》卷三十三记载李冰开凿离堆时可能采取了火烧之法。②常璩《华阳国志·蜀志》也记述了李冰治水除害的故事："冰凿崖时，水神怒，冰乃操刀入水中与神斗，迄今蒙福。"③常璩的记述，为后来的文人提供了依据。譬如《太平广记》卷二九一引《成都记》也记述了李冰与江神搏斗、为民除害的故事。还有五代时期杜光庭《录异记》和北宋张唐英《蜀梼杌》、黄休复《茅亭客话》等著述中，也记述了李冰显灵再斗江神的故事。简而言之，传世文献对李冰的记载大都属于传说故事，而常璩对李冰事迹的记述则比较详细，包括史实与传说都叙述得比较透彻，所以要真正了解李冰，还是要看《华阳国志》中的记载。

李冰对成都的城市建设也很重视，采取了很多措施，譬如修筑桥梁，改善了交通，为居民的出行提供了方便，也有利于商业贸易的发展。成都是滨江之城，河流较多，所以建造桥梁是非常有必要的，这为成都的繁荣发展提供了基础交通保障。常璩《华阳国志·蜀志》就说，蜀地江河众多，于是大量建造桥梁，故蜀立里，多以桥为名。扬雄《蜀王本纪》有李冰造七星桥的记载："星桥上应七星也，李冰所造。"常璩《华阳国志·蜀志》也详细记叙了七桥的位置与名字："西南两江有七桥：直西门郫江中〔曰〕冲治桥；西南石牛门曰市桥，下，石犀所潜渊（中）也；城南曰江桥；南渡流曰万里桥；西上曰夷里桥，（上）〔亦〕曰笮桥；（桥）从冲治桥西出〔北〕折曰长升桥；郫江上西有永平桥。长老传言：李冰造七桥，上应七星。"④这些桥梁的名称，后来略有变化，据曹学佺《蜀中名胜记》卷一记述："按七星桥者，一长星桥，今名万里；二员星桥，今名安乐；三玑星桥，今名建昌；四夷星桥，今名笮桥；五

---

① 见《全汉文》卷五十三，[清]严可均校辑《全上古三代秦汉三国六朝文》第1册第415页，中华书局影印本，1958年12月第1版。
② 参见[北魏]郦道元撰，王国维校《水经注校》第1039—1040页、第1046页，上海人民出版社1984年5月第1版。
③ 见[晋]常璩撰，刘琳校注《华阳国志校注》第207页，巴蜀书社1984年7月第1版。
④ 见[晋]常璩撰，刘琳校注《华阳国志校注》第227页，巴蜀书社1984年7月第1版。

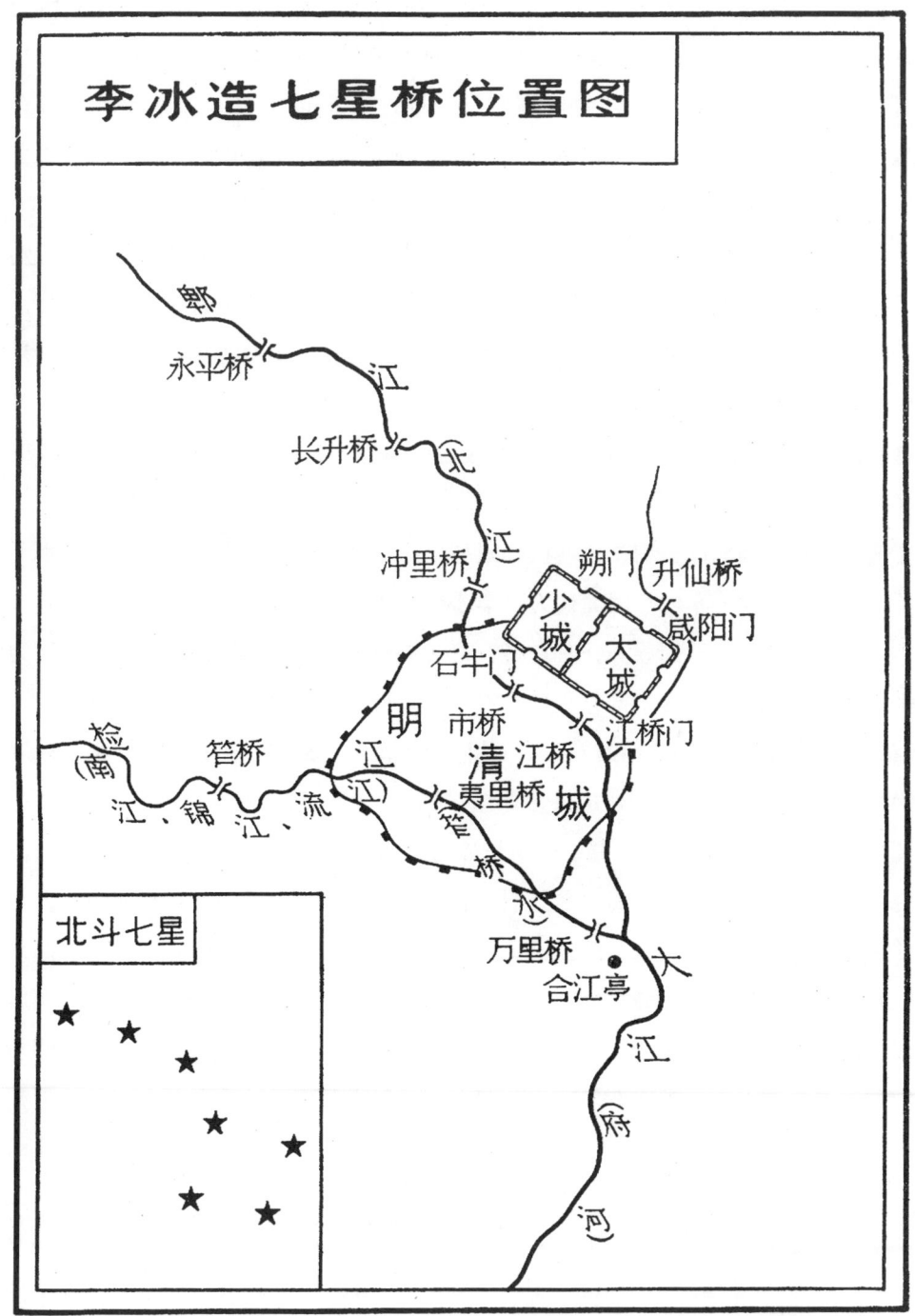

李冰造七星桥位置图（引自任乃强《华阳国志校补图注》第225页）

尾星桥，今名禅尼；六冲星桥，今名永平；七曲星桥，今名升仙。此李膺所记矣。"①关于成都的这些桥梁，还有很多故事，譬如司马相如从成都出发去长安，在升仙桥题字说："不乘赤车驷马，不过汝下也。"②这个故事就非常有名。后来司马相如被汉武帝任命为中郎将，乘坐驷马高车出使巴蜀，蜀中的官员与豪绅都去郊迎，引以为荣。

李冰治蜀的事迹甚多，在水利、交通、盐业等领域，都有非凡的建树，特别是在水利建设方面，更是功绩卓著。无论是当时还是两千多年后的今天来评价，李冰都称得上是古代中国最有作为、最有贡献、最富影响力的一位地方官员，是世界水利史上一位青史留名的了不起的人物。关于李冰的来历与籍贯，史书中没有明确记载，《史记·河渠书》与《汉书·沟洫志》只说了李冰是蜀守，扬雄《蜀王本纪》与常璩《华阳国志》没有说李冰为何处人。据任乃强先生推测，《道藏·洞天福地记》谓李冰墓在"阳平化"，其地理位置在汉州西山、雒水上游，为绵虒氏族分布地，因而认为"李冰很可能是此间居住之氏族人"，"其人本属氏族蚕丛种（即蜀族），非自秦、楚或中原来者"。"或许其人先以才智为张若所信任，积功。受若推荐，得为蜀守。秦自惠文王灭蜀，任张若为蜀守，至昭襄王三十年（前316—前277年），凡四十年，未易蜀守，史有明文。则李冰之为蜀守，亦甚长久，故能建成许多业绩。估计至始皇统一时（前221年）或犹在任也"。③李冰终身都在为蜀中的事情操劳，去世后安葬于什邡的章山，民间传说李冰是得道升仙了。《蜀中名胜记》卷九就记述，"李冰导水于洛通山"，在什邡的"章山后崖有大冢，碑云：秦李冰葬所"；引《开山记》云"什邡公墓化上有升仙台，为李冰飞升之处"；又引《古蜀记》谓"李冰功配夏后，升仙在后成化，藏衣冠于章山冢中"。④这些传说与记载，都表达了后人对李冰的敬仰与纪念。都江堰出土有李冰石像，胸前刻有"故蜀郡李府君讳冰"，左右两袖上刻

---

① 见[明]曹学佺著《蜀中名胜记》第10页，重庆出版社1984年10月第1版。
② 见[明]曹学佺著《蜀中名胜记》第37页，重庆出版社1984年10月第1版。
③ 见[晋]常璩撰，任乃强校注《华阳国志校补图注》第134页注1，上海古籍出版社1987年10月第1版。
④ 参见[明]曹学佺著《蜀中名胜记》第139页，重庆出版社1984年10月第1版。

有"建宁元年闰月戊申朔廿五日,都水掾尹龙、长陈壹造三神石人,珍水万世焉"。"建宁"是东汉灵帝的年号,建宁元年为公元168年,说明东汉时期对李冰就已有了官祭活动。以后历代祭祀不断,很多地方还修建了李冰祠庙,反映了官府对祭祀李冰的重视,更表达了李冰千百年来在人们心目中的崇高地位和广大群众对李冰的崇敬之情。

在历史上,秦并巴蜀是一件很重要的大事。秦惠王实现了攻取巴蜀的战略目标,老谋深算踌躇满志,可不久就突然病故了。太子嬴荡继承王位,称秦武王。秦武王年少气盛,特别崇尚武力,因与孟说比赛举鼎,不慎跌倒,被宝鼎砸断了腿骨(史书称"绝膑"),伤重不治而死。众臣拥立秦惠王的另一个儿子嬴则即位,称为秦昭王。此后过了数十年,到秦始皇的时候,才终于统一了六国,将天下划为三十六郡,开启了中国大一统的伟大局面。秦始皇是一位有雄才大略的帝王,虽然秦统治天下的时间不长,二世而亡,却为后来的大汉王朝奠定了大一统的坚实基础。

都江堰出土的李冰石像及刻字拓片

陕西西安秦始皇兵马俑博物馆中的秦始皇浮雕

常璩对秦并巴蜀的重要意义，以及秦在治理巴蜀方面采取的很多有力措施，都给予了充分肯定。他在《华阳国志·蜀志》中说："秦惠文、始皇克定六国，辄徙其豪侠于蜀，资我丰土。"认为后来蜀地经济的发展与社会生活的繁荣，都是与此大有关系的，"原其由来，染秦化故也"。[1]当然，巴蜀也为秦统一全国做出了巨大的贡献，秦利用巴蜀提供的物资保障，终于统一了全国。后来汉高祖刘邦也是充分利用了巴蜀地区的人力物力，在与项羽逐鹿天下时，才取得了最终的胜利，开创了辉煌的汉朝大业。在历史上，被称为天府之国的成都平原，以及巴蜀之地，一直是中国的大后方，在很多重要历史关键时刻都发挥了巨大的作用。在汉代之后的近两千年内，巴蜀区域仍然长久地发挥着重要作用。

总而言之，位于长江上游的古蜀地区，是中华文明的重要发源地之一。古蜀

---

[1] 见[晋]常璩撰，刘琳校注《华阳国志校注》第225页，巴蜀书社1984年7月第1版。

陕西汉中石门栈道风景区中的刘邦、萧何、韩信塑像

历史邈远而又瑰丽，古蜀时代的人物故事更是充满了传奇。秦并巴蜀之后，正史记载巴蜀的史事也很简略，要真正了解这段历史，就要看常璩的记述了。

巴国故事

常璩记载，巴族也是古老的部族，《华阳国志·巴志》就记述了巴国的历史。

巴国最初是由起源于西南地区的很多原始部落组成的。《山海经·海内经》说："西南有巴国，大暤生咸鸟，咸鸟生乘釐，乘釐生后照，后照是始为巴人。"[①]学者们通常解释大暤就是伏羲，而伏羲与女娲都是神话人物，巴人则为伏羲的后代，这当然是一种神话色彩很浓的传说。《世本·氏姓篇》则记述了巴人先祖廪君创国的传说，说"廪君之先故出巫诞。巴郡南郡蛮，本有五姓：巴氏、樊氏、瞫氏、相氏、郑氏，皆出于武落钟离山。其山有赤黑二穴。巴氏之子生于赤穴，四姓之子皆生黑穴"，当时"未有君长，俱事鬼神"，廪君名务相，姓巴氏，与其他四姓互相赌胜，巴氏子务相掷剑中石、乘土船浮水不沉，众皆叹服，"因共立之，是为廪君"。后来又率众乘船来到盛产鱼、盐的地方，射杀了盐水神女，"廪君于是君乎夷城，四姓皆臣之，世尚秦女"。[②]

《后汉书·南蛮西南夷列传》也采录了此说，做了大致相同的记述："巴郡南郡蛮，本有五姓：巴氏、樊氏、瞫氏、相氏、郑氏。皆出于武落钟离山。其山

[①] 见袁珂校注《山海经校注》（增补修订本）第514页，巴蜀书社1993年4月第1版。

[②] 参见[晋]皇甫谧等撰，陆吉等点校《帝王世纪 世本 逸周书 古本竹书纪年》，《世本》第53—54页，齐鲁书社2010年1月第1版。

有赤黑二穴，巴氏之子生于赤穴，四姓之子皆生黑穴。未有君长，俱事鬼神，乃共掷剑于石穴，约能中者，奉以为君。巴氏子务相乃独中之，众皆叹。又令各乘土船，约能浮者，当以为君。余姓悉沈，唯务相独浮。因共立之，是为廪君。乃乘土船，从夷水至盐阳。盐水有神女，谓廪君曰：'此地广大，鱼盐所出，愿留共居。'廪君不许。盐神暮辄来取宿，旦即化为虫，与诸虫群飞，掩蔽日光，天地晦冥。积十余日，廪君（思）〔伺〕其便，因射杀之，天乃开明。廪君于是君乎夷城，四姓皆臣之。"并说"廪君死，魂魄世为白虎。巴氏以虎饮人血，遂以人祠焉。及秦惠王并巴中，以巴氏为蛮夷君长，世尚秦女"。[①]后来的一些类书和地理书，譬如《太平御览》《水经注》，也都引用了此说。这些记述虽然传说的色彩很浓，但也透露了早期巴人是联络了其他一些部族而建立巴国的史实，并揭示了巴人有白虎崇拜之习俗。崇虎是巴人习俗中的一大特点，巴人喜欢双结头饰，因而被称为"弩头虎子"。巴人使用的青铜剑、青铜矛上，常雕铸有双结的人像。[②]有学者认为，现在的土家族即为古代巴人的后裔。

《世本》与《后汉书·南蛮西南夷列传》中的记述，是了解巴人起源与廪君创建巴国的重要依据。但这段记述中的关键情节又有诸多问题，譬如廪君的土船怎么能入水不沉。泥土做的船不仅不沉，还能乘坐载人，确实有些不可思议。又譬如廪君射杀盐水神女的记述，神女能够变化飞行，也好似神话情节一样。关于廪君崛起的时代究竟是什么时候，又如何与中原王朝的历史对应，文献记载没有细说。至于巴氏的传承关系，史籍中也是语焉不详。还有就是巴族的起源，也有些含糊不清，总之疑问很多。

常璩可能觉得这些传说过于荒诞，因此并未采用。《华阳国志·巴志》记述巴国历史是从大禹治水开始的，并对大禹与涂山氏的联姻做了重点记述。《华阳国志·巴志》说："及禹治水，命州巴、蜀，以属梁州。禹娶于涂山，辛壬癸甲而去，生子启，呱呱啼，不及视，三过其门而不入室，务在救时——今江州涂山是也，帝禹之庙铭存焉。会诸侯于会稽，执玉帛者万国，巴、蜀往焉。"又说：

---

① 见[南朝·宋]范晔撰《后汉书》第10册第2840—2841页，中华书局点校本，1965年5月第1版。
② 参见邓少琴著《巴蜀史迹探索》第48页，四川人民出版社1983年6月第1版。

"涂山有禹王祠及涂后祠。"①大禹兴于西羌，和蜀人的关系本来就很密切，又和巴人联姻，娶了涂山氏为妻，生了儿子启。为了纪念巴禹联姻，后世巴人特地修建了帝禹庙，并刻铭以记。常璩的如实记载，使我们对这段历史获得了较为真切的了解。常璩记述这段历史的用意，主要是肯定巴人在大禹治水过程中做出的贡献，表明巴和中原的密切关系也是由来已久的。

关于大禹娶涂山氏的传说，根据古籍中的记载，大约在先秦时期就开始流行了。首先是《尚书·益稷》中的记述，大禹自述"予创若时，娶于涂山，辛壬癸甲。启呱呱而泣，予弗子，惟荒度土功"。②关于《尚书》的成书时间与流传，历代学者看法不一，颇有争议，或有认为是伪书的。王国维认为"《虞夏书》……或系后世重编；然至少亦必为周初人所作"。③司马迁在《史记·夏本纪》中也沿袭了《尚书》的说法：禹曰"予（辛壬）娶涂山，〔辛壬〕癸甲，生启予不子，以故能成水土功"。④司马迁是汉代的史学大家，由于《史记》的巨大影响，这个记载便成了权威之说。

其次是《吕氏春秋·音初》的记载，说"禹行功，见涂山之女，禹未之遇而巡省南土。涂山氏之女乃令其妾待禹于涂山之阳，女乃作歌，歌曰'候人兮猗'，实始作为南音"。《吕氏春秋·佚文》说"禹年三十，未娶，行涂山，恐时暮失制，乃娶涂山女"，又说"禹娶涂山氏女，不以私害公，自辛至甲四日，复往治水，故江淮之俗，以辛壬癸甲为嫁娶日也"。⑤《吕氏春秋》系吕不韦门客著所闻集论而成，成书于战国时期，可知大禹娶涂山之女为妻的传说在当时已经广为流传了。《楚辞·天问》中也有"禹之力献功，降省下土四方。焉得彼涂

---

① 见[晋]常璩撰，刘琳校注《华阳国志校注》第20—21页、第64页，巴蜀书社1984年7月第1版。
② 见[清]阮元校刻《十三经注疏》上册第143页，中华书局影印本，1980年9月第1版。
③ 见张心澂编著《伪书通考》第120页，上海书店出版社1998年1月第1版。
④ 见[汉]司马迁撰《史记》第1册第80页，中华书局点校本，1959年9月第1版。
⑤ 见陈奇猷校释《吕氏春秋校释》第1册第334—335页，第4册第1815页、第1811页，学林出版社1984年4月初版。

山女，而通于台桑"的记述。①《楚辞》也是战国时期开始流行于南方楚地的一部诗歌作品，相传为屈原所作。《楚辞·天问》中的这段记述，也反映了大禹娶涂山之女的故事在当时的传播。《吴越春秋》也记载了"禹三十未娶，行到涂山……禹因娶涂山女，谓之女娇。取辛、壬、癸、甲，禹行。十月，女娇生子启"。②

　　这些记载虽然故事内容大致相同，但关于涂山究竟在哪里，却有不同的说法与记述。一说在江州（今重庆），常璩便采用了此说。一说涂山即会稽山，如《越绝书》与《国语·鲁语》中的记述。一说在九江当涂，如东汉高诱注《吕氏春秋》、应劭注《汉书·地理志》就采用了此说。一说在安徽寿春（今安徽寿县），或说在安徽当涂（今安徽怀远），杜预注《左传·哀公七年》的记载就引用了此说。为什么对涂山在哪里会有这么多不同的说法呢？当然是因为涂山是大禹娶妻生子之地，而大禹是非常了不起的治水英雄，又是夏王朝的开创者，是中国历史上的伟大人物，所以很多地方都愿意和大禹攀亲了。

　　在上面列举的多种说法中，最可信的应该是常璩的记述了。其他诸说，颇为牵强，附会而已。因为大禹治水是从治理岷江开始的，他在江州娶了涂山之女，比较符合实情。常璩虽然对大禹的诞生地说得较为笼统，但是对大禹娶妻生子之地说得非常明确，从历史与地理的角度来看，常璩的记述确实是比较客观和准确的。常璩对大禹忙于治水三过家门而不入等事迹的记载，则与《尚书·皋陶谟》《孟子·滕文公上》《史记·夏本纪》等的记载相同，也充分显示了他治学严谨的特点。正因为如此，所以后来很多著述大都沿用了他的说法。如《太平寰宇记》卷一百三十六、嘉庆《四川通志》卷十，都说涂山在巴县，俗称真武山，古代即有禹庙，内有禹王殿、涂后祠，有禹王及涂山氏塑像。③嘉庆《四川通志·舆地志》记载此事的时候，特地探讨了关于大禹娶于涂山的几种说法，认

---

① 见黄寿祺、梅桐生译注《楚辞全译》第62—63页，贵州人民出版社1984年2月第1版。
② 见[汉]赵晔原著，张觉译注《吴越春秋全译》第248页，贵州人民出版社1993年9月第1版。
③ 参见[晋]常璩撰，刘琳校注《华阳国志校注》第65页注2，巴蜀书社1984年7月第1版。

为常璩之说才是正确的，其他的说法都是附会。①清代顾祖禹《读史方舆纪要》卷六十九记载："涂山，府东八里，岷江南岸，山之址有石中分，名曰龙门，其下有水与江通。古《巴郡志》：山高七里，周围二十里，尾接石洞峡，峡东西约长二里许。刘先主置关于此。山之上禹庙及涂后祠在焉。杜预曰：巴国有涂山，禹娶于涂山是矣。"②顾祖禹在这里说得很清楚，显然也是赞同常璩与《四川通志》的说法的，巴县的涂山就是大禹娶妻的地方。近代著名学者蒙文通先生也认为："禹兴于西羌，娶于涂山（巴县），是很近理的。"③由此可见，常璩《华阳国志》中对大禹故里与娶涂山氏传说的记载，在后世已成为一种比较权威的说法。

常璩《华阳国志·巴志》记述巴国历史，也特别强调将巴国与中原相衔接，说巴、蜀肇始于人皇之时，"华阳之壤，梁岷之域，是其一囿，囿中之国则巴、蜀矣"，到大禹治水、重新划分九州的时候，"命州巴、蜀，以属梁州"，后来大禹"会诸侯于会稽，执玉帛者万国，巴、蜀往焉"。又说"周武王伐纣，实得巴、蜀之师"。④按照常璩的说法，巴国的出现，应该是和古蜀国同时的，而依据其他文献记载来看，其实是古蜀国创建在前，巴国的创建可能要略晚一点。也就是说，蚕丛可能比廪君略早，鱼凫和廪君可能是同时代的。

关于周武王伐纣的记载，《尚书·牧誓》记述协助周武王伐纣的有"庸、蜀、羌、髳、微、卢、彭、濮人"，这些都是比较大的部族，才有实力出兵参与伐纣，其中有蜀，却未言有巴。《华阳国志·巴志》则称"周武王伐纣，实得巴、蜀之师，著乎《尚书》。巴师勇锐，歌舞以凌殷人，前徒倒戈，故世称之曰'武王伐纣，前歌后舞'也。武王既克殷，以其宗姬封于巴，爵之以子"。⑤常

---

① 参见[清]常明、杨芳灿等纂修《四川通志》第2册第739页，巴蜀书社1984年12月第1版。
② 见[清]顾祖禹撰《读史方舆纪要》第475页，上海书店出版社1998年1月第1版。
③ 见蒙文通著《巴蜀古史论述》第33页，四川人民出版社1981年8月第1版。
④ 参见[晋]常璩撰，刘琳校注《华阳国志校注》第20—21页，巴蜀书社1984年7月第1版。
⑤ 见[晋]常璩撰，刘琳校注《华阳国志校注》第21页，巴蜀书社1984年7月第1版。

璩说巴也和蜀一起参加了周武王伐纣的军事行动，也许另有所据，亦可能是一种推测。按照时间推算，这是古蜀国鱼凫王朝时期发生的事情，也正是廪君崛起创建巴国之后，当时巴国与蜀国相邻，也是相当强大的部族和邦国了，派兵协助周武王伐纣，应该是史实。

常璩说的"巴师勇锐，歌舞以凌殷人"，反映了当时巴人的尚勇之风，这种尚勇之风在汉代仍有突出表现。常璩《华阳国志·巴志》说"阆中有渝水，賨民多居水左右。天性劲勇，初为汉前锋，陷阵，锐气喜舞。帝善之，曰：'此武王伐纣之歌也。'乃令乐人习学之，今所谓'巴渝舞'也"。①《后汉书·南蛮西南夷列传》将廪君和武落钟离山五姓称为巴郡南郡蛮，将渝水（今嘉陵江）流域的巴人称为"板楯蛮夷"，又称为"巴郡阆中夷人"，说在秦昭王时"能作白竹之弩，乃登楼射杀白虎"而闻名于世，又说"世号为板楯蛮夷。阆中有渝水，其人多居水左右。天性劲勇，初为汉前锋，数陷陈。俗喜歌舞，高祖观之，曰：'此武王伐纣之歌也。'乃命乐人习之，所谓'巴渝舞'也。遂世世服从"。②《后汉书·南蛮西南夷列传》与《华阳国志·巴志》的记述大致相似，称谓略有不同，但史实是一致的。

巴人的习俗与民风，由于族群的不同和地域环境的影响，自古以来形成了一些较为显著的特色。巴人特别喜欢音乐歌舞，增添了生活中的乐趣，古代著名的"下里巴人"与"巴渝舞"就曾广为流传，在历史上产生了深远的影响。宋玉《对楚王问》说："客有歌于郢中者，其始曰下里巴人，国中属而和者数千人。"③"下里巴人"是古代巴蜀地区的通俗歌曲，在楚地得到了人们的喜爱，可见其流传之广、影响之大。还有"巴渝舞"，在汉代不仅为宫廷所重视，在民间也很盛行。川东和重庆等地发现的汉代画像，就描绘和刻画了巴人动作劲勇、刚健有力的舞蹈情景，譬如重庆綦江二蹬岩崖墓刻画的巴人舞、璧山出土的汉代

---

① 见[晋]常璩撰，刘琳校注《华阳国志校注》第37页，巴蜀书社1984年7月第1版。
② 见[南朝·宋]范晔撰《后汉书》第10册第2842页，中华书局点校本，1965年5月第1版。
③ 见[南朝·梁]萧统编，[唐]李善注《文选》中册第628页，中华书局影印本，1977年11月第1版。

重庆璧山出土的汉代石棺上刻画的巴人舞

石棺上刻画的巴人舞等，就是很好的例证。四川宣汉罗家坝遗址出土有较多的青铜兵器，器型有青铜钺、青铜剑、青铜矛、青铜镞等，也反映了当时巴人的尚勇之风。

巴人天性豁达，不畏险阻，随遇而安，有坚韧随意的性情和吃苦耐劳的品质。常璩《华阳国志·巴志》说巴之涪陵等地，"土地山险水滩，人多戆勇"[①]，便反映了巴人的这个特点。自古以来巴地沿江的纤夫、水陆码头的背夫，都以吃苦耐劳而闻名；为了便于同周边进行往来与贸易，巴人还不畏险阻，在巴地周围的崇山峻岭中修筑道路，修建栈道。正如司马迁《史记·货殖列传》所记述的，秦陇与巴蜀之间很早就有商贸往来，虽然环境四塞，险阻甚多，交通不便，却"栈道千里，无所不通"[②]，便是很好的例证。

常璩还强调了巴与蜀的关系。巴与蜀是古代西南地区的两大部族联盟，由于地域相近，在文化习俗方面有很多相同之处，古人常将巴蜀连称，可见二者关系非同一般。常璩在《华阳国志·巴志》中说，中国按地理可分为九囿，"华阳之壤，梁岷之域，是其一囿，囿中之国则巴、蜀矣"，大禹治水、划分九州的时候，就"命州巴、蜀，以属梁州"，后来大禹"会诸侯于会稽，执玉帛者万国，

---

① 见[晋]常璩撰，刘琳校注《华阳国志校注》第83页，巴蜀书社1984年7月第1版。
② 见[汉]司马迁撰《史记》第10册第3261—3262页，中华书局点校本，1959年9月第1版。

秦陇与巴蜀之间的古栈道

巴、蜀往焉"。①这些记载说明，巴与蜀在先秦时期的关系是比较密切的，在地理上属于同一区域，在与中原交往等重大事务中通常属于同一战线的同盟国，所以常常一起参加很多重要的政治军事行动。

巴与蜀为盟国，相比较而言，蜀国更为强盛，在政治、文化、经济等方面的地位也更为重要。郑樵《通志·氏族略》引盛弘之《荆州记》说"昔蜀王栾君王巴蜀，王见廪君兵强，结好饮宴，以税氏五十人遗巴蜀廪君"。②可见这种同盟友好关系由来已久。巴与蜀曾长期和平相处，由于地域相邻，在文化与经济上的往来一直比较密切。如《华阳国志·蜀志》说杜宇教民务农，发展农业，使蜀国的经济变得非常繁荣，当时的巴国也受到了很大的影响，"巴亦化其教而力农务，迄今巴、蜀民农时先祀杜主君"③，就是这种密切关系的一个最好的例证。

---

① 参见[晋]常璩撰，刘琳校注《华阳国志校注》第20—21页，巴蜀书社1984年7月第1版。
② 见[宋]郑樵撰，王树民点校《通志二十略》上册第197页，中华书局点校本，1995年11月第1版。又参见蒙文通著《巴蜀古史论述》第29页，四川人民出版社1981年8月第1版。
③ 见[晋]常璩撰，刘琳校注《华阳国志校注》第182页，巴蜀书社1984年7月第1版。

巴、蜀虽然友好，但也常闹矛盾，甚至发生过战争。我们知道，蛇是巴人的族徽，象是蜀人崇尚的动物。《山海经·海内南经》有"巴蛇食象"之说，就隐约地透露了巴、蜀之间复杂的关系。从文献记载看，开明王朝在向东拓展疆域的时候，曾越过嘉陵江，征服了巴人的许多地方。蜀王鳖灵曾率军征服了嘉陵江以东的大片地区，并占领了阆中。例如《太平寰宇记》卷八十六记载阆中有仙穴山，《周地图记》说"昔蜀王鳖灵帝登此，因名灵山"，《舆地纪胜》卷一百八十五也说"灵山一名仙穴，在阆中之东十余里宋江上，有古丛帝开明氏鳖令庙存焉"。在征服的过程中，双方发生了多次战争，《华阳国志·巴志》就有"巴、蜀世战争"的记载。《蜀王本纪》等文献中还有"蜀王据有巴、蜀之地"的记述①，指的就是开明王朝东扩的结果。可见蜀国比较强势，巴国处于弱势地位，难以抵挡蜀国的进攻，被蜀国攻取了不少地方。蜀王占领的应该是巴国的部分地区，而并非巴国的全部领土。蜀国通过征战占领的有些地方，后来又被巴国夺了回去。譬如巴国夺回曾被蜀国占领的阆中，重新占据嘉陵江以东地区，并在阆中建立了都城，就是例证。史籍中还有"昔巴、蜀争界，久而不决"的记述②，说明巴、蜀之间在领土上的相互争夺由来已久，成为两国矛盾的主要根源。到开明王朝十二世的时候，巴、蜀的关系依然紧张，矛盾已有扩大与加剧的趋势，双方已处于敌对状态。常璩《华阳国志·巴志》说："周显王时，楚国衰弱，秦惠文王与巴、蜀为好。蜀王弟苴〔侯〕私亲于巴，巴、蜀世战争。周慎王五年，蜀王伐苴侯，苴侯奔巴，巴为求救于秦。秦惠文王遣张仪、司马错救苴、巴，遂伐蜀，灭之。仪贪巴、苴之富，因取巴，执王以归，置巴、蜀及汉中郡，分其地为〔三十〕一县。仪城江州。司马错自巴涪水取楚商于地为黔中郡。"③通过常璩的记述，可知末代蜀王因为弟弟苴侯私下与巴王交好，对此大为恼怒而派兵讨伐，给了秦国可乘之机，从而各个击破，将巴、蜀纳入了秦国的版图。

---

① 参见[宋]李昉等撰《太平御览》第4册第3945页，中华书局影印本，1960年2月第1版。
② 参见[宋]乐史撰，王文楚等点校《太平寰宇记》第2657页，中华书局2007年11月第1版。
③ 见[晋]常璩撰，刘琳校注《华阳国志校注》第32—33页，巴蜀书社1984年7月第1版。

常璩对巴人的性格特点以及巴国的著名人物,也做了记录和评述。他认为巴人的性格,质朴敦厚,忠诚好义,多出将帅之才。常璩《华阳国志·巴志》说巴国"其民质直好义,土风敦厚……而其失在于重迟鲁钝,俗素朴,无造次辨丽之气",又说"巴师勇锐","郡与楚接,人多劲勇,少文学,有将帅才",就比较真实地记述了巴人的这一重要特点。①巴国历史上的巴蔓子将军,赤忱爱国,忠勇刚烈,舍生取义,就是一个典型。据常璩《华阳国志·巴志》记载:"周之季世,巴国有乱,将军有蔓子请师于楚,许以三城。楚王救

重庆的巴蔓子将军塑像

巴。巴国既宁,楚使请城。蔓子……乃自刎,以头授楚使。"巴蔓子是巴国的忠勇之臣,当然不会将巴国的领土拱手送给楚王,于是自刎以谢楚使,被誉为巴国历史上典型的千古忠烈人物。"若蔓子之忠烈,范目之果毅,风淳俗厚,世挺名将,斯乃江、汉之含灵,山岳之精爽乎!"常璩对巴蔓子的忠勇,给予了很高的评价。②

常璩《华阳国志·巴志》对巴国的疆域、郡县沿革也有记载,说古代巴人的活动区域"东至鱼复,西至僰道,北接汉中,南极黔、涪"。"其属有濮、賨、苴、共、奴、獽、夷蜑之蛮"。关于巴国的都城,"巴子时虽都江州(今重庆),或治垫江(今重庆合川),或治平都(今重庆丰都),后治阆中。其先王

---

① 参见[晋]常璩撰,刘琳校注《华阳国志校注》第28页、第21页、第83页,巴蜀书社1984年7月第1版。
② 参见[晋]常璩撰,刘琳校注《华阳国志校注》第32页、第101页,巴蜀书社1984年7月第1版。关于巴蔓子的故事,又参见《宋本方舆胜览》卷六十一、《大明一统志》卷六十九、《蜀中名胜记》卷十九等的记述。

陵墓多在枳（今重庆涪陵）"。①秦并巴蜀之后，设置了巴郡，但仍保留了巴人的酋长，同时也保留了巴人的一些传承与习俗，对巴人采取了怀柔政策，通婚联姻便是一个很重要的手段。《后汉书·南蛮西南夷列传》说"秦惠王并巴中，以巴氏为蛮夷君长，世尚秦女"便真实地记载了这一情形。②常璩《华阳国志·蜀志》总叙云"周赧王元年，秦惠王……置巴郡"，此年当秦惠王更元十一年，即公元前314年。东汉末有好事者建议分巴为二郡，刘璋做益州牧的时候设置了巴郡、巴东郡、巴西郡，称为"三巴"，后来又增设了涪陵郡等。常璩对这些郡县的情况，都做了记述，其中有很多珍贵的资料，对了解当时的地理环境与郡县沿革都是很重要的参考资料。

　　常璩对巴地的少数民族也有较多记载，譬如賨人。賨人是巴地一个古老的部族，属于巴人的一支。传世文献中，常将賨人与巴族廪君后裔混为一谈，如《魏书》《晋书》中都说賨人是"廪君后"，杜佑《通典》与马端临《文献通考》等著述都沿袭了这个说法。其实这个说法并不准确。常璩《华阳国志》中记述了賨人的活动地域，主要是在嘉陵江、渠江、长江流域，賨人又被称为"板楯蛮""白虎复夷"，特别擅长狩猎，曾以射白虎而闻名于世，可以说是善于射虎的部族。賨人"天性劲勇"、骁勇善战，秦汉时期由賨人组成的军队，曾多次被征调参加平定地方的叛乱。賨人还擅长"巴渝舞"。将常璩《华阳国志》中的记载与《世本》《后汉书·南蛮西南夷列传》中关于廪君的记载相互参照，可以看出两个部族有着明显的差别：一是发源地与活动区域不同，廪君发源和活动于夷水（今清江）一带，賨人发源和活动于渝水（今嘉陵江）一带；二是部族的崇尚与信仰不同，廪君的后裔崇拜白虎，賨人则专门射猎白虎。由此可知，賨人与廪君不是同一个部族，但他们都是巴国的重要成员。常璩的记述，为我们研究古代巴蜀历史与民族构成、民俗民风，提供了非常重要的史料。

　　我们常说巴山蜀水，巴、蜀自古以来在自然环境方面就有着较为明显的差

---

① 见[晋]常璩撰，刘琳校注《华阳国志校注》第25页、第28页、第58页，巴蜀书社1984年7月第1版。
② 见[南朝·宋]范晔撰《后汉书》第10册第2841页，中华书局点校本，1965年5月第1版。

异，巴人的生存环境大都是山地与丘陵，而蜀人主要生活在肥沃的成都平原与周围的浅丘坝子，因此在生活习俗方面既有相同之处又各有差别。巴蜀地区有着不同的民风与人文特色，这与自然环境的滋养以及文化基因的传承都有着非常密切的关系。譬如巴人的剽悍与蜀人的温和，巴人的尚勇与蜀人的好文，巴人讲究勤劳节俭与蜀人喜欢悠闲享乐，巴人比较外向而阳刚与蜀人比较适意而阴柔，就是比较明显的差别。两者虽有不同，却又相互渗透，相互影响，有着千丝万缕的联系。特别是在秦并巴蜀之后，巴蜀被纳入统一格局下的行政管理体制，加速了华夏文明与巴蜀区域文化的融合，也进一步密切了巴文化与天府文化的关系。

汉中之地

常璩《华阳国志·汉中志》专门记述了汉中的地理沿革与历史人文，认为"其分野与巴、蜀同占。其地东接南郡，南接广汉，西接陇西、阴平，北接秦川。厥壤沃美，赋贡所出，略侔三蜀"。[①]常璩说的"三蜀"，指蜀、广汉、犍为三郡。因这三郡均从蜀郡分出，故谓之"三蜀"，是蜀中有名的富裕之地。汉中盆地北倚秦岭，南临米仓山，有汉水流经，气候温和，土地肥沃，也是物产丰饶的地方，可见汉中之地具有独特的重要性。

历史上，汉中郡曾被分为两个部分。东部包括安康与郧阳，在西周、春秋时期曾是庸国等的属地，后被楚国掠取占有。西部汉中地区，在春秋时期为蜀国所有，常璩《华阳国志·蜀志》说杜宇"以褒斜为前门"，就说得很明确，当时蜀国的疆域是囊括了汉中的。春秋末战国初的时候，秦国夺取了汉中，公元前451年秦人修筑了南郑城。约十年后，蜀国将南郑夺回。公元前387年，秦国又夺取了南郑。同年，蜀国又将南郑夺回。到了末代蜀王时，公元前316年，秦惠王派司马错率兵灭蜀，并攻取了巴国、汉中东部地区，设置了汉中郡。后来秦始皇灭六国，统一天下，蜀郡、巴郡、汉中郡为秦国的军事行动提供了丰富的资源，在中华大一统的进程中发挥了非常重要的作用。

[①] 见[晋]常璩撰，刘琳校注《华阳国志校注》第103页，巴蜀书社1984年7月第1版。

到了秦末楚汉之争的时候，项羽封刘邦为汉王，刘邦闷闷不乐，丞相萧何对刘邦说："愿大王王汉中，抚其民，以致贤人，收用巴蜀，还定三秦，天下可图也。"刘邦听从了萧何的建议，在汉中养精蓄锐，等待时机。后来刘邦出兵与项羽作战，"萧何常居守汉中，足食足兵。既定三秦，萧何镇关中，资其众，卒平天下"。[1]由此可知，汉中是刘邦崛起的重要根据地，为刘邦建立西汉王朝做出了巨大的贡献。

对汉中的杰出人物，常璩着重记述了张骞。张骞是汉中城固人，汉武帝时两次奉命出使西域，途中被匈奴抓获，羁留十余年，历经千难万险而坚忍不拔，终于脱险西行，联络了西域诸国，为汉朝击败匈奴、开通丝绸之路建立了卓越的功勋，被封为博望侯。司马迁《史记·大宛列传》、班固《汉书·张骞传》与《汉书·西域传》都记述了张骞的事迹，说"骞为人强力，宽大信人，蛮夷爱之"，"于是西北国始通于汉矣。然骞凿空，诸后使往者皆称博望侯，以为质于外国，外国由是信之"。[2]常璩在《华阳国志·汉中志》中说："张骞特以蒙险远，为孝武帝开缘边之地，宾沙越之国，致大宛之马，入南海之象……殊方奇玩，盈于市朝，振扬威灵，被于幽裔。遂登九列，杖节绣衣，剖符博望。"在《华阳国志·先贤士女总赞》中又说："张骞，成固人也。为人强（大）〔力〕有谋，能涉远，为武帝开西域五十三国，穷河源，南至绝远之国。拜校尉，从讨匈奴有功，迁卫尉、博望侯。于是广汉缘边之地，通西南之塞，丰绝远之货，令帝无求不得，无思不服。至今方外开通，骞之功也。"[3]张骞第一次出使到达大宛、大月氏、大夏、康居；第二次出使到达乌孙，其副使到达大宛、康居、大月氏、大夏。汉武帝因张骞言由蜀地可通身毒、大夏，于是下令从蜀地与犍为"四道并出"，力求打通西南丝绸之路。可见张骞对汉朝开发西南地区也做出了很大的贡献，所以常璩认为张骞是一位杰出人物，给予了很高的评价。

---

[1] 参见[晋]常璩撰，刘琳校注《华阳国志校注》第107—108页，巴蜀书社1984年7月第1版。

[2] 见[东汉]班固撰《汉书》第9册第2689页、第2693页，中华书局点校本，1962年6月第1版。

[3] 见[晋]常璩撰，刘琳校注《华阳国志校注》第109页、第794页，巴蜀书社1984年7月第1版。

陕西城固的张骞墓

张骞墓前的享堂

　　常璩对张陵（即张道陵）在蜀地创立道教、张鲁在汉中行使"米道"管理部众的事迹也做了重点记述。宗教是人类文明发展到一定阶段的产物，虽然我国的原始宗教源远流长，道教却产生于东汉时期，这与当时的社会背景有着非常重要的关系。继承了中国传统鬼神思想和巫术观念的道教，最初是以民间活动的形式出现的。道教的创始人张陵为东汉沛国丰（今江苏丰县）人，《三国志·魏书》说他客居蜀地，"学道鹄鸣山中，造作道书以惑百姓，从受道者出五斗米，故世号米贼。陵死，子衡行其道。衡死，鲁复行之"。①《水经注》卷二十七说："陵学道于蜀鹤鸣山，传业衡，衡传于鲁，鲁至行宽惠，百姓亲附，供道之费，米限五斗，故世号五斗米道。"②由此可知，张陵在鹤鸣山创建道教之后，经过其子张衡和其孙张鲁三代人的传播，影响遍及巴蜀地区，特别是张鲁雄踞汉中，形成了蔚然可观的局面。

张陵创建的五斗米道，是一种具有主神崇拜特征的多神教，以长生成仙为最高目标，这与古代蜀人的崇拜观念是非常吻合的，还有运用道法驱鬼驱邪、使用符咒为人治病的方式和内容，所以极易为蜀人

陕西汉中石门栈道风景区中的张鲁塑像

所接受和信奉。张陵在西蜀创教传教，称为天师，他去世后，教主由张衡继承，称为嗣师。据载，张陵卒于东汉桓帝永寿二年（156年），张衡卒于东汉灵帝光和二年（179年）。之后由张鲁继承，称为系师。张鲁的母亲张夫人是位貌美而又非常能干的女性，通过与益州太守刘焉的交往，将原在民间秘密传教的五斗米道与蜀中上层官府挂上了关系。刘焉对五斗米道的势力和这种合作的态度是心中有数的，为了稳定蜀中政局并达到利用的目的，于是任命张鲁为督义司马，并派他前去夺取汉中。陈寿《三国志·蜀书》说："张鲁母始以鬼道，又有少容，常往来焉家，故焉遣鲁为督义司马，住汉中。"③张鲁率领部众攻占汉中后，杀了汉中太守苏固，很快便在汉中站稳了脚跟，趁机扯起了割据的旗号。不久刘焉去世，刘璋代立，"以鲁不顺，尽杀鲁母家室"，使得五斗米道的势力都集中到

---

① 见[晋]陈寿撰《三国志》第1册第263页，中华书局点校本，1959年12月第1版。
② 见[北魏]郦道元撰，王国维校《水经注校》第876页，上海人民出版社1984年5月第1版。
③ 见[晋]陈寿撰《三国志》第4册第867页，中华书局点校本，1959年12月第1版。

了汉中。陈寿《三国志·魏书》记述了张鲁在汉中的经营："鲁遂据汉中，以鬼道教民，自号'师君'。其来学道者，初皆名'鬼卒'。受本道已信，号'祭酒'。各领部众，多者为治头大祭酒。皆教以诚信不欺诈，有病自首其过，大都与黄巾相似。诸祭酒皆作义舍，如今之亭传。又置义米肉，悬于义舍，行路者量腹取足；若过多，鬼道辄病之。犯法者，三原，然后乃行刑。不置长吏，皆以祭酒为治，民夷便乐之。雄据巴、汉垂三十年。"①这可以说是中国有史以来第一次出现的道教徒自我治理的政权形式。用历史的眼光看，可谓是人类乌托邦社会的一种实验。虽然取得了三十多年的成功，但最终还是失败了，以被曹魏封建统治政权所取代而告终。

常璩对张鲁的记述，比陈寿更为详细。譬如张鲁得到刘焉的信任，被任命为督义司马，派往汉中之后是怎么掌控局势的，采取了哪些做法，以及攻杀汉中太守苏固的具体过程，常璩《华阳国志·汉中志》中都记述得比较清楚。张鲁雄踞汉中，刘璋先后几次派兵攻打张鲁，想夺回汉中，都失败而归。刘璋于是请刘备征讨张鲁，结果却被刘备夺取了益州，刘备在此建立了蜀汉政权。汉中位于蜀、魏之间，是双方都想争夺的战略要地。后来曹操率军西征张鲁，张鲁撤退到巴中，这时是投奔刘备还是归降曹操，成了张鲁面临的生死抉择。常璩记述说："鲁勃然曰：'宁为曹公作奴，不为刘备上客！'遂委质魏武。武帝拜鲁镇南将军，封（襄平）〔阆中〕侯，又封其五子皆列侯。"②这与《后汉书·刘焉传》《三国志·魏书·张鲁传》记载的史事都是一致的，但叙述得更为生动。要了解当时的真实状况，可以相互参照。

常璩对汉中后来的地理行政与郡县沿革也做了较为详细的记述，还记录了汉中地区的物产、民俗民风，汉晋时期的战乱，羌人与汉人的矛盾以及关隘与交通等。这些记述，都是研究汉中历史的重要参考资料，具有很高的史料价值。

---

① 见[晋]陈寿撰《三国志》第1册第263页，中华书局点校本，1959年12月第1版。
② 见[晋]常璩撰，刘琳校注《华阳国志校注》第119页，巴蜀书社1984年7月第1版。

南中诸郡

常璩《华阳国志·南中志》对西南少数民族与滇、黔等地的历史与人文也做了记述。

中国西部的横断山脉与藏羌彝走廊是非常重要的文化传播带,古代诸多部族由此迁徙繁衍,留下了丰富的遗迹。羌族的口碑史诗《羌戈大战》说,羌人原来生活在水草丰美牛羊成群的西北大草原上,后遭到北方异族侵略,在被迫迁徙的途中,得到了天女木姐珠的帮助,她从天上抛出三块白石化为三座雪山,挡住了敌兵,使羌人得以摆脱敌人,这才重建家园,在岷江上游定居下来。羌人迄今奉行白石崇拜习俗,便与此传说有关。

司马迁《史记·西南夷列传》中将巴蜀之外的西南少数民族统称为西南夷,说"西南夷君长以什数,夜郎最大;其西靡莫之属以什数,滇最大;自滇以北君长以什数,邛都最大:此皆魋结,耕田,有邑聚。其外西自同师以东,北至楪榆,名为嶲、昆明,皆编发,随畜迁徙,毋常处,毋君长,地方可数千里"。又说"此皆巴蜀西南外蛮夷也"。① 班固《汉书·西南夷两粤朝鲜传》中对此也有相同记述,范晔《后汉书·南蛮西南夷列传》中也做了相似的记载。《史记》《汉书》和《后汉书》中说的是秦汉时期西南地区的情形,结合其他古籍文献记载来看,当时这一地区大大小小的部落有上百个之多。这是汉代的情况,上溯至

---

① 见[汉]司马迁撰《史记》第9册第2991页,中华书局点校本,1959年9月第1版。

商周时期,西南地区大大小小的部族数量可能更多。由此可知,上古以来我国西南地区就部族众多,是世界东方典型的多民族地区。

这种部族众多的情形,与西南地区独特的人文地理环境有着很大的关系。童恩正先生认为:"就南北方向而言,它恰好位于黄河与长江两大巨流之间,亦即中国古代两大文明发展的地区之间,既是我国西部南北交通的孔道,又成为我国南北文明的汇聚之区。就东西方向而言,它正当青藏高原至长江中下游平原的过渡地带,又是西部畜牧民族和东部农业民族交往融合的地方。这种地理位置的特点,就使四川自古就有众多的民族迁徙栖息,在历史上留下了十分丰富的内容。"①徐中舒先生也说过,"古中国西部人民为适应高山峻岭与横断山脉的环境而创制了栈道和索桥",这种"开辟道路,向外发展"的做法,早在战国之前就开始了。②除了文献记载,考古材料也对此提供了大量的例证。三星堆遗址出土的青铜雕像群便真实地展示了古蜀王国中的群巫集团与统治阶层是由众多部族或氏族首领兼巫师组成的,这种情形也可以说是商周时期古蜀社会结构与凝聚方式的生动写照。

蜀与滇、黔的关系,早在古蜀时代就比较密切了。常璩《华阳国志·蜀志》说杜宇的疆域"乃以褒斜为前门,熊耳、灵关为后户,玉垒、峨眉为城郭,江、潜、绵、洛为池泽,以汶山为畜牧,南中为园苑"③,是相当广阔的。这里所谓的"南中",就包括了今云南、贵州以及四川的凉山和宜宾以南地区。

先秦时期的典籍中,对西南地区已经有不少的记载,譬如《韩非子·内储说上》说"荆南之地,丽水之中生金,人多窃采金。采金之禁,得而辄辜磔于市,甚众,壅离其水也,而人窃金不止"。④这些记载说明春秋战国时期楚国对丽水产金的严格控制,这也透露出金沙江流域黄金产量的丰富。古蜀国很早就掌握了冶炼黄金制作金杖、金面具、金箔器物的技术,采金的地点之一很可能就是金沙

---

① 见童恩正著《古代的巴蜀》第3页,四川人民出版社1979年4月第1版。
② 参见徐中舒著《论巴蜀文化》第1页,四川人民出版社1982年4月第1版。
③ 见[晋]常璩撰,刘琳校注《华阳国志校注》第182页,巴蜀书社1984年7月第1版。
④ 见《二十二子》第1150页,上海古籍出版社1986年3月第1版。

三星堆遗址出土的戴金面罩的青铜人头像

三星堆遗址出土的海贝

江流域。从三星堆遗址出土的海贝透露的信息来看，据鉴定其来自太平洋或印度洋温暖的海域，应是远程贸易时的舶来品，证明古蜀国这时已经有了穿越西南地区通向南亚的古商道。综合这些因素，可知古蜀采金于丽水的推测是可信的。当然，正如古蜀国开采铜矿的地点不止一处，采金的地点也可能还有其他地方，常璩《华阳国志》中就有蜀地产金的记述。

秦并巴蜀到秦始皇统一中国，将巴蜀地区与岭南都纳入了中国的版图。到了汉武帝的时候，开始了对西南少数民族地区的开拓与治理，这对团结西南少数民族和打通西南国际通道，都具有极大的战略意义。常璩在《华阳国志·汉中志》中称赞了张骞，汉武帝后来经营西南少数民族地区，也与张骞的建议有很大关系。张骞向汉武帝报告说，他在大夏时，见到了邛竹杖与蜀布，这些货物是从蜀地运到身毒，然后再贩运到中亚的，由此猜测必定有一条通畅的古道。"大夏去汉万二千里，居汉西南。今身毒国又居大夏东南数千里，有蜀物，此其去蜀不远矣。今使大夏，从羌中，险，羌人恶之；少北，则为匈奴所得；从蜀宜径，又无寇"。汉武帝听了大喜，深以为然。但汉王朝对这条商贸古道的具体路线并不清楚。具有雄才大略的汉武帝当即令张骞从蜀郡和犍为郡秘密派遣使者，"四道并出，出駹，出冉，出徙，出邛、僰，皆各行一二千里"，探索通往印度的商道。结果并不理想，四路秘使都遭到了沿途氐族、筰族、嶲族、昆明族等部落的阻挠。"初，汉欲通西南夷，费多，道不通，罢之。及张骞言可以通大夏，乃复事西南夷"。① 汉武帝遭此挫折，反而更加坚定了决心，采取了积极的政治、军事手段，开始了经营西南地区的活动。汉武帝曾派唐蒙略通夜郎，修筑开通西南地区的道路，又拜司马相如为中郎将，建节出使巴蜀和西南少数民族地区，取得了很大的成功。"相如使略定西南夷，邛、筰、冉、駹、斯榆之君皆请为臣妾，除边关，〔边关〕益斥，西至沫、若水，南至牂牁为徼，通灵山道，桥孙水，以通邛、筰。还报，天子大说"。② 当时打通了蜀滇之间的通道，滇缅道仍被西南少数民族控制。西南丝绸之路的全线畅通，是到了东汉时期才完成的。

东汉明帝永平年间，哀牢人内附，东汉政府设置了永昌郡，西南丝绸之路这条国际商道才终于全线畅通。当时，有许多外国使者便是通过这条路线进入中国内地，前来朝贡的。使者有来自缅甸的，也有来自罗马的，史籍中这方面的记载很多。英国历史学家霍尔说："公元97年，从罗马帝国东部前来永昌的使节曾沿着这条路线旅行。"③ 罗马等国的杂技艺人也随着庞大的使团来到了中国，进行杂技艺术和幻术表演。《后汉书》卷八十六记述："永宁元年，掸国王雍由调复遣使者诣阙朝贺，献乐及幻人，能变化吐火，自支解，易牛马头。又善跳丸，数乃至千。自言我海西人。海西即大秦也，掸国西南通大秦。"④ 大秦就是罗马，掸国大概在今缅甸东北部一带。据鱼豢《魏略·西戎传》记述，"大秦国俗多奇幻，口中出火，自缚自解，跳十二丸，巧妙非常"⑤，可知罗马的杂技幻术是很

---

① 参见[汉]司马迁撰《史记》第10册第3166页，中华书局点校本，1959年9月第1版。
② 见[东汉]班固撰《汉书》第8册第2581页，中华书局点校本，1962年6月第1版。又参见[汉]司马迁撰《史记》第9册第3047页，中华书局点校本，1959年9月第1版。
③ 见[英]霍尔著，中山大学东南亚历史研究所译《东南亚史》上册第45页，商务印书馆1982年10月第1版。
④ 见[南朝·宋]范晔撰《后汉书》第10册第2851页，中华书局点校本，1965年5月第1版。
⑤ 见[南朝·宋]范晔撰《后汉书》第10册第2920页注2，中华书局点校本，1965年5月第1版。

有特色的。大秦"又有水道通益州、永昌,故永昌出异物"①,说明了罗马与蜀滇在经济文化交流方面的密切关系。在交往路线上,罗马人先由海道至缅甸,然后由西南丝绸之路进入云南和四川,再前往中原。四川地区出土的一些东汉画像砖上,便留下了杂技表演的精彩画面。

常璩对汉武帝开发西南地区之举,给予了很高的评价,在《华阳国志·南中志》中称赞道:"南域处邛、笮、五夷之表,不毛闽濮之乡,固九服之外也。而能开土列郡,爰建方州,逾博南,越兰沧,远抚西垂,汉武之迹,可谓大业。"又说:"然要荒之俗,不与华同,安边抚远,务在得才。"②常璩同时也强调了使用得力人才,才是事业兴旺的保障。可见常璩对西南地区的历史有透彻的了解,显示了常璩卓越的见识。

蜀汉时期,诸葛亮平定南中,也是一件非常重要的大事。诸葛亮早在辅佐刘备之初就提出了"西和诸戎,南抚夷越"的方针,可谓高瞻远瞩,见识深远。但南中的情形比较复杂,要使西南各部族服服帖帖接受蜀汉的管辖并不容易。刘备病故后,南中诸郡就发生了叛乱。常璩《华阳国志·南中志》说,诸葛亮以初遭大丧,未便加兵,到后主建兴三年(225年),诸葛亮已经稳定了蜀中形势,并

四川成都市郊出土的汉代画像砖上的吐火幻人图　　四川成都新都区出土的汉代画像砖上的驼舞图

---

① 见[晋]陈寿撰《三国志》第3册第861页,中华书局点校本,1959年12月第1版。
② 见[晋]常璩撰,刘琳校注《华阳国志校注》第468页,巴蜀书社1984年7月第1版。

四川德阳出土的汉代杂技画像砖

同孙吴恢复了联盟友好关系,这才亲自率军南征越嶲、益州、永昌、牂牁四郡,平息了雍闿、孟获等的叛乱。陈寿《三国志》中对此记载比较简略,连孟获的姓氏都没有提及。常璩在《华阳国志·南中志》中则详细记述了诸葛亮南征的路线、用兵方略、平叛过程以及孟获的族属问题,并记述了诸葛亮治理南中所采取的很多措施:"建兴三年春,亮南征,自安上由水路入越嶲。别遣马忠伐牂柯,李恢向益州。"诸葛亮的行军路线是由宜宾、屏山入凉山,然后进入越嶲。"夏五月,亮渡泸,进征益州。生虏孟获,置军中,问曰:'我军如何?'获对曰:'恨不相知,公易胜耳。'亮以方务在北,而南中好叛乱,宜穷其诈,乃赦获使还,合军更战。凡七虏七赦。获等心服,夷汉亦思反善。亮复问获,获对曰:'明公,天威也,边民长不为恶矣。'秋,遂平四郡。"①诸葛亮七擒孟获,成了一个非常有名的历史故事。诸葛亮通过攻心战,恩威并用,消除了南中少数民族的反叛心理,南中地区大小诸夷从此不复叛乱。

诸葛亮平定南中后,为了巩固获得的胜利,采取了一些很重要的策略和措施。首先是在行政上加强了对南中的治理,将益州郡改为建宁郡,分建宁、越嶲、永昌郡中的部分县设置了云南郡,又分建宁、牂柯郡设置了兴古郡,南中自此分为六郡,使南中各郡县的划分与设置更加精简合理,同时任命了几位能干的太守,分管南中各郡行政军事事务。其次是选拔南中的优秀人才封官任职,常璩

---

① 见[晋]常璩撰,刘琳校注《华阳国志校注》第353页、第357页,巴蜀书社1984年7月第1版。

四川成都武侯祠过厅

成都武侯祠中的诸葛亮塑像

就记述了诸葛亮对南中人才的重用:"收其俊杰建宁爨习、朱提孟琰及获为官属,习官至领军,琰辅汉将军,获御史中丞。"孟获、爨习、孟琰等人都是南中地区的代表性人物,诸葛亮将这些南中的俊杰人才任以官职,加以重用,不仅团结了南中地区的大姓富豪,也笼络了西南各少数民族的民心,有效地加强了对南中各郡的管辖和治理。再者是收编了南中的人马,扩充了蜀汉的兵力,"移南中劲卒青羌万余家于蜀,为五部,所当无前,号为飞军"。青羌兵骁勇善战,后来成为诸葛亮北伐部队中的一支劲旅。诸葛亮还"分其赢弱配大姓焦、雍、娄、爨、孟、量、毛、李为部曲;置五部都尉,号'五子',故南人言'四姓五子'也。以夷多刚很,不宾大姓富豪,乃劝令出金帛,聘策恶夷为家部曲,得多者奕世袭官。于是夷人贪货物,以渐服属于汉,成夷、汉部曲"。还从南中获得了大量的物资供应,"出其金、银、丹、漆、耕牛、战马给军国之用"。[①]诸葛亮充分利用南中的人力物力,补充和加强了蜀汉的力量。常璩认为治边的关键就在于尚贤使能,对诸葛亮治理南中的杰出成就,特别是诸葛亮能够重用少数民族人才,给予了高度评价。

诸葛亮在南征过程中,为加强汉夷文化交流也做了很多事情。常璩对此也

---

① 参见[晋]常璩撰,刘琳校注《华阳国志校注》第357页,巴蜀书社1984年7月第1版。

有较为详细的记录，譬如关于诸葛亮为夷人做图谱的故事，《华阳国志·南中志》说："夷人大种曰'昆'，小种曰'叟'。皆曲头木耳，环铁裹结，无大侯王……其俗征巫鬼，好诅盟，投石结草，官常以盟诅要之。诸葛亮乃为夷作图谱，先画天地、日月、君长、城府；次画神龙，龙生夷，及牛、马、羊；后画部主吏乘马幡盖，巡行安恤；又画〔夷〕牵牛负酒、赍金宝诣之之象，以赐夷。夷甚重之……又与瑞锦、铁券，今皆存。"①由此可知诸葛亮对西南各部族的民俗民风因势利导，将汉文化传播到了南中各地，并将内地先进的生产方式与织锦技艺带到了南中地区，使南中民众也学会了织锦。现在云南等地的"侗锦""武侯锦""诸葛锦"之类，就是从诸葛亮平定南中之后流传下来的。诸葛亮在南中地区的威望很高，影响巨大，所以南中各族人民将功绩都归于诸葛亮，比如南中地区流行的铜鼓，民间口碑流传都说是诸葛亮制作的，皆称为"诸葛鼓"，一直沿袭至今。②还有南中地区一些与诸葛亮相关的地名或遗迹，大都附会有诸葛亮平定南中时的故事。常璩记述诸葛亮南征七擒孟获、平定南中的史实，后来很多著述都加以引用，影响可谓深远。

常璩《华阳国志·南中志》中还记载了关于永昌郡哀牢夷的九隆神话。说永昌郡就是古代的哀牢国，因为境内有哀牢山，所以取名哀牢国。传说"其先有一妇人，名曰沙壹，依哀牢山下居，以捕鱼自给。忽于水中触有一沈木，遂感而有娠。度十月，产子男十人。后沈木化为龙出，谓沙壹曰：'若为我生子，今在乎？'而九子惊走。惟一小子不能去，陪龙坐，龙就而舐之。沙壹与言语，以龙与陪坐，因名曰元隆，犹汉言陪坐也。沙壹将元隆居龙山下。元（龙）〔隆〕长大，才武。后九兄曰：'元隆能与龙言，而黠有智，天所贵也。'共推以为王。时哀牢山下复有一夫一妇，产十女，元隆兄弟妻之。由是始有人民"。③龙崇拜是东方民族广泛流传的一种信仰形式，沙壹是哀牢夷女始祖形象，也是西南母系

---

① 见[晋]常璩撰，刘琳校注《华阳国志校注》第364页，巴蜀书社1984年7月第1版。
② 参见[晋]常璩撰，任乃强校注《华阳国志校补图注》第253页注18，上海古籍出版社1987年10月第1版。
③ 见[晋]常璩撰，刘琳校注《华阳国志校注》第424页，巴蜀书社1984年7月第1版。

氏族的缩影，与东夷的女娲、商人的简狄、周人的姜嫄，属于同一文化类型。

哀牢是滇西古老的原住民，属于土生土长的原始部落。《史记》中未见记载，其他史料对哀牢的记载也极少。关于哀牢的族名由来、哀牢的活动区域、哀牢为龙所生的始祖神话传说及哀牢人有"衣后着尾""臂胫刻纹""穿胸儋耳"的独特习俗和手工纺织的家庭小作坊，以及哀牢的社会组织特点"分置小王，往往邑居，散在溪谷。绝域荒外，山川阻深，生民以来，未尝通中国""其渠帅皆曰王"，等等，常璩在《华阳国志·南中志》中都有记载。①

常璩《华阳国志》对哀牢进行了比较全面的记载，南朝刘宋时范晔撰写《后汉书·南蛮西南夷列传》中有关哀牢的内容，就是根据常璩《华阳国志·南中志》中的材料，做了改写和补充而成的。唐代李贤注《后汉书·南蛮西南夷列传》中关于哀牢夷的传说曰："自此以上并见《风俗通》也。"②李贤的这一说法显然有误，因为东汉应劭《风俗通义》中并无这段文字。后来有人依据李贤的说法，将这个传说收录为《风俗通义佚文》③，其实也是有争议的。古人对所引用资料的出处，有时会记错而张冠李戴，关于哀牢的传说就是一个例子。有关哀牢的内容应该出自常璩《华阳国志·南中志》，而非应劭《风俗通义》。

常璩《华阳国志·南中志》还记述了关于夜郎国的历史与竹王的传说："有竹王者，兴于遁水。有一女子浣于水滨，有三节大竹流入女子足间，推之不肯去。闻有儿声，取持归破之，得一男儿。长养，有才武，遂雄夷（狄）〔濮〕。"西周的时候，楚顷襄王派遣将军庄蹻伐夜郎，"既克夜郎，而秦夺楚黔中地，无路得归，遂留王之，号为庄王。以且兰有椓船牂柯处，乃改其名为牂柯。分侯支党，传数百年。秦并蜀，通五尺道，置吏主之。汉兴，遂不宾"。汉武帝的时候，拜唐蒙为中郎将，"发巴、蜀兵千人，奉币帛见夜郎侯，喻以威德，为置吏。旁小邑皆贪汉缯帛，以为道远，汉终不能有也，故皆且听命"，

---

① 参见[晋]常璩撰，刘琳校注《华阳国志校注》第424页、第428页，巴蜀书社1984年7月第1版。
② 见[南朝·宋]范晔撰《后汉书》第10册第2848页注1，中华书局点校本，1965年5月第1版。
③ 参见[东汉]应劭撰，吴树平校释《风俗通义校释》第439页，天津人民出版社1980年9月第1版。

"后西南夷数反，发运兴役……因斩竹王，置牂柯郡"。后来为竹王修建了祠庙，"今竹王三郎神是也"。①常璩的这些记述，对了解夜郎的兴亡经过，是非常重要的史料。

濮族是古代南方民族中的重要族群之一，先秦文献中常见有关濮族的记载，如《古本竹书纪年》《逸周书》《尚书》等古籍中记述了濮族在商周时期的活动，《春秋》《左传》《国语》等古籍则记述了濮族在春秋战国时期的一些活动交往情况，但是都很简略。《史记·楚世家》中也提到了濮人，扬雄《蜀都赋》有"东有巴賨，绵亘百濮"之语②，左思《蜀都赋》也有"左绵巴中，百濮所充"之说③，说的都是巴蜀地区的濮人。常璩在《华阳国志》中对濮人的分布与活动有较多的记载，《华阳国志·巴志》记述了汉晋时期，濮是巴地的一个主要的少数民族；《华阳国志·蜀志》记述了晋朝之前，今西昌一带有濮人居住生活；《华阳国志·南中志》记述了今云南、贵州等地的濮人情况。可知汉晋时期濮人在西南地区有广泛的分布。

常璩《华阳国志·南中志》对南中各郡的官吏、诸夷大姓、物产、习俗、民风、交通以及郡县沿革与传说故事，也做了较为详细的记载，保留了很多翔实的史料。

---

① 见[晋]常璩撰，刘琳校注《华阳国志校注》第339页、第335页、第341页、第342页、第343页，巴蜀书社1984年7月第1版。
② 见林贞爱校注《扬雄集校注》第1页，四川大学出版社2001年6月第1版。
③ 见[南朝·梁]萧统编，[唐]李善注《文选》上册第76页，中华书局影印本，1977年11月第1版。

第四章 记录历史

《华阳国志》记述了秦并巴蜀之后的历史进程,
从两汉末公孙述的败亡与刘焉、刘璋父子的割据,
到三国蜀汉时期刘备与诸葛亮的故事,以及刘禅降魏,
晋末李特起义、李雄建立成汉政权及后来的内乱与衰亡,
常璩都做了客观而又真实的叙述与记录,留下了珍贵史料。

两汉之末

常璩《华阳国志》不仅记录了巴、蜀、汉中、南中的地理与人文,而且着重记述了秦并巴蜀之后的历史进程。常璩从地方志的角度,保留了很多珍贵的史料,对正史记载的西南历史做了很好的补充,使后人有了更为细致真切的了解。

譬如秦汉之际的大量移民,对蜀地经济发展以及社会生活都产生了影响。《史记》与《汉书》都记载了从北方迁徙入蜀的卓王孙是典型的大富豪。《史记·货殖列传》说卓王孙,其先赵人,以冶铁致富,秦灭六国之后,被迁徙到临邛,利用当地的矿藏资源,"即铁山鼓铸,运筹策,倾滇蜀之民,富至僮千人。田池射猎之乐,拟于人君"。①这是大家都比较熟悉的记载,相对来说比较笼统,并未细述卓王孙突然暴富的深层原因。常璩对此则做了更真实更深刻的揭示,《华阳国志·蜀志》记载:"秦惠文、始皇克定六国,辄徙其豪侠于蜀,资我丰土。家有盐铜之利,户专山川之材,居给人足,以富相尚。故工商致结驷连骑,豪族服王侯美衣,娶嫁设太牢之厨膳,归女有百两之(徒)〔从〕车……若卓王孙家僮千数,程郑(各)〔亦〕八百人……富侔公室,豪过田文,汉家食货,以为称首。盖亦地沃土丰,奢侈不期而至也。"《华阳国志·蜀志》中接着记述了卓王孙与邓通的关系:"汉文帝时,以铁铜赐侍郎邓通,通假民卓王孙,

---

① 见[汉]司马迁撰《史记》第10册第3277页,中华书局点校本,1959年9月第1版。

岁取千匹；故王孙（货）〔赀〕累巨万（亿），邓通钱亦尽天下。"①这是其他文献没有记载的一条重要史料，由此可知邓通曾依靠卓王孙铸钱，将矿山租给了卓王孙而大获其利，卓王孙则利用邓通而发了大财，属于典型的汉代官商勾结。

邓通是汉文帝的宠臣，《太平御览》卷四七一记载："上使善相人相邓通，曰：'当贫饿死。'上曰：'然富通者在我，何说贫。'于是赐通蜀严道铜山，得自铸钱。邓氏钱，布天下，其富如此。"②后来改朝换代了，情况随即发生了变化，邓通遭到了汉景帝的严厉惩罚，而卓王孙则平安无事。这个结果，反映了汉代前期严惩贪官，对商人则比较宽容，客观上对经济发展起到了较好的作用。后来的有关方志著述中，对此也有记述，例如《元和郡县图志》卷三十一就说："临邛县，本汉县也，属蜀郡……铜官山，在县南二里。邓通所封，后卓王孙买为陶铸之所。"卷三十二又说：荣经县有"铜山，在县北三里。即文帝赐邓通铸钱之所，后以山假与卓王孙，取布千疋。其山今出铜矿"。③可见卓王孙的发财与暴富，有其深刻的历史背景与时代原因。

秦并巴蜀之后，推行了郡县制度，对巴蜀地区产生了深刻的影响。常璩对秦汉时期蜀地官吏们的作为也做了记述，着重记录了那些贡献卓著者的事迹。如：李冰修建都江堰，使成都平原成了水旱从人的天府之国；文翁办学育人，促进了蜀地文运勃兴。《蜀中名胜记》卷四引卢求《成都记》序也说："蜀郡太守自秦惠王灭蜀始，而李冰、文翁其最著者。益州刺史，自汉武帝开疆始，而王遵、王襄其最著者。始时实一官也，而兴废异焉。"④东汉时期，蜀地也有几位比较有名的优秀官员，常璩《华阳国志·蜀志》说："建武以来，有第五伦、廉范叔度特垂惠爱。百姓歌之曰：'廉叔度，来何暮，来时我单衣，去时重五裤。'其后汉中赵瑶自扶风太守来之郡，司空张温谓曰：'第五伯鱼从蜀郡为司空，今

---

① 见[晋]常璩撰，刘琳校注《华阳国志校注》第225页、第244—245页，巴蜀书社1984年7月第1版。
② 见[宋]李昉等撰《太平御览》第3册第2164页，中华书局影印本，1960年2月第1版。
③ 见[唐]李吉甫撰，贺次君点校《元和郡县图志》下册第780页、第805—806页，中华书局1983年6月第1版。
④ 见[明]曹学佺著《蜀中名胜记》第50页，重庆出版社1984年10月第1版。

扫吾第以待足下。'瑶换广汉，陈留高眹亦播文教。"①第五伦、廉范等人皆担任过蜀郡太守，都颇有作为。《后汉书》卷四十一记载，第五伦为官清廉，"虽为二千石，躬自斩刍养马，妻执炊爨。受俸裁留一月粮，余皆贱贸与民之贫羸者"。"伦在职四年，迁蜀郡太守。蜀地肥饶，人吏富实，掾史家赀多至千万，皆鲜车怒马，以财货自达。伦悉简其丰赡者遣还之，更选孤贫志行之人以处曹任，于是争赇抑绝，文职修理。所举吏多至九卿、二千石，时以为知人"。②《后汉书》卷三十一记载，廉范为廉颇之后，曾担任"武威、武都二郡太守，随俗化导，各得治宜"。又说："建初中，迁蜀郡太守，其俗尚文辩，好相持短长，范每厉以淳厚，不受偷薄之说。成都民物丰盛，邑宇逼侧，旧制禁民夜作，以防火灾，而更相隐蔽，烧者日属。范乃毁削先令，但严使储水而已。百姓为便，乃歌之曰：'廉叔度，来何暮？不禁火，民安作。平生无襦今五绔。'"③常璩的记述在前，南朝范晔撰写《后汉书》应该参考过《华阳国志》，采用了蜀中人物的相关史料，并加以了充实。

常璩认为，由于地理环境的特殊，蜀郡守与益州牧都是很重要的职位，为官清廉会给蜀地带来兴旺，并留下好名声；假若心术不正，野心膨胀，就会割据反叛，发生战乱。《华阳国志》中就专门记述了西汉末公孙述与东汉末刘焉、刘璋父子割据称雄以及覆亡的经过。常璩说："公孙述、刘牧、二主之废兴存亡，《汉书》《国志》固以详矣。统之州部，物有条贯，必申斯篇者……虽道同世出，一事身见，游精博志，无嫌其繁矣。"④这里常璩的意思是，虽然史书已有记载，但采集史料与考订史实的角度有所不同，所以地方志的记述仍然是非常有必要的。

常璩《华阳国志》记述，西汉末王莽执政的时候，篡夺皇位，祸乱汉室。

---

① 见[晋]常璩撰，刘琳校注《华阳国志校注》第237页，巴蜀书社1984年7月第1版。
② 见[南朝·宋]范晔撰《后汉书》第5册第1397页、第1398页，中华书局点校本，1965年5月第1版。
③ 见[南朝·宋]范晔撰《后汉书》第4册第1103页，中华书局点校本，1965年5月第1版。
④ 见[晋]常璩撰，刘琳校注《华阳国志校注》第471页，巴蜀书社1984年7月第1版。

"王莽篡盗称天子。改天下郡守为卒正,又改蜀郡为导江;迁故中散大夫、茂陵公孙述字子阳为导江卒正,治临邛"。王莽按照儒家著述大肆改动官名与地名,因《尚书·禹贡》有"岷山导江,东别为沱"之说,故而将蜀郡改称导江,卒正之名则出于《礼记·王制》。王莽自以为是,其实很荒唐,造成了天下大乱。此时中原、南阳等地爆发了起义,蜀地也有人举兵响应,公孙述率兵进行了残酷镇压,"斩首万计,遂据成都,威有巴、汉。政治严刻,民不为非"。之后中原地区群雄争锋,烽火连绵,王莽被更始统辖的起义军消灭,更始又被赤眉起义军击败。这是一个剧烈动荡的时代,身为汉室后裔的刘秀召集各路英雄豪杰,打败了割据作乱者,统一了河北和中原地区,建立了东汉王朝。公孙述此时已拥有了巴蜀地区,趁机招降纳叛扩充人马,随着势力的增强,野心也随之膨胀起来,产生了割据称帝的欲望。常璩记述说,公孙述自称做了个梦,有十二年贵运,醒了告诉其妇,其妇说:"朝闻道,夕死尚可,何况十二乎!"公孙述于是听从了其妇之言,"遂称皇帝,号大成,建元龙兴"。这样在当时就形成了两个政权,光武帝刘秀为了统一中国,曾派人传送书信向公孙述晓以利害,又使公孙述的旧交马援劝说公孙述归顺。公孙述很固执,不愿听从。刘秀见劝降不成,无法和平解决问题,只有出兵了,于是派遣征南大将军岑彭率军自荆门溯江征伐公孙述,又派遣中郎将来歙晓谕公孙述。岑彭沿江而上攻破了公孙述设下的几道防线,扎营于武阳(今四川彭山)附近,兵锋直指成都。公孙述采取了暗杀行动,派刺客刺杀了岑彭。来歙也攻破了公孙述北路防线,乘胜进抵武都。公孙述又派刺客于武都刺杀了来歙。公孙述的这种刺杀行为,并不能改变覆亡的命运,却使得刘秀更加坚定了出兵讨伐的决心。刘秀于是派遣吴汉率水师溯长江、岷江而上继续进攻公孙述,又派其他将领率兵从斜谷道入蜀进攻成都,兵分两路,攻取蜀地。吴汉率领大军不久便兵临城下,与公孙述进行了激烈的决战,在交战中杀死了公孙述,"汉尽诛公孙氏及牙等诸将帅二十余人,放兵大掠,多所残害。是岁,十二年也"。①公孙述果然只做了十二年皇帝,其苦心经营、偏安一隅的割据政权就被灭掉了。

---

① 参见[晋]常璩撰,刘琳校注《华阳国志校注》第473—481页,巴蜀书社1984年7月第1版。

范晔《后汉书》卷十三对公孙述的割据与败亡有较为详细的记载，其中一些重要史实显然参考了常璩的记述，包括公孙述败亡过程中的很多细节，都与《华阳国志》的记述是一致的。《后汉书》评论说，"昔赵佗自王番禺，公孙亦窃帝蜀汉"①，最终都归于统一了，因为这是大势所趋。常璩对公孙述的败亡也做了评议："公孙述藉导江之资，值王莽之虐，民莫援者，得跨巴、蜀；而欺天罔物，自取灭亡者也。然妖梦告终，期数有极，奉身归顺，犹可以免；而矜愚遂非，何其顽哉！"②常璩认为公孙述的结局是咎由自取，拒不归顺，真是愚蠢，割据称帝终究是没有好结果的，属于比较典型的历史案例。王夫之《读通鉴论》认为，公孙述虽然难免败亡，其实还是有贡献的："述之起也非乱贼，其于汉也，抑非若隗嚣之已北面而又叛也。于一隅之地，存礼乐于残缺，备法物以昭等威……俾后王有所考而资以成一代之治理，不可谓无功焉。"③王夫之用史学家的眼光来分析历史，提出了比较独特和客观的看法。总之，公孙述是割据者，也是失败者，是一位不识时务、野心膨胀，导致身败名裂的历史人物。

常璩对光武帝攻取巴蜀后的举措，也做了如实的记录。"汉搜求隐逸，旌表忠义"，对忠臣良将追赠官职封号，对蜀中人才"擢而用之。于是西土宅心，莫不凫藻"。常璩说的"宅心"是安心与归心之意，所言"凫藻"是喜悦之貌。常璩对吴汉攻破成都之后"放兵大掠，多所残害"的做法，则认为是严重欠妥的，结果导致了局势的反复："建武十八年，刺史、郡守抚恤失和，蜀郡史歆怨吴汉之残掠蜀也，拥郡自保。世祖以天下始平，民未忘兵，而歆唱之，事宜必克，复遣汉平蜀，多行诛戮。世祖诮让于汉，汉深陈谢。自是守藩供职，自建武至乎中平，垂二百载，府盈西南之货，朝多华岷之士矣。"④常璩的客观记述，如实地表达了他对光武帝统一大业的拥护与赞扬，他认为正是光武帝的统一奠定了东汉

---

① 见[南朝·宋]范晔撰《后汉书》第2册第544页，中华书局点校本，1965年5月第1版。
② 见[晋]常璩撰，刘琳校注《华阳国志校注》第501页，巴蜀书社1984年7月第1版。
③ 见[明]王夫之著《读通鉴论》上册第172页，中华书局1975年7月第1版。
④ 参见[晋]常璩撰，刘琳校注《华阳国志校注》第483—485页，巴蜀书社1984年7月第1版。

近二百年的繁荣，也促进了西南地区经济与文化的繁荣，使巴蜀成了物产富饶、人才辈出之地。

东汉末，巴蜀地区又发生了刘焉、刘璋父子的割据。常璩记述说，刘焉在东汉末被任命为益州牧，在北方爆发黄巾起义的时候，刘焉在蜀地镇压了起兵作乱者，"抚纳离叛，务行小惠"，招纳了从南阳、秦陇入蜀避乱的人士，趁机扩充人马，杀掉了一些不听话的大姓官吏以立威，又利用青羌兵击败了犍为等地的豪族势力。刘焉还利用蜀中道教的力量，派遣张鲁为督义司马进驻汉中，阻断了北面的交通以保障蜀地的割据独立。刘焉的野心也迅速膨胀起来，常璩记述说："焉意渐盛，乃造乘舆车服千余，僭拟至尊。"当时刘焉的长子刘范为左中郎将，次子刘诞为治书御史，季子刘璋为奉车都尉，都在长安任职，实际上是被汉献帝当作人质，说明汉献帝对刘焉是不放心的，以此来防范刘焉谋反。当时荆州牧刘表上书说刘焉有狂妄不当言论，并揭发了刘焉僭拟乘舆器服的行为，汉献帝于是派刘璋赴蜀晓谕刘焉不要心存妄想。刘焉将刘璋留在蜀中，不让他再返回长安。此后不久，驻扎在陇西的征西将军马腾与刘焉、刘范暗中串联，谋划袭击长安。阴谋泄露后，汉献帝诛杀了刘范、刘诞。非常巧合的是，"天火烧焉车乘荡尽，延及民家"，刘焉"既痛二子，又感祅灾，疽发背卒"。①刘焉是有野心的，暗中谋划割据称帝已非一日，但阴谋尚未得逞就突然病死了。

刘璋随即继任了益州牧，成了占据巴蜀地区的一方诸侯。常璩说当时因为"京师大乱，不能更遣"，所以朝廷只能采取权宜之计，让刘璋袭位，以维持朝廷对益州的统辖和局势的稳定。张鲁原来是听从刘焉指挥的，这时在汉中成了独立的势力，与刘璋分庭抗礼，巴人中的一些部族也都依附了张鲁。刘璋很生气，无法容忍张鲁的叛离，于是杀了张鲁的母亲与弟弟，派兵讨伐张鲁，由于作战不力，结果吃了败仗。刘璋对此很无奈，重新任命了巴郡太守，率兵屯驻阆中防御张鲁。

当时巴蜀地区的地方豪强之间关系比较复杂，尽管名义上都听从刘璋的管辖，暗中离心离德的却为数不少。驻守巴中的赵韪就联络了当地的大姓，起兵数

---

① 参见[晋]常璩撰，刘琳校注《华阳国志校注》第485—490页，巴蜀书社1984年7月第1版。

万,攻击刘璋。蜀郡、广汉、犍为等处都有人起兵响应。刘璋调集军队,对反叛者进行了阻击。从南阳、秦陇入蜀的东州人士都支持刘璋,便同心协力为刘璋死战,最终打败了反叛者,并追击至江州斩杀了败逃的赵韪。经过了这些动荡与征战,巴蜀地区又暂时恢复了稳定。刘璋为了巩固对巴蜀地区的控制,派人向挟天子以令诸侯的曹操赠送财物与叟兵(少数民族士兵),以获取曹操的好感。曹操果然上表朝廷,加封刘璋为振威将军。

过了几年,曹操出兵讨伐张鲁,引起了刘璋的担忧。如果曹操攻取了汉中,蜀中自然就危险了。刘璋和谋臣商量对策,张松建议请刘备先讨伐张鲁,认为刘备和刘璋有宗室之亲,"善用兵,使之伐鲁,鲁必破;破鲁则益州强,曹公虽来,无〔能〕为也"。刘璋深以为然,于是派法正去迎请刘备。主簿黄权劝谏刘璋说:刘备非寻常之辈,有骁勇之名,"今请到,欲以部曲遇之,则不满其心;欲以宾客待之,则一国不容二君。客有太山之安,则主有累卵之危"。刘璋不听,对部下的谏言不予采纳。法正奉命去邀请刘备,私下向刘备献策说:"以明将军之英才,乘刘牧之懦弱;张松,〔州〕之股肱,以响应于内;然后资益州之富,凭天设之险,以此成帝业,犹反手也。"刘备大悦,留诸葛亮、关羽、张飞镇守荆州,亲率一万人马溯江西上,经由巴水到达涪城。刘璋亲自去涪城迎接,欢饮百余日,为刘备增添了兵力与辎重,使伐张鲁。

刘备驻兵于葭萌,并没有去征伐张鲁,却以曹操进攻东吴、孙权呼救为由,准备率兵东返救援孙权,要求刘璋再补充一万兵力和辎重。刘璋犹豫不决,但还是答应了刘备的要求,然而只给了四千人马和一半辎重。张松沉不住气,派人送信给刘备说,大事就要成功了,为何要走呢?刘璋得知后,杀了张松。刘备失去了内应,与刘璋关系恶化,这时听取了庞统等人的谋划,率领人马开始进逼成都。诸葛亮、张飞、赵云也率兵前来会合,扶风马超也率众投奔了刘备。于是成都被刘备重兵包围了,刘璋放弃抵抗,出城向刘备投降。刘备给予善待,将刘璋迁居于南郡公安。①

常璩对这段史实做了详细记载,其中有很多生动的细节,读之如临其境。在

---

① 参见[晋]常璩撰,刘琳校注《华阳国志校注》第490—500页,巴蜀书社1984年7月第1版。

常璩之前，陈寿对此已有记载，两种记录各有特点，互相参照，可以加深对这段历史的了解。常璩评论刘焉、刘璋父子说："刘焉器非英杰，图射侥幸；璋才非人雄，据土乱世，其见夺取，陈子以为非不幸也。"①陈子指陈寿。他在《三国志·蜀书》中对刘焉、刘璋亦有评议。常璩赞同陈寿的看法，认为刘璋被刘备取代，在所难免，刘璋选择了投降，没有玉石俱焚，也算是明智之举了。刘备取得益州之后，建立了蜀汉政权，与曹魏、孙吴鼎足而立，中国历史由此进入了三国时期。

---

① 见[晋]常璩撰，刘琳校注《华阳国志校注》第501页，巴蜀书社1984年7月第1版。

三国蜀汉

陈寿《三国志》与常璩《华阳国志》，都对三国时期蜀汉的历史人文做了记载。相比较而言，陈寿偏重于记述人物经历与历史过程，常璩偏重于从地方志的角度叙述历史事件与人物故事，还记述了郡县沿革、官吏作为、地方物产、民俗民风、父老传说等，资料更为翔实丰富。

史书记载，刘备是汉景帝中山靖王刘胜的后裔，虽然身份非同寻常，早年却非常贫困，与母亲以贩履织席为业，那是属于社会底层民众的谋生方式。可见贫贱之时，出身是否显赫并不重要，重要的是时机，把握机会乘势而为才是关键。刘备十五岁的时候，母亲使他去行学，也就是让他外出游学，开阔眼界。陈寿和常璩都记述说，刘备不喜欢读书，喜欢的是狗马、音乐、美衣服，特别喜欢结交豪侠，所以朋友多，追随他的少年也很多。常璩还特别记述了刘备与关羽、张飞结交之事："河东关羽云长、同郡张飞益德并以壮烈为御侮。先主与二子寝则同床，食则共器，恩若弟兄，然于稠人广众中侍立终日。"①陈寿《三国志·蜀书·关羽传》也有同样的记载，说关羽与张飞"随先主周旋，不避艰险"。②后来又有赵云等人追随刘备，可见刘备还是很有人格魅力与号召力的。关羽、张

---

① 见[晋]常璩撰，刘琳校注《华阳国志校注》第506页，巴蜀书社1984年7月第1版。
② 见[晋]陈寿撰《三国志》第4册第939页，中华书局点校本，1959年12月第1版。

飞、赵云都是骁勇善战的猛将,是刘备建功立业的得力助手。

东汉末,天下大乱,爆发了黄巾起义,各地的英雄豪杰都不甘寂寞,刘备也利用这个机会乘势崛起,参加了对黄巾起义的镇压。刘备因为征战有功,进入仕途,相继被任为县尉、别部司马、平原令等,但都是很小的官职。后被徐州牧陶谦推荐为豫州刺史,领徐州牧,也成了一方诸侯。曹操擒杀吕布后,与刘备一起回到许昌,刘备被任为左将军,关羽、张飞也被任为中郎将。刘备此时已颇有名望,成为公认的英雄人物。曹操的谋臣程昱、郭嘉都劝曹操杀掉刘备,免得他将来与曹操争夺天下。但曹操觉得不妥,"公虑失英豪望,不许"。一起打猎的时候,关羽想杀曹操,刘备也没有听从,"先主与公猎,羽欲于猎中杀公。先主为天下惜,不听"。常璩记述的这些细节很微妙,也很生动,说明曹操和刘备的见

曹操狩猎图(引自明代崇祯刻本《英雄谱·曹孟德许田射鹿》)

识与胸襟确实与众不同。当时汉室衰微，群雄逐鹿，袁术曾据寿春称帝，被曹操打败，袁术欲经徐州去投靠袁绍（字本初）。曹操派遣刘备去打袁术，还未出兵，袁术就病死了。曹操与刘备一起饮酒，"公从容谓先主曰：'天下英雄，惟使君与操。本初之徒，不足数也。'先主方食，失匕箸"。刘备听了曹操所言，吓得筷子都掉到了地上。刘备比较警觉，担心被曹操谋害，于是连夜出走，向东急行，占据徐州，借以自保。曹操发觉后，派骑兵追赶，但晚了一步，还是让刘备逃脱了。不久，曹操便率军东征，击败了刘备，俘获了刘备的妻、子和关羽。刘备投奔袁绍，接着又投奔荆州牧刘表。曹操重视人才，特别看重关羽的勇锐，很想收服关羽。关羽是义薄云天的大英雄，斩颜良以报答曹操的厚遇，仍旧追随刘备而去。①

刘备驻扎在新野时，听取徐庶的推荐，前往隆中三顾茅庐，见到了隐居的诸

蜀汉先主刘备像（唐代阎立本《历代帝王图卷》摹本）

---

① 参见[晋]常璩撰，刘琳校注《华阳国志校注》第507—515页，巴蜀书社1984年7月第1版。

葛亮。诸葛亮为刘备分析天下大势，常璩记述了著名的"隆中对"，说刘备"与亮情好日密，自以为犹鱼得水也"。后来，曹操追击刘备，刘备与孙权联合，在赤壁击败了曹操。刘备得了荆州，还娶了孙权的妹妹。然后便是刘璋邀请刘备入蜀，刘备乘势而为，得了益州，建立了蜀汉政权。常璩说刘备重赏功臣，任用贤能，于是诸葛亮、法正、关羽、张飞、马超、麋竺、简雍、孙乾等良将能臣，"皆处之显位，尽其器能，有志之士，无不竞劝"。蜀汉前期人才济济，因而非常兴旺。

常璩《华阳国志》中不仅记载了当时的历史大事件，还记述了很多细节。譬如曹操派轻骑五千追击刘备，一日一夜疾行三百里，追到了当阳的长坂坡，张飞殿后，掩护刘备和诸葛亮撤退，"张飞据水断桥，横马按矛曰：'我，张益德也，可来决死！'公徒乃止"。可见张飞也是一位了不起的猛将，在气势上就遏止了曹军的嚣张。常璩又记述说，刘备娶了孙权的妹妹，"北畏曹操之强，东惮

关羽擒将图（明代商喜绘）

孙权之逼,内虑孙夫人兴变于肘腋之下"。刘备占据益州之后,"孙夫人才捷刚猛,有诸兄风,侍婢百人,皆仗剑侍立。先主每下车,心常凛凛。正劝先主还之"。法正劝刘备,让孙夫人回了东吴。又譬如记述关羽听说马超来降,写信给诸葛亮"问其人材",诸葛亮答曰:"孟起,黥、彭之徒,一世之杰,当与益德并驱争先,犹不如髯之绝伦也。"关羽美髯,看了很高兴,"省书忻悦,以示宾客"。又记述关羽手臂中了流矢,医生为关羽刮骨疗毒,"羽即伸臂使治。时适会客,臂血流离,盈于盘器,而羽引酒割炙,言笑自若"。[①]常璩记述的这些情节,都非常生动,可谓绘声绘色,令人印象深刻。

常璩记述,魏武王曹操病故,曹丕即位后篡夺了汉室皇位,刘备在众臣拥戴下也称帝,改元章武,以诸葛亮为丞相,封官赐爵,立刘禅为皇太子。此前关羽驻守荆州,与魏军作战,孙权趁机袭击江陵,攻取荆州,关羽兵败被杀。刘备为了替关羽报仇,决定亲自率军东征。出兵之际,没想到张飞又为部下所杀,使得

四川阆中的汉桓侯祠

---

① 参见[晋]常璩撰,刘琳校注《华阳国志校注》第517—530页,巴蜀书社1984年7月第1版。

刘备很是悲愤。陈寿说"关羽、张飞皆称万人之敌，为世虎臣。羽报效曹公，飞义释严颜，并有国士之风。然羽刚而自矜，飞暴而无恩"，最终都"以短取败"。①常璩也评论说："飞、羽勇冠三军，俱称万人之敌。羽善待小人，而骄士大夫；飞爱敬君子而不恤小人，是以皆败。"刘备不听众臣的劝谏，执意出兵东伐。孙权不想和刘备打仗，派人送去书信，向刘备请和，被刘备拒绝，孙权只有派兵迎战。吴、蜀双方在秭归一带夹江布阵，进行激战。结果蜀兵失利，死伤甚众，刘备退守白帝城。曹丕得悉吴、蜀交战，乘机出兵攻吴。孙权害怕两面受敌，再次遣使向刘备请和。刘备吃了败仗之后，也只有放弃了攻吴的念头。到了冬天，刘备病重，召见诸葛亮，向诸葛亮托孤："君才十倍曹丕，必能安国，终定大事。若嗣子可辅，辅之；如其不才，君可自取。"诸葛亮泪流满面回答说："臣敢竭股肱之力，效忠贞之节，继之以死。"刘备又下诏对太子说："汝与丞相从事，事之如父。"刘备在奉节永安宫病逝时年六十三岁，安葬于成都惠陵，谥曰昭烈皇帝。常璩评论说："汉末大乱，雄杰并起。若董卓、吕布、二袁、韩、马、张杨、刘表之徒，兼州连郡，众逾万计，叱咤之间，皆自谓汉祖可踵，桓、文易迈。而魏武神武干略，戡屠荡尽。于时先主名微人鲜，而能龙兴凤举，

四川成都惠陵神道

---

① 见[晋]陈寿撰《三国志》第4册第951页，中华书局点校本，1959年12月第1版。

伯豫君徐，假翼荆楚，翻飞梁、益之地，克胤汉祚，而吴、魏与之鼎峙。非英才命世，孰克如之！"可见常璩对刘备的评价是很高的，但他认为刘备不应该自称皇帝。①对刘备病危托孤之事，陈寿《三国志·蜀书·先主传》评论说："先主之弘毅宽厚，知人待士，盖有高祖之风，英雄之器焉。及其举国托孤于诸葛亮，而心神无贰，诚君臣之至公，古今之盛轨也。"②常璩对陈寿所言，也是深表赞同的。

刘禅继位后，历史上称其为蜀汉后主，常璩对后主时期的史实也做了较为详细的记述。诸葛亮执政，身为丞相，兼"领益州牧，事无巨细，咸决于亮"。诸葛亮尽心尽力辅佐后主刘禅，在治国安邦方面采取了许多积极有益的措施。首先是稳定局势，内修政理，安抚民众。其次是派人联络孙权，修复了吴蜀之间的联盟友好关系。诸葛亮治蜀，有很多亮点。其中最使人赞叹的，便是诸葛亮的忠诚与廉洁。诸葛亮在团结人才和用人方面，也做得很好，举贤用能，知人善任。但也有失误的时候，譬如使马谡督军而失了街亭，任用李严督运军粮也不得力，所以王夫之说："武侯之任人，一失于马谡，再失于李严，诚哉知人之难也。"③

诸葛亮南征是一件很重要的大事，《三国志·蜀书·诸葛亮传》中的记载仅寥寥数语，常璩的记述则比较详细。诸葛亮采取了恩威并用的策略，对少数民族首领孟获七擒七纵，终于使孟获心服口服，南中地区大小诸夷从此不复叛乱。洪迈《容斋随笔》卷四说"蜀刘禅时，南中诸郡叛，诸葛亮征之。孟获为夷汉所服，七战七擒，曰公天威也，南人不复反矣"，后世依然顺服，"乃知南夷心服，虽千年如初。呜呼，可谓贤矣"。④对诸葛亮平定南中的深远影响表达了由衷的赞叹。顾祖禹《读史方舆纪要》说"云南古为荒服，自汉以来乍臣乍叛，盖疆域辽阔，夷落环伺，崇山巨川，足以为保据之资。故时恬则牛驯蚁聚，有事则狼跳虎噉，势固然也。西南一隅，反覆最多……诸葛武侯欲专意中原，虑群蛮乘

---

① 参见[晋]常璩撰，刘琳校注《华阳国志校注》第537—542页，巴蜀书社1984年7月第1版。
② 见[晋]陈寿撰《三国志》第4册第892页，中华书局点校本，1959年12月第1版。
③ 见[明]王夫之著《读通鉴论》上册第314页，中华书局1975年7月第1版。
④ 见[宋]洪迈撰《容斋随笔》卷四，载《笔记小说大观》第6册第153页，江苏广陵古籍刻印社影印本，1983年6月第1版。

其后，乃先南讨"①，也充分肯定了诸葛亮的深谋远虑，由此也反映了诸葛亮平定南中的意义与影响。

常璩还记述了诸葛亮的北伐。北定中原，复兴汉室，是诸葛亮努力追求的终极目标。早在刘备三顾茅庐之时，诸葛亮为刘备分析天下形势就提出了"天下有变，则命一上将将荆州之军以向宛、洛，将军身率益州之众出于秦川"的战略。《三国志·蜀书》说诸葛亮南征凯旋后"乃治戎讲武，以俟大举"，讲的就是为北伐做准备。诸葛亮联吴修好是在后主建兴二年，平定南中是在后主建兴三年，到后主建兴五年诸葛亮已率诸军北驻汉中，可谓紧锣密鼓。诸葛亮精通兵法，善于用兵，在谋略方面也很高明，所以北出祁山大败魏军，取得了许多战役性的胜利。但魏军也很英勇善战，蜀军因街亭之失而退回汉中。此后诸葛亮又多次北伐，在后勤运输方面发明了木牛流马以运送军粮，并分兵屯田，在武器装备上发明了诸葛连弩，增强了军队的战斗力。诸葛亮在数次北伐中确实很有作为，但最终仍无功而返。诸葛亮北伐难以成功，原因是多方面的。首先是蜀汉已失掉荆州，无法同时出兵以向宛、洛，失去了战略上的呼应。其次是北伐用兵也有问题，宁愿走坦道，不愿听从魏延从子午谷直捣长安的建议。当时蜀汉兵力有限，可能也是诸葛亮不愿轻易冒险的一个重要原因。王夫之说，诸葛亮西出祁山虽得秦陇，而"长安不拔，汉固无如魏何"，所以分析认为诸葛亮的北伐，是明知不可为而为之，其实不过是以攻为守而已。②诸葛亮北伐屡遭失利，最后自己也病逝于军中，遗嘱薄葬于汉中定军山。常璩记述说："秋八月，亮疾病，卒于军，时年五十四。还葬汉中定军山。"③现在汉中定军山有诸葛武侯墓，勉县有武侯祠，还有诸葛亮塑像，就表达了人们对诸葛亮的纪念。

诸葛亮是三国时代智谋超群的杰出人才，后人常常将他视为智慧的化身。诸葛亮善于运筹帷幄之中，决胜千里之外，因他辅佐刘备以光复汉室为己任，所以又被比喻为张良一样的人物。但诸葛亮毕竟是人而不是神，也难免有失误和犯

---

① 见[清]顾祖禹撰《读史方舆纪要》第719页，上海书店出版社1998年1月第1版。
② 参见[明]王夫之著《读通鉴论》上册第313页，中华书局1975年7月第1版。
③ 见[晋]常璩撰，刘琳校注《华阳国志校注》第562页，巴蜀书社1984年7月第1版。

陕西勉县武侯祠中的诸葛亮塑像

陕西勉县的武侯墓

错误的时候。诸葛亮去世的时候才五十四岁，可谓英年早逝。诸葛亮病故后，由于刘禅的庸常，继任者努力而为，却难有作为。之后蒋琬、费祎、姜维相继辅佐刘禅，常璩对此也做了较为详细的记载。

根据史书记载，刘禅十七岁继位，在位长达四十一年，这与他能够充分信任诸葛亮和蒋琬、费祎、姜维还是有很大关系的。诸葛亮当丞相十二年，后来的二十多年主要靠蒋琬、费祎、姜维来支撑大局。蒋琬执政也是十二年，于后主延熙九年病逝；费祎接任才六年多就遇害了。

陕西勉县武侯墓前的诸葛亮塑像

从后主延熙十六年开始，蜀汉政权最后十年的军政重担便落在了姜维的肩上。姜维还是相当能干的，为官也很清廉，但由于刘禅身边宦人弄权，姜维在行政上已难有作为。姜维在军事战略方面基本沿袭了诸葛亮"以攻为守"的做法，一心想攻占陇西以扩张蜀汉的势力。但此时的形势已非往昔可比，姜维屡出师旅，不听张翼等人"以国小不宜黩武"的劝阻，虽然攻城略地取得不少胜利，但是也打了很多败仗。后来竟抵挡不住魏军的进攻，蜀汉终以后主降魏而告灭亡。常璩评论说，诸葛亮"政修民理，威武外振；爰迄琬、祎，遵修弗革，摄乎大国之间，以弱为强，犹可自保。姜维才非亮匹，志继洪轨，民嫌其劳，家国亦丧矣"。①由此可见姜维的失误，常璩对此是非常感慨的。蜀汉前期人才济济，因而兴旺。到了蜀汉后期，缺少杰出人才，其衰败也就在所难免了。

  常璩对刘禅降魏的经过也做了较为详细的记载。邓艾采用奇袭从阴平进入蜀地后，诸葛瞻率兵迎战魏军战败而死，姜维向东撤退进入巴地，魏军肆无忌惮地进逼成都，引起了蜀民的恐慌，"百姓闻艾入坪，惊迸山野。后主会群臣议，欲南入七郡，或欲奔吴。光禄大夫谯周劝降魏，魏必裂土封后主。后主从之，遣侍中张绍、驸马都尉邓良赍玺绶奉笺诣艾降"。②当时也有不愿投降的，刘禅之子、北地王刘谌就悲愤自杀了。姜维诈降于钟会，后在兵变中被杀。后来，后主刘禅被迁居到了洛阳并被封为安乐县公。当时有人评论后主刘禅是庸常之君，所以难有作为。常璩在《华阳国志》卷十一中说"后安乐公淫乱无道"③，可知他对刘禅的评价是不高的。

---

① 见[晋]常璩撰，刘琳校注《华阳国志校注》第599页，巴蜀书社1984年7月第1版。
② 见[晋]常璩撰，刘琳校注《华阳国志校注》第593页，巴蜀书社1984年7月第1版。
③ 见[晋]常璩撰，刘琳校注《华阳国志校注》第838页，巴蜀书社1984年7月第1版。

李特起义

常璩在成汉做史官,亲身经历了成汉的兴盛衰亡,对这段历史非常熟悉。常璩在李寿篡位改国号为"汉"以后,曾用正史体裁写过一部史书《汉书》,或称《汉之书》,共十卷。常璩作此书,一是为割据巴蜀的李氏家族及功臣作传,二是为将益、梁、荆、宁四州的地方志与古史合并为一部书。此书入晋秘阁后,改称《蜀李书》。常璩撰写的这部书在当时颇有名气,北魏史学家崔鸿撰写《十六国春秋》时,各国史都已写就,唯有成汉史迟迟未写,其原因就是他知道常璩对李雄建都立国的历史有记载,却迟迟没有找到常璩的书。《魏书》卷六十七对此有记载,崔鸿花了七年多时间,后来终于找到了常璩的书,才完成了《十六国春秋》的写作,不久便病故了。崔鸿的儿子在奏文中说父亲"多识前载,博极群书,史才富洽,号称籍甚。年止壮立,便斐然怀著述意。正始之末,任属记言,撰缉余暇,乃刊著赵、燕、秦、夏、凉、蜀等遗载,为之赞序,褒贬评论。先朝之日,草构悉了,唯有李雄《蜀书》,搜索未获,阙兹一国,迟留未成。去正光三年,购访始得,讨论适讫,而先臣弃世。凡十六国,名为《春秋》,一百二卷,近代之事最为备悉"。① 可知崔鸿《十六国春秋》中关于成汉历史的记述,主要是根据常璩的记载转抄写成的。常璩迁居建康之后,将原来的书稿重新进行

---

① 参见[北齐]魏收撰《魏书》第4册第1505页,中华书局点校本,1974年6月第1版。

了整理。他在撰写《华阳国志》时，对这段史实又做了较为详细的记录。结合稍晚的《十六国春秋·蜀录》，以及后来的《晋书》中对李氏成汉政权的记载来看，比较而言，还是常璩的记述比较客观详细，对我们了解那段历史，是非常重要的依据和史料。

成汉的崛起，就是从流民入蜀和李特起义开始的。

西晋末年，西北地区秦、雍二州爆发战乱，先是匈奴人郝度元率雍州马兰羌与卢水胡起兵反晋，接着秦、雍二州的羌人也起兵反晋，拥戴氐人齐万年为皇帝。晋朝调集了梁州的驻军、东羌校尉与镇西将军的部队进行镇压，结果晋军大败。晋朝又从益州等处调兵进剿。战乱造成了社会动荡，当时又发生了严重的灾荒和大疫，关中米价飞涨，使得秦、雍二州天水、略阳、扶风、始平、武都、阴平六郡的十余万灾民逃离家乡，越过秦岭进入汉中，接着又继续向蜀地迁徙，以获取粮食谋求生路。大量流民入蜀后，散布于蜀郡、广汉郡、犍为郡等地。流民大潮又导致了与蜀民的矛盾冲突，引起了蜀地的战乱。蜀中居民为了避乱，纷纷向荆楚等地迁徙，当时"三蜀民流进，南入东下，野无烟火"①，可谓乱象丛生，形势是非常严峻的。六郡中的大姓也参与了这次大规模的迁徙，其中李氏等大姓在迁徙过程中组织了武装队伍，壮大了家族力量，成了流民的领袖。

李特就是这个时候率众入蜀的，常璩《华阳国志·大同志》记述："略阳、天水六郡民李特及弟庠、阎式、赵肃、何巨、李远等，及氐叟、青叟数万家，以郡土连年军荒，就谷入汉川。诏书不听入蜀，益州敕关禁之。而户曹李苾开关放入蜀，布散梁州及三蜀界。"②关于李特的家族，《十六国春秋·蜀录》与《晋书·载记》都说，李特字玄休，巴西宕渠人。李氏家族虽然出身于巴西宕渠，但在入蜀之前经历了数次迁徙：汉末张鲁据汉中时，李氏家族自巴西迁入此地，时间大约是在2世纪末。曹操攻克汉中时，李特的祖父李虎率领五百余家归顺了曹魏，李虎被拜为将军，李氏家族又被迁移到略阳临渭（今甘肃天水东北），在此

---

① 见[晋]常璩撰，刘琳校注《华阳国志校注》第639页，巴蜀书社1984年7月第1版。
② 见[晋]常璩撰，刘琳校注《华阳国志校注》第617页，巴蜀书社1984年7月第1版。

生活了近一个世纪。李氏家族在关陇地区经过近百年的发展之后，原本的巴西郡籍贯特征已经淡漠，自身巴氐少数民族文化特征也在减弱，而与六郡豪强的联系则日趋紧密。其后，李虎的儿子李慕为东羌猎将。李慕生有五子，李辅、李特、李庠、李流、李骧。李特身材高大，善于骑射，是一位英雄人物，更是流民中的佼佼者。李特率流民入蜀之时，正是蜀中局势发生极大变化之际。

晋惠帝永康元年（300年），益州刺史赵廞因皇室权力之争局势混乱，拒绝朝廷调其入朝为大长秋的诏令，"廞遂谋叛，潜有刘氏割据之志，乃倾仓廪，振施流人，以收众心"。① 赵廞原籍巴西郡安汉县，史称他因晋朝赵王司马伦的器重而历任长安令、武陵太守等职务，元康六年（296年）被任为益州刺史。赵廞于元康八年（298年）到任后，看到北方大乱西晋朝政危殆，而蜀地险要可以自安，便暗怀异志，准备拥兵自重背叛晋王朝，欲效刘备占领益州称帝。赵廞企图割据蜀地，除了依靠自己掌握的军队，还利用巴西父老的关系联合了氐羌流民武装，拉拢流民中的李特、李流兄弟组成流民军队为他效力，出其不意攻杀了新任益州刺史耿滕。赵廞又派兵攻杀了西夷校尉陈总，随即自称大都督、大将军、益州牧。②

在赵廞叛乱的过程中，李特兄弟率领的六郡流民武装出了大力，扮演了重要角色。赵廞野心很大，心眼却很小，虽然李特的部众为他效力，他却并不信任流民武装，特别是对懂得军法和用兵之道号称"东羌良将"的李庠心怀忌惮，担心驾驭不了这样的流民将领反而对自己形成威胁，于是他找了个借口杀了李庠，还杀害了其子侄宗族三十余人。李庠是李特的弟弟，当时李特兄弟分别率领流民武装，都驻扎在成都附近。赵廞杀了李庠之后，又赶紧玩弄手段设法安抚李特，继续任命李特兄弟为督将。赵廞的猜疑与残暴，李庠的无辜被害，激起了六郡流民的义愤，更激起了李特兄弟对赵廞的怨恨，他们随即率众退据绵竹，集合了各路人马七千多人，夜袭了赵廞派往北路的部队。流民武装奋勇进攻，放火烧掉了赵

---

① 见[唐]房玄龄等撰《晋书》第10册第3023页，中华书局点校本，1974年11月第1版。
② 参见[晋]常璩撰，刘琳校注《华阳国志校注》第619—621页，巴蜀书社1984年7月第1版。

廙部队的营帐与辎重，官兵大溃而逃，大都被杀或葬身于大火之中。此战李特大获全胜，乘机率领流民武装大举进攻成都。赵廙割据成都仅仅两个月就彻底败亡了，属下文武闻风溃散，赵廙与妻子乘小船惊慌而逃，顺水逃到广都时被其下人所杀。

李特消灭了赵廙，乘胜占领了成都，流民武装在城内劫掠，殃及了百姓。李特还杀掉了赵廙的余党，控制了蜀地的很多地方。据史料记载，流民武装起初被赵廙利用的时候，"以李特兄弟材武，其党类皆巴西人，与廙同郡，李特党类本巴氏，赵廙亦巴西人也。厚遇之以为爪牙。特等凭恃廙势，专聚众为盗，蜀人患之"。①这种行为，与流寇没有什么差别。李特攻占成都后，也表现出流民武装的流寇属性，"特至成都，纵兵大掠，害西夷护军姜发，杀廙长史袁洽及廙所置守长"。②流民武装的抄掠与杀戮行为，对蜀地各个阶层与广大民众都产生了很大的影响，导致了"蜀民皆保险结坞，或南入宁州，或东下荆州，城邑皆空，野无烟火"，"于时流民在荆州者十余万户，羁旅贫乏，多为盗贼"。③这些记载说明当时的战乱与社会动荡，情形是相当严重的。李特攻占成都灭了赵廙，还杀了许多地方官员，很担心会遭到晋廷的追究，于是主动派人到洛阳，向晋廷禀报了赵廙的罪状与平叛的情况。晋廷因为李特兄弟讨伐赵廙有功，封李特为宣威将军、长乐乡侯，封李流为奋威将军、武阳侯。当时社会动荡，乱象丛生，朝廷也只能采取权宜之计。那时，蜀地实际上已为李特兄弟率领的流民武装所控制。

晋廷对这种情形当然也不会坐视不管，立即任命梁州刺史罗尚为平西将军、益州刺史，同时兼领西夷校尉，率领晋军七千多人入蜀，奉命前来收拾赵廙之乱后的益州残局。罗尚率领重兵赴任，对益州境内的流民武装是一个明显的警示，也是显而易见的重大威胁。李特得知罗尚率兵将至，颇为恐惧，派弟弟李骧带了贵重礼物前去迎接。《晋书》卷五十七说罗尚先前判断赵廙谋反必无所成，很快

---

① 见[宋]司马光编著《资治通鉴》第6册第2647页，中华书局点校本，1956年6月第1版。
② 见[唐]房玄龄等撰《晋书》第10册第3024页，中华书局点校本，1974年11月第1版。
③ 见[宋]司马光编著《资治通鉴》第6册第2682页、第2695页，中华书局点校本，1956年6月第1版。

就会失败，结果恰如其言，说明他对益州的局势判断还是颇有先见之明的。但罗尚也不是善良之辈，"性贪，少断"，蜀人评论他说："尚之所爱，非邪则佞；尚之所憎，非忠则正。"说他"贪如豺狼""反更为祸"。①可见罗尚的德行很糟糕。罗尚在入蜀途中看到前来迎接的李骧，很高兴地接受了礼物，当即任命李骧为骑督。李特和弟弟李流又亲自携带了牛、酒，赶到绵竹迎接犒劳罗尚。当时罗尚的属下对罗尚说，李特等人本是流民盗贼，应该乘机杀掉免除后患。罗尚不听，没有动手。罗尚到了成都之后，遵照晋廷的旨意，开始遣返入蜀的六郡流民，下令限期返乡。而流民是不愿返乡的，当时秦陇混乱不堪，中原等地的局势也动荡不安，流民都希望继续留在蜀地。李特的长兄李辅之前一直留居在略阳老家，此时来到成都，对李特说："中国方乱，不足复还。"李特"以为然，乃有雄据巴蜀之意"。②

　　李特于是派人向罗尚以及地方官员行贿，请求延期到秋季再走。罗尚要求流民在七月必须上道，李特又再次请求延期。当时的实际情况，七月是雨季，稻谷等粮食还没有收割入仓，流民没有返乡的行资，遣返困难重重。但益州刺史罗尚、广汉太守辛冉、犍为太守李苾等官员却不同意延期，加紧催促流民离蜀返乡。特别是广汉太守辛冉，"性贪暴，欲杀流人首领，取其资货，乃移檄发遣。又令梓潼太守张演于诸要施关，搜索宝货"。这种无理凶恶的做法，激起了流民的反抗。当时分布在蜀中各地的流民，主要是靠给当地人做佣工为生，"及闻州郡逼遣，人人愁怨"，纷纷投奔李特兄弟。李特在绵竹设立了大营，接待来自各处的流民，并把他们组织起来，同时继续请求官府宽延时间。辛冉对李特的做法大为愤怒，张榜悬赏，发出通牒，以重金募购李特、李流兄弟的人头。李特得知后，立刻派人将这些榜都揭取回来，与李骧将榜文改成："能送六郡之豪李、任、阎、赵、杨、上官及氐、叟侯王一首，赏百匹。"这样一改，就扩大了官府的打击面，使六郡大姓的首领们都成了官府迫害的对象。流民们本来就不愿意迁

---

① 见[唐]房玄龄等撰《晋书》第5册第1552页、第1553页，中华书局点校本，1974年11月第1版。
② 见[唐]房玄龄等撰《晋书》第10册第3025页，中华书局点校本，1974年11月第1版。

徙返乡，对官府的催逼深感不满，此榜更是激起了六郡大姓及氐、叟侯王对官府的怨恨，他们被迫走上了团结起来对抗官府的道路。李特兄弟此时众望所归，流民们咸往归依，同声云集，旬月之间，聚集到绵竹李特麾下的流民就超过了两万人。李流这时也召集流民，聚众数千。李特、李流于是将流民组织成队伍，进至赤祖（今四川德阳黄许镇以南，广汉以北），分为二营驻扎，李特居北营，李流居东营，形成掎角呼应之势，以防备官府的围剿。①

李特安营扎寨之后，派阎式前往成都见益州刺史罗尚，请求延期遣返。阎式见辛冉、李苾等人各拥重兵，已在冲要之处建起营寨，意欲攻击流民，回到绵竹便提醒李特早做防备。果不其然，辛冉与李苾暗中谋划，觉得罗尚贪而无断，对遣返流民不能再拖延了，于是派遣广汉都尉曾元及牙门张显、刘并，率领步骑三万人，夜袭李特北营。罗尚得知后，无法阻止，只有派督护田佐率兵增援曾元。李特早有准备，得知官兵来袭，"乃缮甲厉兵，戒严以待之"。曾元率官兵攻入北营，李特安卧不动，等到官兵大半都进入了埋伏圈，这才发动伏兵，突然反击，歼灭了大量官兵，并杀死了田佐、曾元、张显等人，将他们的首级送给了罗尚与辛冉。罗尚见形势发展到这个地步，对部属们抱怨说这都是因为广汉太守辛冉"不用吾言，以张贼势，今将若之何"。②

李特首战告捷，于是六郡流民共同推举李特为主。李特成了众望所归的大首领，顺势建立了军政府，自称镇北大将军，李特之弟李流称镇东将军，并任命六郡大姓中的一些代表人物担任了官职。李特接着便率众进攻广汉，与辛冉数次交战，将辛冉打得大败。罗尚派遣李苾等人率众救援辛冉，增援的官兵都害怕李特，不敢前进。辛冉屡败无援，陷入窘迫之境，出奔江阳。③

李特占领了广汉，任命李超为广汉太守，他亲自率领流民军向成都进兵，攻打益州刺史罗尚。罗尚见流民军蜂拥而来，赶紧调集晋军婴城固守，并派人向

---

① 参见[唐]房玄龄等撰《晋书》第10册第3025页，中华书局点校本，1974年11月第1版。
② 参见[唐]房玄龄等撰《晋书》第10册第3026页，中华书局点校本，1974年11月第1版。
③ 参见[唐]房玄龄等撰《晋书》第10册第3026页，中华书局点校本，1974年11月第1版。江阳，《华阳国志》卷八与《资治通鉴》卷八十四均作"德阳"。

梁、宁二州求救。为了加强防守，罗尚又下令沿郫水以南、府河一线修筑防御工事。《晋书》卷一百二十记载了当时的战况："尚频为特所败，乃阻长围，缘水作营，自都安至犍为七百里，与特相距。"①常璩《华阳国志》卷八也记载："尚率其民尽渡郫水以南，（尚）阻长围，自都安至犍为七百里捍特。"②李特无法突破这道防线，不能夺取成都，于是退据广汉雒城，双方暂时形成了对峙之势。

李特这时自封为益州牧、大都督、大将军，封长兄李辅为骠骑将军、弟弟李骧为骁骑将军、长子李始为武威将军、次子李荡为镇军将军、少子李雄为前将军、妹夫李含为西夷校尉，并任命了一批将帅与官属。这表明李特是下定决心要打败罗尚并取而代之的，由此开始了与西晋王朝的武力对抗。李特改变了以前打家劫舍的流寇行为，转而准备割据一方。为了实现这个谋划，李特与蜀人约法三章，获得了蜀人的拥护，又用"共取富贵"来号召流民，赢得了流民的支持。

晋惠帝太安元年（302年）春，西晋朝廷调集的各路援军陆续到达，协助罗尚讨伐李特。晋军兵分三路，分别由河间王司马颙派遣的督护衙博、罗尚派遣的督护张龟和广汉太守张征率领，向流民军发动了大规模的进攻。李特命令李荡、李雄率流民军袭击衙博，李特亲自率众迎击张龟。双方一交战，张龟就溃败了。衙博也吃了败仗，部众死者过半，大败而逃，李荡乘胜追击，衙博往北逃到了葭萌，李荡继续追击，衙博又远遁，其部众都投降了李荡，巴西郡也归降了李荡。李特打败张龟后，率领流民军进攻张征。张征在德阳境内依高据险，与李特相持多日。李荡获胜后也回师参战，李特将流民军分为两营，与李荡各驻一营。张征侦察到李特的大营防备比较薄弱，派遣步兵从山上小道发起突然攻击。李特迎战不利，陷入了晋军的包围圈。李荡率军赶来救援，因为山道狭窄，情形急迫，李荡穿着重铠，手持长矛，大呼冲锋，杀出了一条血路，流民军紧随其后与晋军殊死搏斗，晋军抵挡不住，张征溃败而逃。李荡率军追击，杀掉了张征。罗尚派出

---

① 见[唐]房玄龄等撰《晋书》第10册第3027页，中华书局点校本，1974年11月第1版。
② 见[晋]常璩撰，刘琳校注《华阳国志校注》第629页，巴蜀书社1984年7月第1版。

晋军偷袭流民军，遭到李骧、李流的奋勇回击，只有少量败兵逃回了城内。梁州刺史许雄派晋军进攻李特，也被打败了。李特于是乘胜率军南下，这次很轻易地就突破了郫水防线，逼近了成都。地方官员们很恐慌，蜀郡太守徐俭惊慌失措，将驻守的成都少城献出，投降了李特。这时成都附近的村堡也纷纷向李特表示归顺之意，李特于是分出了一些兵力，驻扎在各处村堡里，这有利于解决流民军的粮食供应问题，但分散兵力也潜藏着很大的风险，一旦晋军重兵来攻，李特就危险了。李特的儿子李雄致书劝谏，李特的弟弟李流也劝说提醒，不要分散猛锐，以免给敌人可乘之机。李特认为大事已定，但当安民，不听他们的劝告。这说明李特接连打了几次胜仗后已渐生骄怠之心，对敌人即将反扑与形势的严峻性估计不足，显示了他的麻痹大意。

罗尚龟缩在成都大城内，继续固守，他一边派人向李特求和，一边向朝廷告急请求派遣援兵。晋廷得知益州危在旦夕，立即从荆州等地调集了数万人，入蜀进剿流民军。罗尚有了援兵，信心大增，他先派人诈降李特，摸清了李特兵力空虚的底细，又派人暗中联络各村堡协助官府对付李特。做了这些准备之后，罗尚出动了优势兵力，出其不意地向李特营寨发动袭击。李特率众与之鏖战两日，因兵力薄弱而败退到了新繁，又遭遇了罗尚大军的围攻，李特寡不敌众，与李辅、李远都在激烈的厮杀中阵亡了。罗尚将李特等人焚尸，并将其首级送至洛阳向朝廷献功。流民军在这次战役中，遭受了重大挫折，占据的德阳等地也被荆州入蜀增援的晋军前锋攻破，余部在李流与李荡、李雄叔侄三人率领下，退到了原先的赤祖根据地，分别驻守于东营与北营。李流是李特之弟，继立为大将军、大都督、益州牧，率领流民军继续坚持战斗，准备迎战晋军的围剿。

罗尚这时调遣成都的晋军进逼赤祖，分几路进攻北营。李流与李荡、李雄率领流民军奋勇反击，打败了晋军的这次进攻，乘胜追击至成都。罗尚吃了败仗，慌忙闭门自守。李荡很勇猛，在追击逃敌时匹马当先，不幸被长矛刺中，伤重而死。常璩记叙此战，说李荡是被叛变的氐叟用长矛刺死的，李雄等人为安抚军心秘不发丧。此时荆州来的晋军主力数万人已经步步紧逼，李特、李荡父子相继战死，形势对流民军非常不利。李流产生了恐惧心理，其妹夫李含也动摇了，劝其降敌，李流于是向荆州晋军前锋孙阜表示投降。李雄坚决反对投降，团结了六郡将领们，率领流民军向孙阜发起猛烈袭击，孙阜所部晋军死者甚众，而率领晋军的荆州刺史宗岱也在垫江突然病死了，这支晋军失去主帅，又吃了败仗，随即撤退，返回了荆州。罗尚没有了援兵，孤军作战，困守成都，岌岌可危。

流民军经过反击获胜，扭转了形势，由被动困守转为主动进攻。在李特阵亡后，李流虽然还是流民军的最高首领，但因为有投降之举，自己觉得惭愧，于是交出了指挥权，推举李雄担任了流民军的大首领。李雄率军占领了郫城，以此为据点，徐图发展。到了九月，李流因病而死。李雄众望所归，于是称大将军、大都督、益州牧，成了流民军名副其实的最高统帅。这个时候，因为长期战乱，蜀民四散逃亡，田地荒芜，野无烟火，流民军最匮乏的就是军粮了。据《晋书》卷一百二十一记载，当时李雄的军队筹集不到粮食，"饥甚，乃率众就谷于郪，掘野芋而食之"。①但这仍解决不了缺粮的严重问题，怎么办呢？关键时刻，终于出现了帮助李雄的人。据常璩《华阳国志》卷八记述，当时三蜀居民大都逃亡了，"唯涪陵民千余家在江西，依青城山处士范贤自守"。②有一位涪陵人徐舆，原来是官府的人，因得不到重用，怨恨罗尚，随即投降了李雄，被李雄任命为安西将军。徐舆于是去青城山见范长生，说服范长生给予军粮支持李雄。徐舆和范长生是故交，都是由涪陵迁徙到蜀地的，加之流民军中賨人居多，大都信奉道教，所以范长生很爽快地同意资助李雄。流民军获得支持，解决了军粮问题，军心大振。

罗尚为了扭转局面，以攻为守，几次派兵进攻郫城。李雄将计就计，派人诈降，对罗尚说流民军饥饿乏食，李雄与李骧互相埋怨，此时若派兵来攻，自己愿意做内应。罗尚信以为真，派兵袭击郫城，被李雄伏兵击破。李雄率流民军于当夜假扮官军骗开城门，攻占了成都少城。罗尚发觉中计，慌忙退保大城。川西地区此时都被流民军控制，罗尚困守孤城，只能靠犍为郡向城内运送军粮。李雄率军围攻成都大城，由李骧率军攻克犍为，断了罗尚粮道，把罗尚彻底逼入了绝

---

① 见[唐]房玄龄等撰《晋书》第10册第3035—3036页，中华书局点校本，1974年11月第1版。
② 见[晋]常璩撰，刘琳校注《华阳国志校注》第639页，巴蜀书社1984年7月第1版。

境。罗尚困守到十二月的时候，军粮已尽，弃城而逃，李雄终于占领了成都。罗尚逃到了江阳郡，继续与流民军为敌，后来在巴郡病死了。

李雄大获全胜，控制了蜀地局势，在流民军中威望很高，跟随他的将领们都希望他称王称帝，建立政权，共享富贵。李雄比较明智，认为此时虽然拥兵统将，驱除了蜀地的晋朝官吏与晋军，但毕竟是外来流民军，是否能获得蜀地广大民众的拥戴尚未可知，所以他想请青城山道长范长生出山，来做君主。范长生因为道教的广泛传播，深受蜀民尊崇，又倾力支持过李雄，所以李雄也是诚心推崇范长生，派人邀请范长生来坐君主之位。范长生很睿智，是得道高人，当然不会答应，也不愿贪图虚位而滋生不测。在诸位将领的再三请求下，李雄于晋惠帝永兴元年（304年）在成都称王。《晋书》卷一百二十一记载了这段史实："雄以西山范长生岩居穴处，求道养志，欲迎立为君而臣之。长生固辞。雄乃深自挹损，不敢称制……诸将固请雄即尊位，以永兴元年僭称成都王。"李雄称王后，以建兴作为年号，与民约法七章，任命了一批官员，将李氏家族中的重要人物都授予了显赫职位与称号。然后再次派人礼请范长生出山，李雄在成都隆重迎接。"范长生自西山乘素舆诣成都，雄迎之于门，执版延坐，拜丞相，尊曰范贤。长生劝雄称尊号，雄于是僭即帝位，赦其境内，改年曰太武。追尊父特曰景帝，庙号始祖，母罗氏为太后。加范长生为天地太师，封西山侯，复其部曲不豫军征，租税一入其家"。①

常璩《华阳国志》卷九也记载了李雄即位的过程，说李雄既克成都，"遣信奉迎范贤，欲推戴之，贤不许，更劝雄自立"。李雄遂称成都王，具置百官，"迎范贤为丞相……贤既至，尊为〔四时八节〕天地太师，封西山侯，复其部曲，军征不预，租税皆入贤家。贤名长生，一名延久，又名九重，一曰支，字元，涪陵丹兴人也"。又说"光熙元年，雄称皇帝，改元晏平"。常璩是范长生的弟子，记述范长生的事迹应该比较准确。关于李雄称帝后的年号，则与《晋书》所言不同，《晋书》说是太武，《华阳国志》说是晏平，刘琳《华阳国志校注》本又说是大武。刘琳先生认为："按雄国号大成。《魏书》雄传云：'雄称

---

① 见[唐]房玄龄等撰《晋书》第10册第3036页，中华书局点校本，1974年11月第1版。

帝,号大成,改元晏平。'故《三十国春秋》误云'改年大成',《载记》转写,误为'大武'。"①

关于范长生,《资治通鉴》卷九十说:晋元帝大兴元年四月,"成丞相范长生卒,成主雄以长生子侍中贲为丞相。长生博学,多艺能,年近百岁,蜀人奉之如神"。②《晋书》卷五十八也记述了范长生的事迹:"贤为李雄国师,以左道惑百姓,人多事之。"③这些记述说明,范长生在蜀地民众中威望甚高,李雄以国师待之,表示了由衷的尊崇。范长生对李雄的支持也很大,先是提供军粮,使流民军战胜了罗尚,然后又支持李雄建国称帝,创立了大成国,使蜀地民众过上了相对安定的社会生活。范长生因时度势,担任丞相,辅佐李雄,都是比较明智的做法,在当时有利于结束战乱,也有利于道教的传播和发展,并有利于家族势力的扩大,这应该是范长生的主要出发点。根据文献史料记载可知,范长生擅长天文,懂得术数,又得到大成国皇帝的尊崇,在民间享有很高的威望,百姓将他奉之如神。这时范长生年事已高,所以他引荐了一些后辈,包括他的儿子范贲、他的学生常璩等人,也来为大成国朝廷做事。过了几年,年迈体衰的范长生便病故了,李雄任命范长生的儿子范贲继为丞相。当时的大成国,草创成立,疆域较小,百废待兴,问题很多,但在李雄治下,实行了仁政惠民的做法,又巧妙地利用了道教的影响和支持,倒也局势稳定,显露出了一些安定兴旺的景象。

常璩正是风华正茂的时候,由于恩师范长生的举荐,出仕大成国,进入朝廷,做了史官。常璩由此进入仕途,开始了他继续阅读治学的成长历程,除了记录当时的国家大事与社会史实,他更多的仍是整理史料钻研历史。这些都是他最感兴趣和最喜欢做的事情,随着阅历的增长与学问的积累,他逐渐步入蜀中史家的行列,成为一名出类拔萃的学者和历史学家。

---

① 见[晋]常璩撰,刘琳校注《华阳国志校注》第663页、第664页注9、第665页,巴蜀书社1984年7月第1版。
② 见[宋]司马光编著《资治通鉴》第7册第2857页,中华书局点校本,1956年6月第1版。
③ 见[唐]房玄龄等撰《晋书》第5册第1583页,中华书局点校本,1974年11月第1版。

成汉兴衰

常璩记述了李雄的称帝,也记载了成汉的兴衰。李雄在成都称帝后,建立了大成国,以成都为国都。后来,李寿改国号为"汉",史称"成汉"。李氏率领流民军于蜀地建国立都,经历了很多的曲折。父辈的英勇奋战,为李雄打下了基础,而李雄的善谋并获得范长生的支持,也为他顺利占据蜀地提供了保障。李雄在成都站稳脚跟后,任命了一些官员,在蜀地施政安民,并派出将领,击败了周边的晋军,积极开拓疆土,控制了梁州、益州、宁州的大部分地区。

成汉是"十六国"中最早建立的国家之一,也是秦并巴蜀以来第一个以成都为中心的少数民族割据政权。从当时的历史背景看,西晋时期的"八王之乱",造成了严重的社会动荡,导致了大量流民的迁徙。六郡流民涌入蜀地后,益州官府的乱作为,先是益州刺史赵廞的叛乱与滥杀无辜,然后是益州刺史罗尚对流民军的逼迫与镇压,都激起了流民军的强烈反抗。经过激烈的抗争与较量,流民军在付出了巨大牺牲之后,最终取得了胜利,占据了成都,控制了蜀地,建立了政权。

李雄称帝的时候,北方的匈奴左贤王之子刘渊也乘着西晋内乱,割据了并州地区,在山西离石建立了汉国,自称汉王,设置了文武百官,并在晋怀帝永嘉二年(308年)正式称帝,年号永凤。西晋宗室自相残杀,导致了西晋王朝元气大伤。刘渊派遣儿子刘聪率军几次进攻洛阳,虽然战败而回,但也给晋王朝造成了很大的挫伤。晋王朝风雨飘摇，已经没有足够的力量去扑灭刘渊的反叛，对远在蜀地割据称帝的李雄更是无暇顾及了。成汉偏处西南，易守难攻，在当时的历史形势下，晋王朝鞭长莫及，从而给了李雄一个从容发展的空间。

李氏建立的成汉王朝，是一个割据性质的地方政权。在体制上，成汉政权对西晋的巴蜀行政建制改变不大，保持了原来的行政区划，仅分置了部分州郡。据《晋书·地理志》记述："惠帝之后，李特僭号于蜀，称汉，益州郡县皆没于特。李雄又分汉嘉、蜀二郡立沈黎、汉原二郡。"①成汉新分置的四郡，其中成都仍为蜀郡，汉原郡是由原来的蜀州江原县命名的，李吉甫《元和郡县志·成都府·蜀州》对此就有记载："蜀州，《禹贡》梁州之域。秦灭蜀，为蜀郡。在汉为郡之江原县也。李雄据蜀，分为汉原郡，晋穆帝改为晋原郡。"②这种郡县设置情形，到了晋穆帝永和三年（347年），在桓温率军征蜀、李势归降之后，巴蜀之地重新归入东晋版图，才又恢复了原来的郡县设置，并根据新的情况做了个别调整。

西晋末年的"八王之乱"与随之出现的北方少数民族南下，使得中原地区陷入长期的战乱之中。西晋末的永嘉之乱，更导致了黄河中下游地区残破不堪，随之出现了民众的大流徙，"中原萧条，千里无烟"。蜀地经历了流民战争，经济文化也遭到了很大的破坏。常璩对此如实记述说：由于之前的战乱，蜀民逃难迁徙，蜀地人口锐减，社会经济遭到了较为严重的破坏，陷入了长期衰退的状态。当时"李氏据蜀，兵连战结，三州倾坠"，"嗟乎三州，近为荒裔，桑梓之域，旷为长野"。③可见战乱带来的社会萧条，情形确实是比较严重的。

从客观上看，李氏集团获得了天师道首领范长生的拥戴，李雄称帝，施行惠民政策，使得蜀地的局势趋于稳定。常璩《华阳国志》记载："雄乃虚己受人，宽和政役，远至迩安，年丰谷登……事少役稀，民多富实，乃至闾门不闭，路无

---

① 见[唐]房玄龄等撰《晋书》第2册第440页，中华书局点校本，1974年11月第1版。
② 见[唐]李吉甫撰，贺次君点校《元和郡县图志》下册第775页，中华书局1983年6月第1版。
③ 见[晋]常璩撰，刘琳校注《华阳国志校注》第894页，巴蜀书社1984年7月第1版。

拾遗，狱无滞囚，刑不滥及。"①可知当时巴蜀民众确实过了一段安稳日子。李雄建立的割据政权为蜀地民众带来了几十年的安宁生活，在当时大动乱的历史背景下，实属不易。但李寿、李势做皇帝后，骄奢淫逸，贪婪残暴，使得民众又陷入水深火热之中。

李雄建立大成国，在位三十一年，保持了社会的安宁，《晋书·载记》也评论说："雄于是下宽大之令，降附者皆假复除。虚己爱人，授用皆得其才，益州遂定。"又说："雄性宽厚，简刑约法，甚有名称……由是夷夏安之，威震西土。时海内大乱，而蜀独无事，故归之者相寻。雄乃兴学校，置史官，听览之暇，手不释卷。其赋男丁岁谷三斛，女丁半之，户调绢不过数丈，绵数两。事少役稀，百姓富实，闾门不闭，无相侵盗。"②这说明大成国结束了蜀地的战乱，在当时确实有积极意义。但李雄建立的是流民割据政权，有很大的局限性，无法摆脱争权夺利的束缚，很快就出现了各种矛盾与内部纷争，最严重的就是对王位继承的争夺。《晋书·载记》又说："雄时建国草创，素无法式，诸将恃恩，各争班位。"当时"国用不足，故诸将每进金银珍宝，多有以得官者"。③这也导致了官场风气的不良，李雄虽然善于纳谏，也无法根除这种本质上的弊端。所以李雄在位时的缺陷与问题也是很明显的，《晋书·载记》记述："雄为国无威仪，官无禄秩，班序不别，君子小人服章不殊；行军无号令，用兵无部队，战胜不相让，败不相救，攻城破邑动以房获为先。此其所以失也。"④史家的记述与评论，还是比较客观的。

李雄在确立储君这件事情上也比较独特。他的正妻任氏无子，诸妾为他所生庶子有十五人，但他却追念兄长李荡开创基业之功，要将李荡之子李班立为太子。李雄的这一做法，当时在大成国统治阶层中就引起了较大的争议。王位继承

---

① 见[晋]常璩撰，刘琳校注《华阳国志校注》第668页，巴蜀书社1984年7月第1版。
② 见[唐]房玄龄等撰《晋书》第10册第3038页、第3040页，中华书局点校本，1974年11月第1版。
③ 见[唐]房玄龄等撰《晋书》第10册第3036页、第3040页，中华书局点校本，1974年11月第1版。
④ 见[唐]房玄龄等撰《晋书》第10册第3040页，中华书局点校本，1974年11月第1版。

自古都是大事，不可草率。大臣们都劝他，还是立他亲生儿子比较妥当。李雄说这是父兄打下的基业，"功由先帝，吾兄适统"，王位本来属于兄长的，所以他要让兄长之子李班来继承王位。李班是李荡的第四子，李荡战死，李班从小便跟随在李雄身边由李雄抚养长大。李班好学爱士，待人厚道，所以李雄特别器重他，认为他"姿性仁孝，好学夙成，必为名器"。李雄的叔父李骧也劝李雄，反对立李班为太子，担心这样做会诱发皇族内讧，导致祸乱。但李雄不听劝谏，坚持要将李班立为太子。李雄的初心是希望大成国后继有人长治久安，可是后来的国运发展却背道而驰了。当时大成国的军政大权，被李氏家族中的几位重要人物把持，李班虽然成了储君，却并不掌握实权，而且缺乏平衡各方力量的能力。李班继位之后，便不可避免地发生了激烈的政治动荡。

李雄的叔父李骧是大将军，奉命攻取越嶲、朱提等地，不久因病而死，其子李寿被任为大将军、西夷校尉，率军攻克了南中之地。李雄的儿子李越、李期也都是领兵之将。李越为车骑将军驻广汉，又被任为征东将军镇守江阳郡。李期为建威将军，又被任为安东将军，留驻成都。晋成帝咸和九年（334年），六十一岁的李雄病逝。[1]李班继位，以李寿辅政。大丧期间，李班心情悲恸，将政事都交给李寿及司徒、尚书令等朝臣办理，而对宫中潜伏的危险则置若罔闻，疏于防范。李越从江阳回成都奔丧，与李期相聚一室，兄弟怏怏不乐，觉得李班不是李雄亲生，不应该继承皇位，于是密谋除之。趁着李班夜里在殡宫中哭丧之际，李越与李期联手杀掉了李班。据史料记载，李班在位仅仅四个月，就被害了。李班十六岁被立为太子，遇难时才二十八岁。[2]

李期是李雄的第四子，由李雄正妻任氏养大，《晋书·载记》说李期聪慧好学，又多才艺，所以李越杀了李班之后，就让李期继承了皇位。李期做了大成国

---

[1] 《晋书·载记》说"咸和八年，雄生痈于头，六日死，时年六十一"，而《晋书·成帝纪》与常璩《华阳国志》卷九，以及《资治通鉴》皆言李雄死于咸和九年六月。见[唐]房玄龄等撰《晋书》第10册第3040页、第3051页注9，中华书局点校本，1974年11月第1版。又见[晋]常璩撰，刘琳校注《华阳国志校注》第676页，巴蜀书社1984年7月第1版。

[2] 参见[晋]常璩撰，刘琳校注《华阳国志校注》第678页注5，巴蜀书社1984年7月第1版。《晋书·载记》说李班死时四十七岁，有误。

的新皇帝，任命李越为相国，又封其为建宁王，任命李寿为梁州刺史、东羌校尉、中护军、大都督，封其为汉王，又任命几位兄弟为将军，授予了重要官职，迅速掌控了朝廷大权。而对李班的兄弟们就很残酷了，先杀了李班的仲兄李都，又派兵去杀李班的弟弟李玕。当时李玕为征北将军，驻守涪城，于是弃城而逃，投降了晋朝。在这场血腥的政变中，朝臣们大都顺从了李期，但也有不服气的，李班的舅舅罗演与上官澹就密谋袭杀李期，然后扶立李班之子李幽来坐皇位。可惜密谋被泄露了，李期立即诛杀了罗演、上官澹与参与密谋的人，连李班的其他亲属也不放过，杀了李班的母亲罗氏、李班两位兄长的儿子与妻子。

李期排除异己，滥杀无辜，自以为坐稳了皇位，于是更加肆无忌惮，在朝臣中任人唯亲，国家大事皆由几个宠臣处理，对以前的大臣态度轻慢，使得政刑失错，朝纲大乱。李期对亲兄弟中有才艺的也心生忌惮，设法诛之，他的亲兄弟李霸、李保皆无病暴死，传言就是李期鸩杀的。李期又贪财好色，常将籍没的妇女资财以实后庭。又杀戮进谏的大臣，充分暴露了他的暴虐无道。大成国的政局至此危机四伏，上自王公大臣，下至黎民百姓，都心怀恐惧，忐忑不安。李期胡作非为，不知收敛，又鸩杀了安北将军李攸，并与李越及几位宠臣谋划袭击李寿。李攸是李寿的养弟，李期的暴虐行为激起了李寿的愤怒，李寿开始了反击。

李寿是李特之弟李骧的长子，李骧死后，李寿继任为大将军、大都督，屡立战功，封建宁王，受李雄遗命任辅政大臣。李期政变杀害了李班之后，忌惮李寿的威名，将李寿改封为汉王。李期表面重用李寿，内心却深为畏惧，一直想除掉李寿。李寿对此当然心知肚明，奉命去攻杀李玕时有意将李玕放走了，然后领兵驻扎涪城，时时小心提防。每逢外臣进京朝见皇帝的时候，李寿都以加强边防为由，推辞不去朝觐。因为李寿手握重兵，李期也无可奈何，只能派亲信去慰劳，观察李寿的动静。眼看着李期倒行逆施，肆意妄为，连养弟李攸都被害了，李寿忍无可忍，终于打出了"除君侧"的旗号，率领步骑一万多精锐人马，从涪城出发，向成都发动袭击。李期与李越虽然嚣张，却疏于防备，成都兵力薄弱，有点措手不及。李寿轻而易举就攻克了成都，占领了王宫，将李越与宠臣定罪为怀奸乱政、谋倾社稷、大逆不道，当即处死。李寿又假称奉李雄正妻任氏手令，将李期废为邛都县公，幽禁于冷宫中。李期惯于作威作福，没料到会有如此下场，也是自作自受，顿时万念俱灰，叹道："天下主乃当为小县公，不如死也！"①遂自缢而死。李期在位三年，死的时候才二十五岁，谥曰幽公。《晋书·载记》说，在这场事变中，李雄的诸多亲生儿子，皆为李寿所杀，可见李寿心狠手辣，诛杀李氏亲属也是毫不手软的，而且纵兵掳掠，多所残害，数日乃定。

李寿控制了成都之后，部下解思明、罗恒等人劝李寿称镇西将军、益州牧、成都王，向东晋称藩归顺。而部下任调等人则劝李寿自立称帝。两种建议，究竟哪一种好呢？李寿犹豫不决。《晋书·载记》说，于是李寿"命筮之"，占者曰："可数年天子。"部下任调恭喜说："一日尚为足，而况数年乎！"解思明说："数年天子，孰与百世诸侯！"李寿听了部下的争论，表态说："朝闻道，夕死可矣。任侯之言，策之上也。"于是拍板决定，坐上了皇位。②李寿曾被封为汉王，自立称帝后，随即改元为汉兴。后来的历史学家们，因此将李氏王朝称为成汉政权。

李寿称帝执政，同样任用亲信，将几位信得过的部下授予了重要职位，作为他的股肱爪牙。而对前朝的旧臣及六郡人士，皆排斥或冷落，又将李雄诸子赶尽杀绝以绝人望，并改立宗庙，这些举动都不得人心，并激化了李氏统治阶层的内部矛盾。当时广汉太守李乾等人，就谋划推翻李寿。李乾是李奕的从兄，而李奕是李寿的得力部将，是攻取成都时的先锋。李寿对此大为忧惧，让儿子李广与大臣们结盟于前殿，约为兄弟，发誓要忠于朝廷，而将李乾改任为汉嘉太守，有意网开一面，以此来笼络亲信部众。

李寿在位时，与北方的后赵互有往来。李寿曾接到后赵石虎的书信，石虎鼓动他与后赵连横，一起出兵进攻东晋，约分天下。李寿很兴奋，乃大修船舰，严兵缮甲，调集了军士七万多人，组成了舟师，亲自登城检阅。李寿头脑发热，但群臣都反对出兵，认为成汉国小众寡，兵力单薄，而吴会险远，图之不易。几位谋臣也劝谏李寿不要盲目行动，认为胡人建立的后赵乃豺狼之国，一旦东晋亡于

---

① 见[唐]房玄龄等撰《晋书》第10册第3043页，中华书局点校本，1974年11月第1版。
② 参见[唐]房玄龄等撰《晋书》第10册第3044页，中华书局点校本，1974年11月第1版。

后赵，成汉就不得不向胡人称臣，若与之争天下，则强弱势异，毫无胜算。李寿见众臣都反对用兵，最终打消了联合后赵进攻东晋的念头。但李寿与后赵的联系并未减少，他派使者出使后赵，使者回来向他讲述了石虎的奢华宫廷生活与善用酷刑控制邦域。李寿听了颇为羡慕，也仿而效之，开始大兴土木，修建宫室，并滥用刑罚，人有小过，辄杀以立威。李寿又从附近郡县迁徙人口，来充实成都，又引水入城，追求奢侈生活。李寿的这些做法，使得百姓疲于奔命，深受劳役之苦，怨声载道，产生了强烈的不满与反抗之心，"思乱者十室而九矣"。①

李寿身边的几位大臣对此都很担忧，左仆射蔡兴与右仆射李嶷都直言劝谏，皆被李寿以诽谤忤旨而诛杀。不久，李寿患病，一些谋臣又劝他归顺东晋，李寿不听。驻守南中的李演自越嶲上书，劝李寿奉东晋为主，放弃帝号，称王就行了，李寿怒而杀之，借此威慑那些劝谏的谋臣。李寿的病情日益严重，无药可治，在位五年，于晋康帝建元元年（343年）病故，死的时候才四十四岁。

李势是李寿的长子，继位做了成汉的皇帝。李势当时没有孩子，李势的弟弟李广便请求将他立为太弟，李势不同意。谋臣马当、解思明等人认为李势兄弟不多，将来若有废立，就孤单危险了，都力劝他答应李广的请求。李势怀疑他们合谋，有串通了准备搞政变夺权的嫌疑，于是派大将军李奕袭击了驻扎在涪城的李广，将李广贬为临邛侯，李广忧惧自杀。李势又派人抓捕了马当、解思明，将这两位谋臣斩首，并夷其三族。解思明被砍头之前叹道："国之不亡，以我数人在也，今其殆矣！"②在成汉国李寿、李势两朝的谋臣中，解思明比较有智略，敢于谏诤，马当也素得人心，两人被杀产生了很不好的影响，朝野士民无不哀之，《晋书·载记》说："自此之后，无复纪纲及谏诤者。"③当时的情形，不仅人心离散，更严重的是又发生了内讧。李奕举兵反叛，带了数万人攻打成都，李势调集守军，登城迎战。李奕匹马当先，发起冲击，被守城将士射杀，其部众随即

---

① 参见[唐]房玄龄等撰《晋书》第10册第3046页，中华书局点校本，1974年11月第1版。
② 见[晋]常璩撰，刘琳校注《华阳国志校注》第693页，巴蜀书社1984年7月第1版。
③ 见[唐]房玄龄等撰《晋书》第10册第3047页，中华书局点校本，1974年11月第1版。

就溃散了。李势于是改年嘉宁，大赦境内。李势是一位没有什么建树却喜欢胡作非为的成汉末代皇帝，《晋书·载记》说他"既骄吝，而性爱财色，常杀人而取其妻，荒淫不恤国事。夷獠叛乱，军守离缺，境宇日蹙。加之荒俭，性多忌害，诛残大臣，刑狱滥加，人怀危惧"。①

李势的乖张行为，加速了成汉王朝的衰落，也给东晋攻取成都提供了机会。晋穆帝永和三年（347年），桓温率军西征，势如破竹，击败了成汉的抵挡。李势向桓温投降，归顺东晋，在位五年，就成了亡国之君。之后被晋军迁至建康，做了归义侯。

以上所述，就是成汉王朝几十年的兴衰过程。常璩是成汉整个兴衰过程的亲历者，也是成汉历史的观察者与记录者。

常璩在李雄立都称帝之后，就做了大成国的史官，走上了仕途。李雄尊崇范长生，对范长生的儿子与弟子都是优礼相待的，所以常璩做官以后在家族中的地位有了明显的提升，从交州与湖湘等地辗转返回故里的常氏族人，也都来依靠他。但史官毕竟不是重要职位，平时就是整理图书典籍、翻阅史料而已，常璩一直待在这个闲职上，很难参与军政大事。长期坐冷板凳其实也是有好处的。首先是有了比较充裕的时间可以阅读前人著述和撰写书稿，这使常璩得以在此期间写了很多东西。其次是避免介入复杂的皇室矛盾，可以明哲保身。在成汉王朝多次同室操戈，发生血腥残酷的内讧与政变的过程中，常璩都得以安然无恙，便是沾了坐冷板凳的光。到李寿攻占成都坐了皇位之后，常璩在著述方面已经小有名气了，在与北方后赵的交往中，李寿曾将常璩撰写的著述缮抄本作为礼品赠送给后赵，获得了中原学者的称赞和重视。李势继位后，常璩被任命为散骑常侍，地位有所提升，但也只是建言献策而已，而且时间也不长，短短几年成汉就亡国了。

在桓温征蜀、李势兵败出逃之际，身为散骑常侍的常璩和中书监王嘏都劝李势归降东晋，这是常璩亲笔记录在《华阳国志》卷九中的一件重要事情，也是常璩在最后关键时刻最重要的一次献策了。劝君归降，还是有风险的，李寿与李势父子都曾诛杀过劝谏的大臣，常璩此时敢于劝李势归降东晋，不仅显示了他的胆

---

① 见[唐]房玄龄等撰《晋书》第10册第3047页，中华书局点校本，1974年11月第1版。

识与勇气，也说明了他对形势有着清醒而准确的判断。李势最终采纳了常璩和王嘏的劝降，归顺了东晋，这是大势所趋，也是比较好的结局了。

　　常璩亲身经历了成汉李氏王朝从兴起到败亡的全部过程，自然有很多深切的感受，他在总结这段历史时却非常冷静，他说："李氏自起事至亡，六世，四十七年，正僭号四十（三）〔二〕年。"① 自西晋惠帝永宁元年（301年）李特起事，至东晋穆帝永和三年（347年），前后四十七年。自晋惠帝光熙元年（306年）李雄称帝至李氏亡，共四十二年。常璩如此客观的记述，这是真正的史家之笔。

---

　　① 见[晋]常璩撰，刘琳校注《华阳国志校注》第696页，巴蜀书社1984年7月第1版。

第五章 乡贤立传

蜀中文化灿烂,人才众多。

常璩为乡贤们立传,对其赞扬有加,

真实地表达了他发自内心的敬佩与推崇。

地方名人不仅增添自豪,更有很好的传承效应,

常璩弘扬民本思想,重视贤能,反腐倡廉,值得称道。

崇敬先贤

常璩撰写《华阳国志》有一个很重要的内容,就是为乡贤立传。常璩认为,巴蜀地区历史悠久,人才辈出,大禹、彭祖就是夏商时期和蜀地关系密切的杰出人物。汉兴以来,迄乎魏、晋,更是涌现了很多杰出人物,理所当然要记述他们的事迹,特别是"忠臣孝子,烈士贤女,高勋足以振玄风,贞淑可以方蘋蘩者,奕世载美。是以四方述作,来世志士莫不仰高轨以咨咏,宪洪猷而仪则,擅名八区,为世师表矣"。① 由此可知,常璩重视乡贤,是为了弘扬优良风气,自有其深远意义。

常璩写先贤士女,首先写了蜀郡的严君平。严遵,字君平,是汉代成都的一位高士,隐逸于繁华闹市之中,以卜筮为业、授书为乐,是一位很了不起的奇人。《汉书》卷七十二说"蜀有严君平",汉成帝时"君平卜筮于成都市,以为'卜筮者贱业,而可以惠众人。有邪恶非正之问,则依蓍龟为言利害。与人子言依于孝,与人弟言依于顺,与人臣言依于忠,各因势导之以善,从吾言者,已过半矣'。裁日阅数人,得百钱足自养,则闭肆下帘而授《老子》。博览亡不通,依老子、严周之指著书十余万言。扬雄少时从游学,以而仕京师显名,数为朝廷在位贤者称君平德"。又说"君平年九十余,遂以其业终,蜀人爱敬,至

---

① 见[晋]常璩撰,刘琳校注《华阳国志校注》第699页,巴蜀书社1984年7月第1版。

今称焉"。又称赞"（严君平）未尝仕，然其风声足以激贪厉俗，近古之逸民也"。①曹学佺《蜀中广记》说："严遵字君平，绵竹人。性至孝，澹泊寡欲，明经博古，尤精于《易》，文章弘赡，以著述为事，不就征辟……隐于成都卜肆……日阅得百钱，足具朝暮铺，即垂帘，焚香静坐，注《老子》《周易》，以此为常。"②

常璩《华阳国志》卷十对严君平的事迹也做了简洁的记述。称"严平恬泊，皓然沈冥"，将其放在《先贤士女总赞·蜀郡士女》的头条，说"严遵，字君平，成都人也。雅性澹泊，学业加妙，专精大《易》，耽于《老》《庄》。常卜筮于市，假蓍龟以教。与人子卜，教以孝；与人弟卜，教以悌；与人臣卜，教以忠。于是风移俗易，上下兹和。日阅〔数〕人，得百钱，则闭肆下帘，授《老》《庄》。著《指归》，为道书之宗"。常璩在《益梁宁三州先汉以来士女目录》中也将严君平放在头条，称赞道"高尚：逸民严遵，字君平。成都人也"。③常璩的记述，与《汉书》的记载大致相同，但更清晰，评价也更高，充分表达了常璩对严君平的敬重与推崇。

据任乃强先生研究，严君平本来姓庄，扬雄《法言·问明篇》中称"蜀庄沉冥"就说得很清楚。因为"汉明帝名庄，班固著书于其世，避讳甚谨，凡书中庄字皆作严"，所以就将庄君平改称为严君平了。任乃强先生认为，"是《法言》所称，乃其本姓，《汉书》作严，为避讳改字之证。《华阳国志》与《益部耆旧》皆当从其本姓作庄。后人传抄乃改依《汉书》作严"。从流传至今的版本来看，唐代初期的钞本《华阳国志》已经将庄遵改为严君平了。正是由于《汉书》的影响，后来大家也就习以为常，"故今人皆言'严君平'，莫能知其实姓矣"。④严君平的称呼也就一直延续至今。

---

① 见[东汉]班固撰《汉书》第10册第3056页、第3057页、第3058页，中华书局点校本，1962年6月第1版。
② 见[明]曹学佺撰，杨世文校点《蜀中广记》上册第406页，上海古籍出版社2021年3月第1版。
③ 参见[晋]常璩撰，刘琳校注《华阳国志校注》第701—702页、第913页，巴蜀书社1984年7月第1版。
④ 参见[晋]常璩撰，任乃强校注《华阳国志校补图注》第540页注1，上海古籍出版社1987年10月第1版。

严君平是一位奇人，故而有许多颇具传奇色彩的故事流传于世。如晋代张华《博物志》卷十记述，传说天河与大海相通，每年八月都有浮槎去来，有人好奇，带着干粮乘槎而去，漂入了天河。他来到一个地方，遥望一女子在宫中织锦，看见一丈夫牵牛在河畔饮水。"牵牛人乃惊问曰：'何由至此？'此人具说来意，并问此是何处，答曰：'君还至蜀郡访严君平则知之。'竟不上岸，因还如期"。此人乘槎又从天河漂回了海边，后专程到蜀郡向通晓天文的严君平请教，才知道自己看见的是牛郎织女。①《艺文类聚》卷八、卷九十四亦引用了《博物志》记载的这个故事。②这个传说令人好奇，传播颇广，后来被附会成了博望侯张骞的故事。《蜀中广记》就有记述，说西汉时张骞出使大夏，历经艰辛，走到河的尽头，回成都时载回一块大石头，送给严君平看，严君平说这是天上织女的支机石啊。《蜀中名胜记》引《道教灵验记》说成都有"支机石，即海客携来，自天河所得，织女令问严君平者也"。③成都有支机石街（今支矶石街）与君平街，传说就与严君平有关。这个传说故事很有趣，一直为人津津乐道。

支机石传说是天上织女用以支撑织布机的石头
（现藏于成都市文化公园）

---

① 参见[晋]张华撰，范宁校证《博物志校证》第111页，中华书局1980年1月第1版。
② 参见[唐]欧阳询撰，汪绍楹校《艺文类聚》第1册第150—151页，第4册第1627页，上海古籍出版社1982年1月新1版。
③ 参见[明]曹学佺撰，杨世文校点《蜀中广记》上册第406页、第17页，上海古籍出版社2021年3月第1版。

皇甫谧《高士传》则记述了另一个故事，说严君平隐居不仕，常卖卜于成都市，日得百钱以自给。卜讫，则闭下，以著书为事。扬雄少年时常和严君平往来，跟随严君平游学，经常向人称赞严君平，使得很多人都慕名想和严君平交往。"扬雄少从之游，屡称其德。李强为益州牧，喜曰：'吾得君平为从事，足矣。'雄曰：'君可备礼与相见，其人不可屈也。'"连权臣王凤都想与严君平交往，但被严君平拒绝了。因为严君平的名气太大了，想结交和巴结他的人很多，不仅有官吏，还有富商。当时有个叫罗冲的富人，要送严君平车马与钱财。严君平说："我以卜为业，赚的钱犹余数百，尘埃厚寸，不知所用；而你昼夜汲汲，未尝有足。是我有余而你不足，你凭什么赠我钱财！"一席话说得罗冲大惭。①可见严君平的精神境界，确实与俗人不同，他安贫乐道，非常超脱。

严君平除了在成都卖卜，据传说在郫县、彭州、邛崃、广汉、绵竹等地也待过，后归隐授徒于郫县平乐山，对黄老之学与《易经》有精深的研究，撰写了《老子注》二卷、《老子指归》十四卷与《易经骨髓》等著述。班固《汉书》和常璩《华阳国志》都记载，严君平活了九十多岁，在汉代属于真正的高寿了。严君平寿终去世后，安葬于导江县的某处，后人撰修的地方志对此有不同说法。譬如《元和郡县图志》卷三十一说导江县（本汉郫县地，属成都）"严君平墓，在县西南十里"②，《大明一统志》卷六十七说"严君平墓，在崇宁县西南一十里"。③后来有些地方还修建了"严君平故里"之类的牌坊与石刻，以表达对严君平的崇敬与纪念。

蜀中大儒扬雄与严君平有师生之谊，扬雄的博学与少时师从严君平显然有着很大的关系。扬雄成名后依然对严君平十分敬仰和推崇，《汉书》就记载有"扬雄少时从游学，以而仕京师显名，数为朝廷在位贤者称君平德"。④《华阳国

---

① 参见[晋]常璩撰，任乃强校注《华阳国志校补图注》第540页注1，上海古籍出版社1987年10月第1版。
② 见[唐]李吉甫撰，贺次君点校《元和郡县图志》下册第774页，中华书局1983年6月第1版。
③ 见[明]李贤等撰《大明一统志》下册第1043页，三秦出版社1990年2月第1版。
④ 见[东汉]班固撰《汉书》第10册第3056页，中华书局点校本，1962年6月第1版。

志》也有"扬雄少师之,称其德"的记载。①严君平去世后,扬雄《法言·问明篇》中说历史上有洗耳逃世的许由与不食周粟的伯夷,严君平隐于市而不避世,故不慕许由,不学伯夷。扬雄将严君平比喻为古时最著名的随侯珠与和氏璧,称严君平为"蜀庄之才之珍也,不作苟见,不治苟得,久幽而不改其操,虽隋和何以加诸"②,给予了很高的评价。后人对严君平也都评价甚高,视其为蜀中隐居的大儒。迄今四川都还有一些与严君平有关的地名和古迹,表达了后世对这位汉代高士的敬仰。

汉代蜀中的著名人物,司马相如是在严君平之前就已享有盛名的一位大才子,以文章辞赋而闻名天下,被后人誉为汉代赋圣。《史记》与《汉书》都以列传的形式,记载了司马相如的生平。常璩《华阳国志》则从地方志的角度,对司马相如的事迹做了简洁而传神的记述。《华阳国志》卷十称:"长卿彬彬,文为世矩。司马相如,字长卿,成都人也。游京师,善属文,著《子虚赋》而不自名。武帝见而善之,曰:'吾独不得与此人同世。'杨得意对曰:'臣邑子司马相如所作也。'召见相如。相如又作《上林赋》,帝悦,以为郎。又上《大人赋》以风谏;制《封禅书》,为汉辞宗。官至中郎将。世之作辞赋者自扬雄之徒咸则之。"卷三还提到了成都"城北十里有升仙桥,有送客观。司马相如初入长安,题(市)〔其〕门曰'不乘赤车驷马,不过汝下'也"。又说"武帝初欲开南中,令蜀通僰、青衣道",因为"费功无成,百姓愁怨,司马相如讽谕之"。③这些记述虽然简略,却抓住了亮点,可以同史书相互参照。特别是对司马相如的评价,也十分中肯而精辟。

司马相如有很多故事,譬如他与卓文君的爱情故事在历史上就脍炙人口。据《史记》等记载,司马相如在景帝时曾游宦京师,后回到成都,和临邛令王吉往来,在与当地富商卓王孙、程郑等人的应酬中,同卓文君以琴相恋,互

---

① 见[晋]常璩撰,刘琳校注《华阳国志校注》第702页,巴蜀书社1984年7月第1版。
② 见《百子全书》上册第223页,浙江古籍出版社1998年8月第1版。
③ 见[晋]常璩撰,刘琳校注《华阳国志校注》第712页、第227页、第271页,巴蜀书社1984年7月第1版。

四川邛崃的文君井，相传卓文君夜奔司马相如的爱情故事就发生在这里

通爱慕之心，于是文君跟随相如回到成都，两人勇敢地生活在了一起。由于家贫，文君曾当垆卖酒，相如亦与保佣杂作，涤器于市中。卓王孙对女儿私奔相如曾大为恼怒，后经亲友们劝导，才资助钱财，使文君和相如过上了稍好的生活。后来，司马相如因才情横溢的辞赋得到了汉武帝的欣赏和重用，汉武帝拜其为中郎将，建节出使巴蜀西南夷，"至蜀，蜀太守以下郊迎，县令负弩矢先驱，蜀人以为宠。于是卓王孙、临邛诸公皆因门下献牛酒以交欢"。①常璩对司马相如和卓文君的爱情故事也很熟悉，《华阳国志》卷三说"王孙女文君能鼓琴。时有司马长卿者，临邛令王吉与之游王孙家，文君因奔长卿"。②因为史书记载已详，所以常璩只做了真实而简洁的记录。

据其他文献记载，司马相如在步入仕途之前，曾在文翁创办的石室中教过书，如《蜀中名胜记》卷一引《寰宇记》就说"石室，司马相如教授于此，从者数千人"。③由此可知，司马相如也是一位对蜀地的文化教育做出了重要贡献的

---

① 见[汉]司马迁撰《史记》第9册第3047页，中华书局点校本，1959年9月第1版。
② 见[晋]常璩撰，刘琳校注《华阳国志校注》第245页，巴蜀书社1984年7月第1版。
③ 见[明]曹学佺著《蜀中名胜记》第7页，重庆出版社1984年10月第1版。

杰出人物。司马相如才华超群,影响最大的仍是他的文章辞赋。后人曾高度评价司马相如的文学才华,如班固称之为"弘丽温雅",王世贞称其为"赋之圣者"。韩愈《答刘正夫书》说:"汉朝人莫不能为文,独司马相如、太史公、刘向、扬雄为之最。然则用功深者,其收名也远。"①鲁迅《汉文学史纲要》中说"武帝时文人,赋莫若司马相如,文莫若司马迁",称司马相如的辞赋"不师故辙,自摅妙才,广博闳丽,卓绝汉代"。②

司马相如不仅文才出众,擅长辞赋,在治理开发西南地区的过程中也显示了非凡的才能,取得了很大的成功。汉武帝曾拜司马相如为中郎将,建节出使巴蜀和西南少数民族地区。出使期间,司马相如安定了西南少数民族地区的局势,开通了灵山道,在孙水上建桥以通邛、笮,扩大了边关,加强了对少数民族地区的治理,"略定西南夷,邛、笮、冉、駹、斯榆之君皆请为臣妾,除边关,〔边关〕益斥,西至沫、若水,南至牂牁为徼,通灵山道,桥孙水,以通邛、笮。还报,天子大说"。③这是司马相如一生之中很重要的一段经历,在此期间他有很多重要的建树。司马相如在此期间撰写的《喻巴蜀檄》《难蜀父老》二文,也是才情并茂,展现了很高的水平。

司马相如的文章辞赋,对蜀地后来人才的大量涌现,影响极大,使"好文学,重辞章"成了蜀地一个悠久的传统。扬雄便继承了这一传统,写出了许多辞赋和重要著述。正如《汉书·地理志》所说:"及司马相如游宦京师诸侯,以文辞显于世,乡党慕循其迹。后有王褒、严遵、扬雄之徒,文章冠天下。繇文翁倡其教,相如为之师。"④后来唐代的李白,宋代的"三苏",更是将这一传统发扬到了极致。近代则有郭沫若、李劼人、巴金、艾芜等文学大家,展现了四川文学的绚丽多彩。

---

① 见[清]董诰等编《全唐文》第3册第2480页,上海古籍出版社1990年12月第1版。
② 见鲁迅著《鲁迅全集》第9卷第416页、第418页,人民文学出版社1981年第1版。
③ 见[东汉]班固撰《汉书》第8册第2581页,中华书局点校本,1962年6月第1版。又参见[汉]司马迁撰《史记》第9册第3047页,中华书局点校本,1959年9月第1版。
④ 见[东汉]班固撰《汉书》第6册第1645页,中华书局点校本,1962年6月第1版。

扬雄是继司马相如之后，汉代成都又一位"文章冠天下"的大文豪。常璩《华阳国志》卷三就有"风雅英伟之士命世挺生"，"故司马相如耀文上京，扬子云齐圣广渊……斯盖华、岷之灵标，江、汉之精华也"的赞誉。①

据《汉书·扬雄传》记载，扬雄字子云，蜀郡成都人，少而好学，博览无所不见。他同司马相如一样，也有自幼口吃的毛病，不善言语，却特别喜欢读书和思考。因"司马相如，作赋甚弘丽温雅，雄心壮之，每作赋，常拟之以为式"②，又喜读屈原的《离骚》，激发了他的文思，因而撰写了大量的辞赋文章。汉成帝时，四十余岁的扬雄来到长安，因文章才华出众得到了皇帝的召用，成了朝中的一名待诏之士。他相继撰写了《甘泉赋》《河东赋》《校猎赋》《长杨赋》等文采飞扬的辞赋，通过对汉成帝功业的歌颂，委婉地表达了讽谏之意。不久，扬雄就发现，辞赋这种辞藻华丽的"宫廷艺术"，常使观者得浮华而不省真意，实际上并无劝谏的效果。于是他决定不再作赋，转而研究经世之学。扬雄从此潜心学术，发愤著书，先后撰写了《法言》《太玄》《训纂》《州箴》《方言》等著作。《法言》是仿《论语》而写的政论性著作，《太玄》则是一部哲学著作，融儒道为一体，对天、地、人三位一体的宇宙做出了他的理解和解释。《太玄》虽仿《周易》，但二者思维方式不同。《周易》的世界图式是采用阴阳二分法展开的，《太玄》则是采用天、地、人三才三分法来叙述天下九州大一统的思想，对事物的对立和统一以及事物的多元复杂性都做了很好的解释，书中特别强调了多元一体的思维模式，堪称是最早主张和谐文化的代表之作。

据《汉书·艺文志》记载，扬雄有"《苍颉训纂》一篇"，"所序三十八篇。《太玄》十九，《法言》十三，《乐》四，《箴》二"，"赋十二篇"。③扬雄在世时，学识渊博，才华盖世，却因其为人低调，潜心治学，不善交际，而颇为寂寞。正如班固《汉书·扬雄传》中所说：扬雄"用心于内，不求于外，于

---

① 见[晋]常璩撰，刘琳校注《华阳国志校注》第221页，巴蜀书社1984年7月第1版。
② 见[东汉]班固撰《汉书》第11册第3515页，中华书局点校本，1962年6月第1版。
③ 见[东汉]班固撰《汉书》第6册第1720页、第1727页、第1749页，中华书局点校本，1962年6月第1版。

时人皆忽之；唯刘歆及范逡敬焉，而桓谭以为绝伦"。①其后，扬雄的《法言》《太玄》等书果然广为流传，为世人所称道。

常璩《华阳国志》卷十对扬雄的生平事迹也做了记述，称"子云玄达，焕乎弘圣"，说扬雄"少贫好道"，"好学，不为章句"，因"慕司马相如绮丽之文，多作词赋"。后来"以经莫大于《易》，故则而作《太玄》；传莫大于《论语》，故作《法言》；史莫善于《苍颉》，故作《训纂》；箴谏莫美于《虞箴》，故作《州箴》；赋莫弘于《离骚》，故反屈原而广之；典莫正于《尔雅》，故作《方言》"。又说扬雄官运不佳，经历了三个皇帝而不得升迁，七十一岁时病逝于长安。扬雄的儿子扬乌，聪慧过人，被称为神童，可惜九岁就夭折了。②《太平御览》卷三八五引《刘向别传》说："扬信，字子乌，雄第二子，幼而明慧。雄算《玄经》不会，子乌令作九数而得之。雄又疑《易》羝羊触藩，弥日不就。子乌曰：'大人何不云荷戟入榛。'"③常璩在《益梁宁三州先汉以来士女目录》中也提到了扬雄的儿子："文学：神童扬乌。雄子也，七岁预父《玄》文，九岁卒。"④常璩的这些记述虽然简略，却补充了史书记载的不足，为了解和研究扬雄提供了非常珍贵的资料。

扬雄博学多才，毕生撰写的著述作品数量甚多，除了辞赋和论著，还有奏章、书信、谏、诵、箴等，汉代当时的散文形式他几乎都尝试过。作为西蜀的一位大儒，扬雄的学问融通多种学科，他身上充分体现了巴蜀文化丰富多彩的包容特点。当时的桓谭著《新论》，称扬雄为"西道孔子"，认为扬雄"才智开通，

---

① 见[东汉]班固撰《汉书》第11册第3583页，中华书局点校本，1962年6月第1版。
② 参见[晋]常璩撰，刘琳校注《华阳国志校注》第704—705页，巴蜀书社1984年7月第1版。
③ 见[宋]李昉等撰《太平御览》第2册第1780页，中华书局影印本，1960年2月第1版。
④ 见[晋]常璩撰，刘琳校注《华阳国志校注》第913页，巴蜀书社1984年7月第1版。

能入圣道，卓绝于众"，其著作"必传于世"。①王充《论衡·超奇篇》说："扬子云作《太玄经》，造于助思，极窅冥之深，非庶几之才，不能成也。孔子作《春秋》，二子作两经，所谓卓尔蹈孔子之迹，鸿茂参贰圣之才者也。"②东汉张衡也非常佩服扬雄的《太玄》，曾对友人说："吾观《太玄》，方知子云妙极道数，乃与《五经》相拟，非徒传记之属，使人难论阴阳之事，汉家得天下二百岁之书也。"认为扬雄的著述"必显一世，常然之符也。汉四百岁，《玄》其兴矣"。③东汉末年刘璋据蜀时，有人提议要为严君平等人立祠，蜀中名士秦宓对此深表赞同，并认为"扬子云潜心著述，有补于世，泥蟠不滓，行参圣师，于今海内，谈咏厥辞。邦有斯人，以耀四远"，当然也是要"宜立祠堂，速定其铭"的。④这些议论，都表达了对扬雄的敬佩，也说明了扬雄著作产生的影响之大。常璩对扬雄的评价也很高，说"自刘向父子、桓谭等深敬服之"，"后世大

四川成都郫都区的扬雄墓

四川成都郫都区的扬雄塑像

① 见《全后汉文》卷十四、卷十五，[清]严可均校辑《全上古三代秦汉三国六朝文》第1册第544页、第551页，中华书局影印本，1958年12月第1版。参见[宋]李昉等撰《太平御览》第2册第1991页，第3册第2709页，中华书局影印本，1960年2月第1版。
② 见《百子全书》下册第1003页，浙江古籍出版社1998年8月第1版。
③ 见[南朝·宋]范晔撰《后汉书》第7册第1897页，中华书局点校本，1965年5月第1版。
④ 见[晋]陈寿撰《三国志》第4册第973页，中华书局点校本，1959年12月第1版。

儒张衡、崔子玉、宋仲子、王子雍皆为注解。吴郡陆公纪尤善于《玄》，称雄圣人"。①唐朝很多著名的文豪，也对扬雄表示了极大的敬佩，韩愈就说："汉朝人莫不能为文，独司马相如、太史公、刘向、扬雄为之最。"②四川有许多胜迹，都与扬雄有关，如郫县的扬雄墓，成都、绵阳等地的子云亭，都表达了后世对扬雄的纪念和崇敬。

秦宓是蜀汉时期的一位饱学之士，很有学问，口才也很了不起。常璩用"爰迄刘氏，司农含章。爽朗翠粲，观国之光"来称赞他，并记述了他的重要事迹与影响："秦宓，字子敕，绵竹人也。初，隐遁不应州郡之命，丞相亮领益州牧，选为别驾、中郎将。吴使张温将反命，亮率百官饯之。温与宓语，答问若响应声，辞义雅美。温大敬服，以为蜀之有宓，犹鲁有仲尼也。迁长水校尉、司农。宓甚有通理，弟子谯周具传其业。"③常璩将秦宓比喻为鲁国的孔子，可谓赞扬有加。

常璩在《华阳国志》卷七中详细记述了秦宓与张温的对答。当时东吴与蜀汉经常有使者往来，吴国派遣中郎将张温出使蜀汉，张温即将返回时，诸葛亮召集百官设宴为张温饯行，秦宓迟迟未到，诸葛亮派人催了几次，张温好奇地问："彼何人也？"诸葛亮回答说："益州学士也。"等秦宓来了之后，张温有意刁难，问道："君学乎？"秦宓回答："五尺童子皆学，何况小人！"张温问："天有头乎？"秦宓回答："有啊。"张温逼问："在何方也？"秦宓回答："《诗》云'乃眷西顾'，知其在西。"张温又问："天有耳乎？"秦宓回答："《诗》云'鹤鸣九皋，声闻于天'，若其无耳，何以听之？"张温又问："天有足乎？"秦宓回答："《诗》云'天步艰难，之子不犹'，若其无足，何以步之？"张温又问："天有姓乎？"秦宓说："有啊，姓刘。"张温问："何以

---

① 见[晋]常璩撰，刘琳校注《华阳国志校注》第705页，巴蜀书社1984年7月第1版。

② 见[清]董诰等编《全唐文》第3册第2480页，上海古籍出版社1990年12月第1版。

③ 见[晋]常璩撰，刘琳校注《华阳国志校注》第763页，巴蜀书社1984年7月第1版。

知之？"秦宓说："天子姓刘啊。"秦宓对答如流，使得张温大为敬服。①常璩的记述很生动，可见秦宓确实是饱学之士，引经据典信手拈来，令人叹服。陈寿《三国志·蜀书》也记载了秦宓的很多精彩故事。刘备要出征东吴的时候，秦宓曾竭力劝谏，冒犯了刘备，被下狱幽闭，后来被保释出来。诸葛亮很欣赏秦宓的才学，先任命为别驾，接着升任为左中郎将、长水校尉、大司农。陈寿特别记述，谯周年轻时，曾多次去拜访秦宓，请教学问。陈寿称赞秦宓"文藻壮美，可谓一时之才士矣"。②常璩在《华阳国志》卷十二中也写了秦宓，称赞了秦宓的博学。③常璩多处记述和称赞秦宓，可见秦宓确实很有才华，获得了常璩由衷的敬佩。

谯周是阆中人，是蜀汉时期蜀中著名学者，撰写了《后汉记》《古史考》《蜀本纪》《巴蜀异物志》《益州志》《三巴记》等，还撰写有《天文志》《灾异志》等。《三国志·蜀书》对谯周的生平事迹有记载，说谯周字允南，出身于读书人家。谯周从小喜欢读书，"耽古笃学，家贫未尝问产业，诵读典籍，欣然独笑，以忘寝食。研精六经，尤善书札。颇晓天文"。谯周满肚子学问，但口才不好，而文笔甚佳。蜀中以前的大文豪司马相如与扬雄也是口才不好，却长于著述。谯周生活在蜀汉时期，众人都知道他有学问，丞相诸葛亮召他去见面，谯周因为口吃，引起了大家的嗤笑，据《蜀记》记述："周初见亮，左右皆笑。既出，有司请推笑者，亮曰：'孤尚不能忍，况左右乎！'"诸葛亮并没有因为谯周不善言谈而轻视他，还是很看重谯周的才学，将谯周任命为劝学从事。谯周很感激诸葛亮对他的礼遇，当诸葛亮六出祁山病故于五丈原时，谯周在家中一听到这个消息便立即奔赴吊唁。大将军蒋琬执政时，谯周被任命为典学从事，总管益州的学者。后主刘禅立太子，请谯周做家令，后升迁为光禄大夫。谯周不参与蜀汉军事行政方面的事务，主要是在儒学与著述方面发挥他的特长，但遇到一些重

---

① 参见[晋]常璩撰，刘琳校注《华阳国志校注》第548—549页，巴蜀书社1984年7月第1版。
② 见[晋]陈寿撰《三国志》第4册第977页，中华书局点校本，1959年12月第1版。
③ 参见[晋]常璩撰，刘琳校注《华阳国志校注》第896页，巴蜀书社1984年7月第1版。

大事情，谯周也会上书谏言。邓艾攻入蜀地，后主刘禅召集群臣商议，计无所出，有的建议往南中撤退，有的说去投奔吴国。谯周分析了形势，认为南撤或奔吴都不妥，上疏劝后主降魏。刘禅觉得谯周说得有道理，"于是遂从周策。刘氏无虞，一邦蒙赖，周之谋也"。陈寿是谯周的学生，对谯周的劝降深为赞同。但后人评述，认为刘禅是暗主，谯周是弩臣，谯周劝后主降魏是蒙受了莫大的耻辱。①

常璩对此也做了简略的记述："百姓闻艾入坪，惊迸山野。后主会群臣议，欲南入七郡，或欲奔吴。光禄大夫谯周劝降魏，魏必裂土封后主。后主从之，遣侍中张绍、驸马都尉邓良赍玺绶奉笺诣艾降。北地王谌恚愤，杀妻子而后自杀。"又说："后主举家东迁洛阳。丁亥，封安乐县公，食邑万户……以谯周全国济民，封城阳亭侯（《三国志·蜀书》记载谯周被封为阳城亭侯）。"②值得注意的是，常璩在《华阳国志》中写了秦宓，写了陈寿，前者是谯周的老师，后者是谯周的学生。常璩对秦宓与陈寿的事迹写得比较详细，而对谯周的记述则较为简略，对谯周劝谏后主降魏也未做评议。

陈寿《三国志·蜀书·谯周传》说谯周有三个儿子：谯熙、谯贤、谯同。"少子同颇好周业，亦以忠笃质素为行，举孝廉，除锡令、东宫洗马，召不就"。③但对谯周的孙子，却只字未提。常璩在先贤士女与后贤士女等篇中没有写谯周，但补充记述了谯周的后人，着重写了谯周的孙子："谯登，字慎明，巴西西充国人，谯周孙也。"常璩说谯登的伯父谯熙做过氵内阳令，叔父谯同做过尚书郎，由此可知谯登是谯贤的儿子。谯登年轻时就步入仕途，做过功曹、主簿、别驾，领阴平太守。在李特起义与李雄建立大成国时，谯周的父亲谯贤被李雄部下巴西太守马脱杀害，谯登向东晋请求派兵复仇，东晋任命他为扬烈将军，让他自己招募兵马。谯登于是招募巴蜀流士，得二千人，进攻宕渠，斩杀了马脱，报

---

① 参见[晋]陈寿撰《三国志》第4册第1027—1033页，中华书局点校本，1959年12月第1版。
② 见[晋]常璩撰，刘琳校注《华阳国志校注》第593页、第596页，巴蜀书社1984年7月第1版。
③ 见[晋]陈寿撰《三国志》第4册第1033页，中华书局点校本，1959年12月第1版。

了杀父之仇。谯登又招纳了一些士兵,进占了涪城。李雄派兵进攻谯登,被谯登击破。谯登与东晋平西将军罗尚关系不好,罗尚既不派兵援助谯登,也不供应军需,罗尚病死后,罗尚的部将继续刁难谯登,使得谯登势孤力单,缺少军粮,严重乏食。李雄趁机派李骧进攻谯登。李骧破城之后,俘虏了谯登,将他送到成都去见李雄。谯登言辞慷慨,被李雄杀害。①常璩对此做了实录,具有很重要的史料价值,弥补了陈寿记载的不足。

常璩在《先贤士女总赞》中写了后主时候的蜀汉将领张翼,用"车骑怏怏,与国安危"称赞张翼忠于国事。写了杨洪,用"刘后初载,实多良才。季休忠亮,经事能治"来赞扬他的忠诚能干。②这些记述,都说明了常璩对忠臣孝子的褒扬。

常璩对天文历算也很重视,提到了西汉杰出的天文学家落下闳。史籍中关于落下闳的记载比较少,譬如《史记·历书》中关于汉代的历法,说汉武帝时"招致方士唐都,分其天部;而巴落下闳运算转历,然后日辰之度与夏正同。乃改元,更官号,封泰山"。可知落下闳精通数学运算,为修正历法发挥了重要作用。集解说:"征士巴郡落下闳也。"索隐引用《益部耆旧传》的记载说:"闳字长公,明晓天文,隐于落下,武帝征待诏太史,于地中转浑天,改《颛顼历》作《太初历》,拜侍中不受。"③这些记述也很简略,有点语焉不详。常璩《华阳国志·益梁宁三州先汉以来士女目录》中也只记述了一个大概:"文学:聘士洛下闳,字长公,阆中人也。"④参照其他文献记载,可知落下闳不仅修订历法,还曾发展浑天说,并制造了浑天仪。为什么从《史记》到《益部耆旧传》再到《华阳国志》,对落下闳的记载都非常简略?这可能与落下闳长期隐居、不愿做官有很大的关系。蒙文通先生曾指出:"阆中的洛下闳、任文公,都长于律历

---

① 参见[晋]常璩撰,刘琳校注《华阳国志校注》第883—884页,巴蜀书社1984年7月第1版。
② 参见[晋]常璩撰,刘琳校注《华阳国志校注》第783页、第780页,巴蜀书社1984年7月第1版。
③ 见[汉]司马迁撰《史记》第4册第1260页、第1261页注2,中华书局点校本,1959年9月第1版。
④ 见[晋]常璩撰,刘琳校注《华阳国志校注》第921页,巴蜀书社1984年7月第1版。

灾异。这些学者似乎反映了巴蜀文化的特点……这也是文翁以前巴蜀独传之学。在《华阳国志》著录的杨厚、任安等一派，自西汉末年直到晋代，师承不绝，都是以黄老灾异见长，共有三十余人，这在两汉最为突出。""讨论汉代巴蜀的文化，关于星历灾异许多问题，洛下闳是一个重要人物，因为他是汉代巴蜀研究星历最早而又最精的一个。"认为洛下闳运算转历，"可见他是首屈一指的历数家"，"我国发展到有系统的历法，并成为一种科学，洛下闳有很大的功劳"。①总之，洛下闳是西汉著名的天文学家，他是四川阆中人，他为汉代制定历法做出了重要贡献。2004年9月16日，经国际天文学联合会小天体提名委员会批准，中国科学院国家天文台将其发现的国际永久编号为16757的小行星命名为"落下闳星"，以表达对这位汉代天文学家的纪念。

常璩在《先贤士女总赞》中还写了张骞："张骞，成固人也。为人强（大）〔力〕有谋，能涉远，为武帝开西域五十三国，穷河源，南至绝远之国。拜校尉，从讨匈奴有功，迁卫尉、博望侯。于是广汉缘边之地，通西南之塞，丰绝远之货，令帝无求不得，无思不服。至今方外开通，骞之功也。"常璩用"博望致远，西南来庭"称赞张骞。②

总之，常璩对巴蜀与西南地区先贤士女中的杰出者大都给予了记述和夸奖，特别是对蜀中的著名文人，更是给予了推崇和称赞。他在《华阳国志》卷三中就说："蜀自汉兴至乎哀、平，皇德隆熙，牧守仁明，宣德立教，风雅英伟之士命世挺生……故司马相如耀文上京，扬子云齐圣广渊，严君平经德秉哲，王子渊才高名隽……斯盖华、岷之灵标，江、汉之精华也。"③对这些人可谓赞扬备至。

---

① 见蒙文通著《巴蜀古史论述》第98页、第101页、第103页、第107页，四川人民出版社1981年8月第1版。
② 见[晋]常璩撰，刘琳校注《华阳国志校注》第794页，巴蜀书社1984年7月第1版。
③ 见[晋]常璩撰，刘琳校注《华阳国志校注》第221页，巴蜀书社1984年7月第1版。

彰显后贤

常璩记述地方杰出人物，大致是按年代与声望来排序的。《华阳国志》卷十一《后贤志》写了二十人，其中重点写了陈寿："陈寿，字承祚，巴西安汉人也。少受学于散骑常侍谯周，治《尚书》《三传》，锐精《史》《汉》，聪警敏识，属文富艳。初应州命，卫将军主簿，东观、秘书郎，散骑、黄门侍郎。大同后，察孝廉，为本郡中正。"①

常璩着重记述了陈寿在史学方面的成就："益部自建武后，蜀郡郑伯邑、太尉赵彦信及汉中陈申伯、祝元灵、广汉王文表皆以博学洽闻，作巴、蜀《耆旧传》。寿以为不足经远，乃并巴、汉，撰为《益部耆旧传》十篇。散骑常侍文立表呈其传，武帝善之。再为著作郎。吴平后，寿乃鸠合三国史，著魏、吴、蜀三书六十五篇，号《三国志》。又著《古国志》五十篇，品藻典雅。中书监荀勖、令张华深爱之，以班固、史迁不足方也。出为平阳侯相。华又表令次定诸葛亮故事，集为二十四篇。时寿良亦集，故颇不同。复入为著作。镇南将军杜预表为散骑侍郎，诏曰：'昨适用蜀人寿良具员，且可以为侍御史。'上《官司论》七篇，依据典故，议所因革。又上《释讳》《广国论》。华表令兼中书郎，而寿《魏志》有失勖意，勖不欲其处内，表为长广太守。〔遵〕继母遗令，不附葬，

---

① 见[晋]常璩撰，刘琳校注《华阳国志校注》第849页，巴蜀书社1984年7月第1版。

以是见讥。数岁,除太子中庶子。太子(传从)〔转徙〕后。再兼散骑常侍。惠帝谓司空张华曰:'寿才宜真,不足久兼也。'华表欲登九卿,会受诛,忠贤排摈,寿遂卒洛下。位望不充其才,当时冤之。"①

元康七年（297年），陈寿病逝，享年六十五岁。他去世后，梁州大中正、尚书郎范頵等人上书说："从前汉武帝下诏说：'司马相如病危，可派人去取回他的著作。'使者得到了司马相如遗留的书籍，书中谈到帝王祭拜天地一事，武帝大为惊奇。臣等认为，已故治书侍御史陈寿所著《三国志》，书中多有劝诫之言，阐述前人的是非得失，对今世的教化大有裨益，尽管文辞不及司马相如，但质朴实在，恳请陛下采录其书。"惠帝于是诏令河南尹、洛阳令派人去陈寿家，抄写其书。②

陈寿是魏晋时期的一位著名史学家，脍炙人口的《三国志》是陈寿的代表作。由于陈寿在史学领域的影响，《晋书》卷八十二有《陈寿传》，但写得比较简洁。常璩《华阳国志》卷十一对陈寿生平事迹的记述，更为真实而传神，弥补了《晋书》记载的不足。据《晋书·陈寿传》记载，陈寿为巴西安汉（今四川南充）人，其父做过马谡的参军。陈寿少年时师从同郡的谯周，后来在蜀汉朝中任职，因为反对宦人黄皓弄权，所以屡被谴黜。陈寿虽然缺乏吏才官运不佳，但在儒学与史学方面却有很高的造诣，而且才思敏捷，文笔甚佳。正如常璩所称赞的，陈寿年轻时已展现出"聪警敏识，属文富艳"的特长。蜀汉归晋后，陈寿也迁往洛阳，在晋朝担任过著作郎等职务。常璩说，陈寿一生当的都是小官，"位望不充其才，当时冤之"。其实，历史上很多有作为者，真正的人生价值都不是靠官位来体现的，扬雄就是例子，陈寿也同样以著作传世，官职大小也就不足为憾了。

陈寿一生著述甚多，早年撰有《益部耆旧传》十篇，《隋书·经籍志》就有关于此书的记录。在晋朝任著作郎后，陈寿撰写诸葛亮的故事，定为《诸葛亮

---

① 见[晋]常璩撰，刘琳校注《华阳国志校注》第849—850页，巴蜀书社1984年7月第1版。
② 参见[唐]房玄龄等撰《晋书》第7册第2138页，中华书局点校本，1974年11月第1版。

集》二十四篇。晋朝平定孙吴后，陈寿整理三国史实，撰写了魏、吴、蜀三书六十五篇，称为《三国志》。这是陈寿最具代表性的著作，充分展示了他的史学才华。《晋书·陈寿传》说，《三国志》撰成问世后，"时人称其善叙事，有良史之才"。当时有位叫夏侯湛的人正在撰著《魏书》，看了陈寿所作，"便坏己书而罢"。张华是当时朝中大官，也非常敬重陈寿的史学才华，对陈寿说希望他以后能进一步撰写《晋书》，"其为时所重如此"，由此可见陈寿撰成《三国志》后的重要影响。[①]此外，陈寿还撰有《古国志》五十篇，常璩说"凡寿所述作二百余篇"[②]，可见陈寿所著数量是相当可观的。

因为陈寿熟悉蜀汉历史，所以《三国志》中对诸葛亮等人物写得很真实很准确，但也有人对此提出质疑。如《晋书·陈寿传》说陈寿父亲为马谡参军，"谡为诸葛亮所诛，寿父亦坐被髡，诸葛瞻又轻寿。寿为亮立传，谓亮将略非长，无应敌之才，言瞻惟工书，名过其实。议者以此少之"。[③]《太平御览》卷六〇三也提及此事："陈寿《三国志》有古良史之风，其所著述，文义典正，皆扬于王庭之言微而显，婉而成章，班史以来，无及寿者。循之曰，昔在蜀中闻长老言，寿曾为诸葛门下书佐，得挞百下，故其论武侯云'应变将略，非其所长'。"[④]陈寿是否真的以史泄愤呢？任乃强先生认为：陈寿在《三国志·蜀书》中对诸葛亮备加称道，并没有什么贬辞，因为诸葛亮与司马懿长期为敌，陈寿"作传于晋世，而能敢持其说如此，可谓史德无惭矣"；诸葛亮多次北伐，攻取魏地后旋又放弃，所以陈寿评其将略非长，也是很允当的；《晋书》这段文字不过是"谬采风影之说，以为实然，何其谬矣"。[⑤]任乃强先生的分析是很有道理的，看来陈

---

① 参见[唐]房玄龄等撰《晋书》第7册第2137页，中华书局点校本，1974年11月第1版。
② 见[晋]常璩撰，刘琳校注《华阳国志校注》第850页，巴蜀书社1984年7月第1版。
③ 见[唐]房玄龄等撰《晋书》第7册第2137—2138页，中华书局点校本，1974年11月第1版。
④ 见[宋]李昉等撰《太平御览》第3册第2714页，中华书局影印本，1960年2月第1版。
⑤ 参见[晋]常璩撰，任乃强校注《华阳国志校补图注》第635页注4，上海古籍出版社1987年10月第1版。

寿确实是不应该背这个黑锅的。

值得指出的是，三国归晋之后，陈寿做了晋臣，晋是承魏而有天下的，所以《三国志》尊魏为正统。在《魏书》中为曹操写了本纪，而《蜀书》和《吴书》则只有传，没有纪。记刘备则为《先主传》，记孙权则称《吴主传》。这是编史书为政治服务的一个例子，也是《三国志》的一个特点。陈寿虽然名义上尊魏为正统，实际上却是以魏、蜀、吴三国各自成书，如实地记录了三国鼎立的局势，说明了它们各自为政，互不统属，地位是相同的。陈寿所著《三国志》，与前三史一样，也是私人修史。《三国志》成书之后，就受到了时人的好评。陈寿叙事简略，三书很少重复，记事翔实，在材料的取舍上也十分严慎，为历代史学家所重视。史学界把《史记》《汉书》《后汉书》和《三国志》合称"前四史"，视为纪传体史学名著。

其实当时的有识之士都很看重陈寿，如《北堂书钞》卷六十二记杜预就说"蜀有陈寿，才史通博"。常璩对陈寿的评价也很高，因陈寿在晋朝担任过太子中庶子的官职，常璩称"庶子稽古，迁固并声"，将陈寿同司马迁、班固并列，认为《三国志》和《史记》《汉书》一样都声名远播，显然并非过誉。

常璩记述的后贤人物，很多都是勤奋博览的饱学之士，或是人情练达的为官清廉者。譬如司马胜之，广汉绵竹人，在儒学方面很有造诣。"性澹不事荣利"。步入仕途后，做过广都、新繁令，很有政绩，被征为散骑侍郎，备受礼遇，后称病辞官，被拜为汉嘉太守，他坚决推辞而不赴任。他"闲居清静，谦卑自牧，常言：'世人不务求道德而汲汲于爵禄。若吾者，可少以为有余荣矣。'训化乡闾，以恭敬为先。年六十五卒于家。子尊、贤、佐，皆有令德"。①可知司马胜之不仅清廉自律，家风也非常好，对乡风民俗也有很好的影响。

又譬如何随，蜀郡郫县人，也很有学问，做过安汉令。当时饥荒缺粮，他与随员在行走途中因为饥饿乏食，挖了路旁乡民田中的芋头煮了充饥，他便将绵帛放在田中作为补偿。乡民看到后，拿着绵帛追赶何随，要还给他。何随说："安汉吏取粮，令为之偿。"要乡民务必收下。后来晋朝征召他做官，他推辞不就，

---

① 参见[晋]常璩撰，刘琳校注《华阳国志校注》第842页，巴蜀书社1984年7月第1版。

隐居在家乡，"居贫固俭，衣弊蔬食，昼躬耕耨，夕修讲讽。乡族馈及礼厚皆不纳，目不视色，口不语利。著《谭言》十篇，论道德仁让"。曾经有个屠户牵猪经过何随的家门口，绳索突然断了，猪跑了，屠户四处寻找，指着何随家猪圈中的猪说这就是他跑掉的那头猪。何随不争辩，便将猪给了他。屠户牵猪出门时，看到了刚才跑掉的那头猪，于是向何随道歉，并将猪还给了何随。后来又发生了一件事，有人去何随家的竹园里偷挖竹笋，何随发现后，担心吓着偷笋者，自己躲到了竹丛里，不慎弄伤了手足，等偷笋者离开后，这才慢慢走了回去。这足见其仁义、厚道。何随后来做了江阳太守，七十一岁时在任上去世。他的儿子何观做过南安令、巴郡太守。父子俩都留下了很好的政声。①

又譬如杜轸，蜀郡成都人，少年时师从谯周，在学问上很有造诣。邓艾破蜀，钟会进成都，蜀汉后主刘禅降魏之后，杜轸成为魏臣，担任过一些地方的县令，后升迁为犍为太守。常璩称赞他"所在有治""惠爱在民""既才学兼该，而气量倜傥"，获得了晋武帝的赏识，正准备提拔重用他，可惜他英年早逝，时年五十八岁。杜轸的弟弟杜烈，也做过一些地方的县令，很有声誉，后升迁为衡阳太守。兄长杜轸死后，杜烈上书请求辞去官职，准备将兄长的灵柩归葬家乡。晋武帝表示嘉勉，拜杜烈为犍为太守。杜轸的少弟杜良，也很有才干，做过一些地方的县令，后升迁为涪陵太守、建宁太守。兄弟三人，都官至太守，政绩和声望都很好，所以常璩很是推崇，称赞道："兄弟并兴，州里以为美谭。"②

又譬如王长文，广汉郪人，其父王颙做过犍为太守。王长文很聪明，自幼博览群籍，却不愿做官，假装成傻乎乎的样子，曾穿戴红衣红帽牵着猪去市场出售，又装疯婉拒郡守与刺史的征召。他专心在家孝养母亲，独自讲学，撰有《无名子》十二篇、《通经》四篇、《春秋三传》十三篇、《约礼记》十篇等，皆流行于当时。常璩称赞道："长文才鉴清妙，泛爱广纳，放荡阔达，不以细宜廉介为意，亦不好臧否人物，故时人爱而敬之。"后来因为需要俸禄来孝敬供养母

---

① 参见[晋]常璩撰，刘琳校注《华阳国志校注》第846—847页，巴蜀书社1984年7月第1版。
② 参见[晋]常璩撰，刘琳校注《华阳国志校注》第858—859页，巴蜀书社1984年7月第1版。

亲，所以进入仕途，做了蜀郡太守。他在任上重视教化，将一些被抓的偷盗者都释放了，"寻有赦令，无不感恩，所宥人辍不为恶，曰'不敢负王君'"。在西晋梁王司马肜诛贾氏时，王长文因功封关内侯，又担任了中书郎，拜为蜀郡太守。①

又譬如何攀，蜀郡郫县人，有王佐之才，协助刺史王濬谋划军事，造船伐吴，以功封关内侯，后来任河南尹、扬州刺史、大司农等。②

还有李毅，广汉郪人，也协助王濬伐吴，封关内侯，后来任云南太守、南夷校尉、宁州刺史。当时中原大乱，李雄率流民入蜀引发蜀地战乱，"夷遂大反，破没郡县，攻围州城"。李毅忠于职守，"救援不至，疾病，薨于穷城"。常璩称赞道："毅性通博，居情雅厚，赈恤寒贫，笃于故旧，人咸爱归之。"③

此外，还有一些官员，都是比较杰出的人物，常璩对他们做了简明而传神的记述。

常璩笔下的这些人物，都是经过甄选的很有代表性的蜀中优秀人才，不仅自幼好学、博览群书，而且进入仕途后也很有作为，为人忠贞，爱护民众，孝敬亲人，所以常璩对他们备加称赞，奉为楷模。从地方志的角度来看，常璩记述的这些后贤人物，大都具有突出的才华和事迹，是汉晋时期蜀中诸多人物中的佼佼者，值得推崇。我们由此可知，常璩记录他们的事迹，讲述他们的故事，主要为了弘扬良好的社会风气，确实具有积极的意义与深远的影响。

---

① 参见[晋]常璩撰，刘琳校注《华阳国志校注》第862—863页，巴蜀书社1984年7月第1版。
② 参见[晋]常璩撰，刘琳校注《华阳国志校注》第866—869页，巴蜀书社1984年7月第1版。
③ 参见[晋]常璩撰，刘琳校注《华阳国志校注》第873—874页，巴蜀书社1984年7月第1版。

地方名人

常璩为地方名人立传，记载了汉晋时期巴蜀地区的各类名人，其中有的在为官从政方面很有作为，有的在文化学识方面很有成就，有的以忠孝仁贤而闻名于当时。常璩如实记录了诸多地方名人的事迹，不仅表达了对这些地方先贤的敬重和推崇，也为后人了解和研究巴蜀社会人文历史提供了丰富的文献资料。

常璩撰写人物传记，并不限于人物的身份地位，尤其重视文化名人的品德与影响。《华阳国志》中记载了汉晋时期巴蜀地区的贤士淑女几百人，大都是忠、孝、仁、义、尊师、守节、贤淑、隐逸等典范人物，符合儒家伦理道德规范。可见常璩对入传的人物，自有其标准和条件，并非随意而为。这也说明常璩的选择与记述都是非常严谨的，充分显示了他作为史学家的胸襟气度和独到的眼光。

从这些人物的地域分布，可知汉晋时期巴蜀文化教育的发展状况。当时，巴蜀地区已经形成了重视教育的社会风气，并形成了比较好的家风传承。汉代以来蜀地教育的兴旺，不仅促进了文运的勃兴与社会风气的改良，也对人才的涌现发挥了积极的作用。自从文翁在成都积极倡导兴办学校，之后各州县也都非常重视学校的建立，巴蜀地区逐渐形成了以郡学为主导的学校体系。与此同时，私学与游学也得到了极大的发展，巴蜀地区的一些州县兴起了私人授徒讲学和游学的风气。有些比较有名望的饱学之士，通常都会招收学生。他们的学生，既有本地人，又有从外地来的。汉晋时期的游学之风，在巴蜀地区已成为一种风尚，常璩在《华阳国志》中对此就做了较多的记载。譬如谯周在年轻的时候曾向秦宓请教求学，后来陈寿等人又成了谯周的学生，这些都是众所周知的典型例子。他们薪火相传，都成为蜀地的名人。

据常璩记载，蜀中还有许多传授门徒的老师，都是颇有影响的人物。譬如什邡人杨宣，在天文领域和预测灾异等方面很有学问，"教授弟子以百数"，汉平帝时为讲学大夫，他的一些门生后来都成了大儒。①

又譬如东汉初新都人杨厚，精通术数等学问，汉顺帝时征召他做议郎、侍中，《后汉书》卷三十说他因为朝中"阉宦专政，言不得信"，于是"称病求退。帝许之，赐车马钱帛归家。修黄老，教授门生，上名录者三千余人"。②后来朝廷又多次下诏征召他入朝做官，用古礼聘请他，他都称疾辞而不就，八十二岁病故于家。门人为其立庙，每年春秋时节常祠之，以示纪念。常璩也记述说，杨厚在朝做侍中，上言"皆效验"，很多预测都说准了，由于"大将军梁冀秉权，自退去，授门徒三千人。本初元年及建和中，特征聘，不行。年八十三卒。天子痛惜，诏谥曰文父"。杨厚的一些弟子，"皆征聘辟举，驰名当世"。③

又譬如绵竹人董扶、任安，都师从过杨厚，成为很有学问的人，"家居教授，弟子自远而至"。董扶被公车三征，到京师做过侍中，后还蜀，继续教授弟子。任安也被公车征召，却不愿做官，终身布衣。他们培养的一些弟子"皆名士，至卿佐"。④

常璩还记述了蜀中才俊年轻时候的游学与交往。譬如鄚人镡显、雒人蔡弓，都好学不倦，跟随当时的大儒名师读书，"俱携手共学，冬则侍亲，春行受业"。他们与张霸等人为友，一起求学，后来都官至公卿。镡显做过豫州刺史、

---

① 参见[晋]常璩撰，刘琳校注《华阳国志校注》第739页，巴蜀书社1984年7月第1版。
② 见[南朝·宋]范晔撰《后汉书》第4册第1049页、第1050页，中华书局点校本，1965年5月第1版。
③ 参见[晋]常璩撰，刘琳校注《华阳国志校注》第743页，巴蜀书社1984年7月第1版。
④ 参见[晋]常璩撰，刘琳校注《华阳国志校注》第752页，巴蜀书社1984年7月第1版。

长乐卫尉，蔡弓做过庐江太守、议郎。①又譬如雒人段恭，也自幼好学，到过很多地方拜师求学，"少周流七十余郡，求师受学，经三十年"。这堪称是游学成才的典型例子了。②常璩记述的这些人物故事，真实地反映了汉晋时期蜀中的好学之风。

四川出土的汉代画像砖、画像石中有"讲学图"与"阅读图"。譬如四川博物院收藏的画像砖上就有传经讲学的画面，生动地描绘了当时的儒家学者向弟子们讲学授课的情景。成都西郊曾家包汉墓出土的墓门画像石上，刻画有一位年轻

四川博物院收藏的汉代儒者授课画像砖

---

① 参见[晋]常璩撰，刘琳校注《华阳国志校注》第749页，巴蜀书社1984年7月第1版。
② 参见[晋]常璩撰，刘琳校注《华阳国志校注》第754页，巴蜀书社1984年7月第1版。

四川成都曾家包汉墓出土的墓门上刻画的乡贤画像

男子，头着帻，身穿广袖长服，跪捧书卷，做阅读状。这也真实地反映了当时的读书之风，在一定程度上也可以说是汉代成都教育与文化发达的生动缩影。

常璩在《华阳国志》中还记录了很多巴蜀妇女的事迹，首创了地方志为妇女立传，讲述了贤妻良母在家庭教育中发挥的作用。通过对一个时代或一个地区列女情况的记录，可以了解当时妇女生活方式、社会地位、思想观念等方面的特点，所以地方志中重视对妇女的记录是很有道理的，也是非常有必要的，具有很重要的意义，而这正是常璩的高明之处。

两汉魏晋时期，母亲对子女的教育很关键，直接关系到子女的成才和家风的传承，在巴蜀地区这方面的例子就比较多。常璩《华阳国志》对此就做了一些记载，表达了对家庭教育、培育人才、形成良好社会风气的重视和赞扬。譬如成都人张霸，自幼好学，《太平御览》卷三八五引《益部耆旧传》说："张霸字伯饶，蜀郡成都人也，年数岁知礼义，乡人号为张僧子。七岁通《春秋》，复欲进余经，父母曰：'汝小，未能也。'霸曰：'我饶为之。'故字伯饶。"①常璩在《华阳国志》中说，张霸后来"为会稽太守，拨乱兴治，立文学，学徒以千数，风教大行，道路但闻诵声，百姓歌咏之"。可见张霸兴办教育、改善社会风气，是很有作为的。常璩又记述说，张霸前妻病故，续娶司马氏女敬，前妻生有三男一女，司马敬生一男，"抚教五子，恩爱若一"。张霸年老病卒，葬于河南，司马敬与诸子回到蜀中居住，"子光超禀母教，为聘士也"。常璩赞扬张霸之妻司马氏"敬司穆穆，畅始玄终"，能够善始善终，弘扬了好家风，惠及了后人。常璩还专门称赞了张霸的孙女叔纪，称"叔纪婉娩，十媛仰风"。常璩记述说，叔纪嫁给了广汉王遵，"至有贤训，事姑以礼。生子商，海内名士。广汉周干、古朴、彭勰，汉中祝龟为作颂，曰'少则为家之孝女，长则为（家）〔夫〕之贤妇，老则为子之慈亲。终温且惠，秉心塞渊，宜谥曰孝明惠母'"。②常璩着重撰写的这个例子，就充分说明了倡导读书与家庭教育的重要性，堪称蜀地的榜样。

据《后汉书》卷三十六记载，张霸不仅做官政绩卓著，而且很有学问，曾精研《严氏春秋》，"乃减定为二十万言，更名《张氏学》"。张霸的儿子张楷（字公超），继承家学，也精通《严氏春秋》和古文《尚书》，而且擅长道术，居家教学，门徒常百人。因为名气大，一些贵戚之家也来傍邻而居，张楷迁徙避之，"家贫无以为业，常乘驴车至县卖药，足给食者，辄还乡里"，后来"隐居弘农山中，学者随之，所居成市，后华阴山南遂有公超市"。张楷不愿做官，被推荐和征召多次，他都婉拒了，终生教学，育人无数。③张楷安贫乐道，以教书讲学为乐，这也说明了家风传承的重要。他成了博学之士，并通过授徒教学扩大了蜀中好学之风的影响。

常璩记述的巴蜀士女很多，按照郡县排列，蜀、巴、广汉、犍为、汉中、梓

---

① 见[宋]李昉等撰《太平御览》第2册第1781页，中华书局影印本，1960年2月第1版。
② 参见[晋]常璩撰，刘琳校注《华阳国志校注》第716页、第732—733页，巴蜀书社1984年7月第1版。
③ 参见[南朝·宋]范晔撰《后汉书》第5册第1242—1243页，中华书局点校本，1965年5月第1版。

潼六郡士女有二百多人，其中妇女就有五十余人。有的是记录其生平事迹，有的是用赞注的方式，有的还采用了图像列传，称为"峨峨淑媛，表图铭旌"。①

　　常璩重视忠孝节烈、志趣高洁、崇善敬贤，对民俗民风的叙述比较客观公允，对权贵们的作为与政绩抑扬有别，直言不讳。这也展现了常璩的人生境界与治学精神，同时也显示了他严谨的学风。因此，《华阳国志》问世以后，很少有人对其提出批评。总之，常璩重视地方名人，以此来彰显巴蜀人文特色。常璩的记述严谨而又真实，这是《华阳国志》最为显著的特色，也是《华阳国志》非常值得称道的优点。

---

① 见[晋]常璩撰，刘琳校注《华阳国志校注》第736页，巴蜀书社1984年7月第1版。

传承效应

常璩是杰出的史学家,著书立说是他的兴趣爱好和人生追求,也是他的道义担当。他撰写《华阳国志》的目的,就是要真实地记录西南地区的历史文化、人物事迹、山川地理和郡县沿革,为后人留下一部优秀的地方志。常璩深知地方志的传承效应,所以他的记述非常严谨,从重大的历史事件到日常的民俗民风,事无巨细,都认真待之。

真实可信是《华阳国志》一个非常重要的特点。譬如常璩采录了很多民间谚谣,记录了各地的风俗习惯,就真实地反映了当时的地域文化特点与社会生活风貌。他反对黑暗腐败,希望社会安宁,列举了一百多种高尚的美德,崇尚至孝、清白、克让、忠正、明廉、义士、述作等。

常璩重视家风家规,推崇孝道,这也是《华阳国志》一个非常显著的特点。中国的孝道观念,是中国传统文化中非常重要的内涵,也是伦理道德的基础。奉行孝道,方能家风淳厚,才能形成良好的社会风气,所以《华阳国志》中关于孝道的记载比较多。譬如常璩在《华阳国志·巴志》中称赞巴人的民风民俗说:"其民质直好义,土风敦厚,有先民之流。故其诗曰:'川崖惟平,其稼多黍。旨酒嘉谷,可以养父。野惟阜丘,彼稷多有。嘉谷旨酒,可以养母。'"又说"永言孝思,享祀孔嘉"①,认为永远孝敬祖先,是一种大善和大美。

---

① 见[晋]常璩撰,刘琳校注《华阳国志校注》第28页,巴蜀书社1984年7月第1版。

常璩记载了许多孝道故事。譬如成都人禽坚，字孟由，他的父亲禽信是县吏，奉命出使越巂，被夷人抓了当作奴隶贩卖。他的母亲当时怀着他已有六个月，等他出生后，他的母亲就改嫁了。禽坚长大后，去夷人地区寻找父亲，历经千辛万苦将父亲接回成都，又将母亲迎回。此事很典型，得到了州郡的赞扬。常璩的记述很精练："坚壮，乃知父湮没，鬻力佣赁，求碧珠以求父，一至汉（中）〔嘉〕，三出徼外，周旋万里，经六年四月，突瘴毒狼虎，乃至夷中得父。父相见悲感，夷徼哀之。即将父归，迎母致养。州郡嘉其孝，召功曹，辟从事，列上东观。太守王商追赠孝廉，令李蕊为立碑铭，迄今祠之。"①

　　又譬如雒人姜诗，对母亲非常孝顺。母亲喜欢饮用江水和吃鲤鱼脍，而且习惯和邻母分享饮食，姜诗每天都会准备好这些供母亲和邻母食用。姜诗的儿子去江边汲水，不幸掉入江中溺死了，姜诗不敢告诉母亲，怕母亲伤心，便说儿子去外地游学了。常璩记述说，姜诗的至孝感动了天地，"于是有涌泉出于舍侧，有江水之香，朝朝出鲤鱼二头，供二母之膳。其泉灌田六顷，施及比邻"。东汉初，有盗贼劫掠乡里，但都敬重姜诗而不敢骚扰。汉明帝下诏称之为大孝，察孝廉。姜诗做过江阳令与符县县长，"所居乡皆为之立祠"。②这个故事后来成为巴蜀地区的"二十四孝"故事之一。

　　又譬如犍为武阳人李宓（即李密），其祖父李光做过朱提太守，父亲早亡，母亲改嫁，他跟着祖母一起生活，自幼好学，博览五经，"事祖母以孝闻，其侍疾则泣涕侧息，日夜不解带，膳饮汤药，必过目尝口"。后来晋武帝征召李宓为太子洗马，李宓为了孝养祖母，撰写了一篇非常有名的《陈情表》，上疏固辞不受，晋武帝"嘉其诚款，赐奴婢二人，下郡县供其祖母奉膳"。李宓家风淳厚，对子女后代也有很好的影响，常璩说李宓有"六子，皆英挺秀逸，号曰'六龙'"。长子李赐做过汶山太守，少子李兴做过太傅参军，幼子李盛做过宁浦太

---

① 见[晋]常璩撰，刘琳校注《华阳国志校注》第726页，巴蜀书社1984年7月第1版。
② 参见[晋]常璩撰，刘琳校注《华阳国志校注》第755页，巴蜀书社1984年7月第1版。

守。①常璩详细记述了李宓的孝道故事，并颂扬了晋朝重视孝道的政策，这对弘扬好的社会风气起到了积极的作用。

常璩具有明显的民本思想，在著述中比较重视对平民百姓的记述，这也是《华阳国志》一个非常重要的特点。民本思想是儒家思想的重要组成部分，也是中华传统文化的重要根基。《尚书》中已有"重民""民惟邦本，本固邦宁""民之所欲，天必从之"等重视民本的概念。到了春秋战国时期，对民本的认识与论述，已经上升到了哲学的层面。古代思想家老子、孔子、孟子、荀子、贾谊等人，对民本的作用和意义都有深刻认识。譬如《孟子》说"民为贵，社稷次之，君为轻"，就非常经典，认为老百姓是国家的根本，根本稳固了，国家也就安宁了。民本不仅是国家政权的基础，更是决定政权存亡、事业兴衰、力量强弱、社会稳定与动荡的关键。起源于先秦的民本思想，对文人学者的影响也是比较大的，在一定意义上也可以说是封建社会里闪烁着民主光芒的先进思想。

常璩《华阳国志》还比较重视记述平民百姓的生产生活情形，诚如宋代吕大防（《宋史》卷三百四十有传）在刻印《华阳国志序》中所说："晋常璩作《华阳国志》，于一方人物，丁宁反覆，如恐有遗。虽蛮髦之民，井臼之妇，苟有可纪，皆著于书。"宋代李𡊮在《重刊华阳国志序》中也说："（常璩）于一方人物尤致深意。虽侏离之氓，贱俚之妇，苟有可取，在所不弃。此尤足以弘宣风教，使善恶知所惩劝；岂但屑屑于山川物产，以资广见异闻而已乎？"②

常璩在《华阳国志》中，常将一些小人物与达官贵人、才子文人并列，还特别记述了很多妇女的事迹，其中既有上层妇女，更有平民女子。常璩讲述了她们对家庭与社会的贡献，不分出身贵贱、身份高低，对她们的事迹都给予了褒扬。由此可知，常璩选择入史的人物，并不以出身、地位为标准，而是以道义为准则，必须是令人称道的"忠臣孝子，烈士贤女，高勋足以振玄风，贞淑可以方蘩蘩者"，凡是具有"达道义，章法式，通古今，表功勋，而后旌贤能"的人物均

---

① 参见[晋]常璩撰，刘琳校注《华阳国志校注》第852—855页，巴蜀书社1984年7月第1版。
② 见[晋]常璩撰，任乃强校注《华阳国志校补图注》第741页、第742页，上海古籍出版社1987年10月第1版。

可入史，所以很多被史家不屑一顾的贱民，许多被社会漠视的小人物，常璩却看到了他们闪光的事迹，毫不犹豫地将他们写入了《华阳国志》之中。这展现了常璩秉笔直书的个性和他的庶民化倾向，也反映了他的民本思想。封建社会历来都看重门第，常璩却与众不同，能够如此著述实为难得。

常璩在《华阳国志》中对官吏的褒贬，也大都是通过百姓的评议来表达的。譬如他在《华阳国志·蜀志》中说到东汉的蜀郡太守："建武以来，有第五伦、廉范叔度特垂惠爱。百姓歌之曰：'廉叔度，来何暮，来时我单衣，去时重五裤。'"①录用当时的民间歌谣，歌颂了蜀郡太守中的几位"著德垂绩者"，表达了对关爱百姓的官吏的敬重。常璩还说："汉时县民朱辰字元燕为巴郡太守，甚著德惠。辰卒官，郡獽民北送及墓。獽蜒鼓刀辟踊，感动路人，于是葬所草木顷许皆仿之曲折。迄今蜀人莫不叹辰之德，灵为之感应。"②说明朱辰惠爱百姓，因而才深受百姓缅怀。常璩对为官清廉者也是深表赞赏的。譬如"孝明帝初，广汉郑纯独尚清廉，毫毛不犯。夷汉歌咏，表荐无数，上自三司，下及卿士，莫不叹赏。明帝嘉之，因以为永昌郡，拜纯太守"。③而对那些不法官吏，常璩则给予了痛斥。譬如南中牂牁郡在晋元帝时，"太守建宁孟才以骄暴无恩，郡民王清、范朗逐出之"。④常璩对那些横行乡里、欺压百姓的世家大姓，也深表厌恶，对惩治豪强的官员则予以赞扬。譬如"广汉刘（庞）〔宠〕为令。大姓恣纵，诸赵倚公，故多犯法。濮阳太守赵子真父子强横，（庞）〔宠〕治其罪，莫不震肃"。⑤常璩的这些记述，显示了他对百姓疾苦的关心，可知他是站在百姓立场上为民而言的。这正是他的可贵之处。

---

① 见[晋]常璩撰，刘琳校注《华阳国志校注》第237页，巴蜀书社1984年7月第1版。
② 见[晋]常璩撰，刘琳校注《华阳国志校注》第249页，巴蜀书社1984年7月第1版。
③ 见[晋]常璩撰，刘琳校注《华阳国志校注》第347页，巴蜀书社1984年7月第1版。
④ 见[晋]常璩撰，刘琳校注《华阳国志校注》第381页，巴蜀书社1984年7月第1版。
⑤ 见[晋]常璩撰，刘琳校注《华阳国志校注》第238页，巴蜀书社1984年7月第1版。

常璩还将很多民间传说、巴蜀风尚、反映大众生活的民俗民风等收入《华阳国志》，载入史册。这也体现了他编纂思想的大众化，使得《华阳国志》这部地方志颇接地气，具有了一些与众不同的鲜亮特色，增添了一些百姓喜闻乐见的生活气息。

常璩在《华阳国志·先贤士女总赞》中说，每个地方都有贤能人物，记录这些人物的事迹，为这些人物立传，主要就是为了"宣德达教，博化笃俗"。常璩又说，古人认为纲常伦理是非常重要的，"故太上立德，其次立功，其次立言"。蜀地自汉兴以来，迄乎魏、晋，涌现了很多优秀人才和著名人物，特别是那些"忠臣孝子，烈士贤女，高劭足以振玄风，贞淑可以方蘋蘩者，奕世载美"，"擅名八区，为世师表矣"。他们的故事与影响，常使人津津乐道。因此，常璩认为，记述这些人物的《耆旧》之篇，可以和《史记》《汉书》媲美。据刘琳先生注释，常璩说的《耆旧》是指陈寿的《益部耆旧传》。[①]常璩称赞了陈寿撰写《益部耆旧传》的作用，认为其意义重大，说的都是实话，并非溢美之词。

常璩撰写《华阳国志·先贤士女总赞》与《华阳国志·后贤志》，记述巴蜀地区的贤能人物，比前人的记录更为详细完备，也同样是为了彰显先贤的高贵品格，弘扬优秀传统文化，可谓意义非凡。

---

① 参见[晋]常璩撰，刘琳校注《华阳国志校注》第699页、第701页注13，巴蜀书社1984年7月第1版。

第六章

志书丰碑

《华阳国志》是一部非常重要的地方志，
是研究古代巴蜀历史文化的学者必备之书。
常璩记述西南山川地理和人文史实，生动翔实，
《华阳国志》因此被称誉为中国地方志的开山之作。
这部巨著影响深远，使常璩成了名副其实的历史文化名人。

版本流传

常璩的一生，经历了动荡与流离，也饱尝了仕途的冷暖。他最终选择了发愤著书，将自己的才华和心血都倾注在了《华阳国志》之中。《华阳国志》这部经典之作的问世，反映了巴蜀与西南地区绚丽多彩的历史，也使常璩的生命与精神获得了升华。有了《华阳国志》这部大作，常璩的一生没有虚度，甚至可以称为不朽了。

目前学界关于《华阳国志》的撰写和常璩生平的可靠史料，主要就是《十六国春秋·蜀录》中所言"常璩，字道将，蜀成都人。少好学，著《华阳国志》十篇。序开辟以来，迄于李势，皆有条理云"，以及《晋书·载记》中的李势传与《晋书·桓温传》中的一些简略记载。学术界有关成果，则往往立足于推测。如任乃强先生关于常璩活动年表主要凭推测，认为常璩约生于晋惠帝元康元年（291年），约卒于晋穆帝升平五年（361年）。今天，我们讲述常璩的故事，关于常璩生平的史料记载确实很少，所以只能简略述之。常璩毕生的精力与作为，主要是读书与写作，而《华阳国志》为他一生画上了句号。在一定意义上也可以说，《华阳国志》表现了常璩的精神崇尚，也展示了常璩的心路历程，所以后人敬重常璩，其实都是和《华阳国志》密切联系在一起的。我们要深入了解常璩和研究常璩，都离不开对《华阳国志》的解读。

《华阳国志》是常璩倾注了巨大热情的经典之作，也是名副其实的呕心沥血之作。《华阳国志》流传问世后，因其叙述的独到与资料的珍贵，便备受学者和史家的重视。范晔撰著《后汉书》，裴松之注《三国志》，都采用了《华阳国志》中的大量史料。后来崔鸿撰著《十六国春秋》，郦道元注《水经》，刘昭注《后汉书》，也都参考了《华阳国志》中有关巴蜀和西南地区历史地理的记述。历代文人的众多著述，以及学者编撰或官修的许多大型类书，采用或收录《华阳国志》的内容就更多了。这些都说明了《华阳国志》流传之广与影响之大。

唐宋以前的书籍，主要是靠抄写来传播的。《华阳国志》的流传，最初也依靠传抄。一部书的誊抄，常常要耗费很多的人工与时间，所以流传的数量相对有限。《华阳国志》起初传播于世，数量也不多，崔鸿寻求了七年都未能找到。但《华阳国志》的内容已经有了口碑，产生了很大的影响，所以崔鸿千方百计要找来阅读。

关于《华阳国志》的卷数，文献记载并不一致。譬如《十六国春秋》说常璩"著《华阳国志》十篇"，《隋书·经籍志》说"《汉之书》十卷，常璩撰。《华阳国志》十二卷，常璩撰"[1]，《旧唐书·经籍志》说"《华阳国志》三卷，常璩撰。《蜀李书》九卷，常璩撰"[2]，《新唐书·艺文志》说"常璩《华阳国志》十三卷，又《汉之书》十卷，《蜀李书》九卷"[3]，此外还有《郡斋读书志·史部》说"《华阳国志》十二卷，晋常璩撰"，《直斋书录解题·杂史类》说"《华阳国志》二十卷，晋散骑常侍蜀郡常璩道将撰"等。唐宋以来的私人藏书目录或藏书志中对《华阳国志》版本的记录，亦有多种说法，也是可供了解和研究版本的参考材料。今天流传使用的《华阳国志》多是十卷或十二卷本，其他已少见。

关于《华阳国志》的性质归属，也有多种说法。明代以前根据其记载的内容，《隋书》《通志》把《华阳国志》归类为霸史，《旧唐书》《新唐书》视之

---

[1] 见[唐]魏徵、令狐德棻撰《隋书》第4册第963页，中华书局点校本，1973年8月第1版。

[2] 见[后晋]刘昫等撰《旧唐书》第6册1992页，中华书局点校本，1975年5月第1版。

[3] 见《二十五史》第6册第159页，上海古籍出版社、上海书店1986年12月第1版。

为伪史,《宋史》归之为霸史与别史,也有将《华阳国志》归类为杂史的。现代学者多认为《华阳国志》是地方志,这是比较准确的说法,已经成为学界共识。

常璩《华阳国志》最初靠传抄而流行,传抄的过程中出现有错别字的,或因为个人爱憎而对原文加以删节的,或添加注文而被后来传抄者误入正文的,或对原文增添修饰的,或脱页、错页、错行的等问题在所难免。随着教育与文化的发展,人们对书籍的需求也与日俱增。后来出现了印刷书,采用了刻印与活字印刷的方法,这样阅读与传播就更加方便了。在中国的印刷发展史上,成都的刻印不仅出现得比较早,而且相当发达,蜀中其他一些地方的刻印也颇为兴旺。印刷促使了蜀中书籍的传播,扩大了这些图书的影响,《华阳国志》也随之出现了各种刻印的版本。

《华阳国志》最早刻印于何时,因为缺少记载而不好判定,目前所知北宋已有元丰吕大防成都刻本,南宋有嘉泰李䪚邛州刻本,原本均已佚。明清以来,《华阳国志》也很受刻印者的青睐,翻刻传抄者更多,迄今保存的各种版本至少有三十种。

成都府尹吕大防于宋元丰元年(1078年)开始刻印《华阳国志》,其目的主要是表彰蜀中历史上的杰出人物,希望有益于促进蜀中教育和弘扬好的民俗民风。吕大防还特地写了一篇序言,称赞道:"晋常璩作《华阳国志》,于一方人物,丁宁反覆,如恐有遗。虽蛮髳之民,井臼之妇,苟有可纪,皆著于书……此书虽繁富,不及承祚之精微,然议论忠笃,乐道人之善。蜀记之可观,未有过于此者。镂行于世,庶有益于风教云。"①

吕大防根据传抄本加以刻印,所据并非善本,又未做仔细校勘,所以刻印的《华阳国志》中讹乱之处颇多。过了一百多年,四川有位叫李䪚的官员,是宋代史学家李焘之子,于嘉泰四年(1204年)做邛州知州时,对吕大防刻印的《华阳国志》进行了校勘整理,参考《史记》《汉书》《后汉书》《三国志》与《益部耆旧传》等书中的相关记载,改正了错讹,将《华阳国志》重新刻版印刷。李氏序言曰:"此晋常璩《华阳国志》之作所以有补于史家者流也。予尝考其书,部

---

① 见[晋]常璩撰,任乃强校注《华阳国志校补图注》第741页,上海古籍出版社1987年10月第1版。

分区别，各有条理。其指归有三焉：首述巴、蜀、汉中、南中之风土。次列公孙述、刘二牧、蜀二主之兴废，及晋太康之混一，以迄于特、雄、寿、势之僭窃。继之以两汉以来先后贤人、《梁益宁三州士女总赞》，《序志》终焉。就其三者之间，于一方人物尤致深意。虽侏离之氓，贱俚之妇，苟有可取，在所不弃。此尤足以弘宣风教，使善恶知其惩劝；岂但屑屑于山川物产，以资广见异闻而已乎？"①对常璩《华阳国志》可谓倍加推崇。序言接着讲述了对《华阳国志》进行校对刻印的经过，可知李氏刻印本在校勘方面花了比较深的功夫。此版本问世后流行颇广。

到了明朝嘉靖年间，又出现了新的刻印本。据任乃强先生搜集研究，《华阳国志》的明代刻本与抄写本主要有以下几种：

一是明代嘉靖甲子年（1564年）成都刘大昌刻印本，是依据邛州宋刻本重新刻印的，对《华阳国志》书中的文字内容未做校正改动。

二是明代嘉靖甲子年蒲州张佳胤刻印本，是以昌大防成都刻本为蓝本，并依据杨升庵等人的批注本加以参订，但书中内容仍有脱落，而且改动宋刻原文之处颇多。

三是明代万历年间新安吴琯刻印的《古今逸史》五十五种，其中收录了《华阳国志》，是依照张佳胤刻本翻刻的。刻印目的主要是刊售获利，但内容有残缺脱漏。

四是明代万历末武林县人何允中刻印的《汉魏丛书》八十种，其中收录了《华阳国志》，内容与吴本相同，但各页起讫不同。为了推广销售，每卷都镌有校阅人，借用当时知名人物以壮声势，以此迷惑文人读者，故而行销颇多。

五是明代天启丙寅年（1626年）李一公成都刻印本，是依据刘大昌刻本略作调整重刻的，后来《函海》对全文做过校注，称"重刻《华阳国志》"。

六是明代《永乐大典》中收录有《华阳国志》，是依据宋代李㙜校刻本抄录的。

七是明代嘉靖年间钱穀的手抄本。钱穀好读书，曾向文徵明学书画。每得善

---

① 见[晋]常璩撰，任乃强校注《华阳国志校补图注》第742页，上海古籍出版社1987年10月第1版。

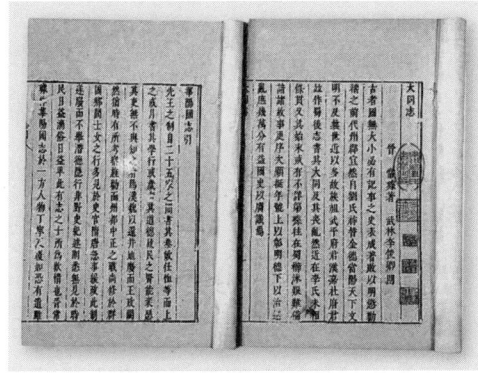
明刻本《华阳国志》

清刻本《华阳国志》

本便抄写校勘，乐此不疲。《华阳国志》大约抄于嘉靖末，依据的也是宋代李氏校刻本。今有《四部丛刊》影印本。

宋代至明代，《华阳国志》的刻印者，既有在四川与外地任职的官员，也有刻印销售谋利的书商。由此可知，《华阳国志》由于内容独到、史料珍贵，历来为文人学者所重视，也为刻印售书者所青睐，所以刻印流行于世，一直盛行不衰。

到了清代中叶，图书的刻印又兴旺起来，文人学者与藏书家们比较重视对古代版本的搜集整理，刻印的《华阳国志》主要有以下几种：

一是清代乾隆年间李调元辑刻《函海》，分经、史、子、集四部，辑书一百多种，其中就有《华阳国志》，列为冠首。李调元是乾隆二十八年（1763年）进士，在清朝做官，搜集蜀人著述，镌刻成丛书四十函。该书被称为当时的三大丛书之一（另外两种是《汉魏丛书》和《知不足斋》）。李调元依据多种版本，对《华阳国志》做过认真细致的校勘，并注明了各种版本的异同，对各家批注都忠实采录，使阅者如兼得诸本。该版本超过了宋、明各种刻本，所以备受称道。

二是清代乾隆年间江西王谟刻印《汉魏丛书》，其中也翻刻了《华阳国志》。这套刻本主要依据明代何允中的版本，并做了一些圈点，被称为"江西本"。

三是清代浙江杭州书贾刻印的《汉魏丛书》，也是依据明代何允中本，而略作增补，其中有剜补改动之处。

四是清代嘉庆甲戌年（1814年）廖寅南京刻印本。廖寅曾任镇江知府、两淮盐运使，邀请文士对借抄孙星衍家藏的宋本《华阳国志》做了校勘，雇了刻工在所居题襟馆镌刻，所以刻印之书又被称为"题襟馆本"。孙星衍是乾隆五十二年（1787年）进士，富于藏书，家藏宋本《华阳国志》有何焯、李调元、段玉裁的校阅批字，廖寅就是以此作为底本而加以校勘，然后刊行的。

此外，清代中叶校勘《华阳国志》的学者比较多，民间很多藏书家都收藏有《华阳国志》各种版本并做过校勘。乾隆年间设立四库馆，编纂《四库全书》，官方对《华阳国志》也做了校勘。之后翻刻的版本也比较多，任乃强先生对此做过系统的梳理与论述，可以阅读他校注的《华阳国志校补图注》前言。

近代学术界对《华阳国志》也非常重视。20世纪40年代，著名学者顾颉刚先生对常璩《华阳国志》与扬雄《蜀王本纪》就做过比较研究，提出了一些独到而颇有见地的看法。他在《论巴蜀与中原的关系》中，对此就做了深入阐述。

新中国成立后，著名地方史专家任乃强先生对《华阳国志》进行了校补图注工作，在1961年就完成了初稿，并请著名学者冯汉骥、蒙文通、徐中舒、刘运筹、吕子方、张秀熟等人对初稿进行了审阅。此书后来由上海古籍出版社于1987年出版，1991年荣获全国首届古籍整理一等奖，1993年又荣获全国首届国家图书奖。

任乃强先生的《华阳国志校补图注》，是对常璩著作整理研究的集大成之作，体现了校注者博大精深的学术功力。此书出版后，即获得了学术界的广泛好评，被称赞为"不仅运用了校勘、标点、辑补、详注、专题讨论及据文绘图等多种手段，而且都达到了相当高的水平，称其为整理古籍的上乘之作，信非虚誉……古籍整理做到如此深入全面的地步，当代已鲜有其比"。[①]

刘琳先生的《华阳国志校注》，由巴蜀书社于1984年出版。在校勘方面，校正了前人未曾校出的文字讹误四百六十余处。在注释方面，引用了诸子百

[①] 见李伟国著《整理古籍的上乘之作〈华阳国志校补图注〉》，载《文汇读书周报》1994年2月5日。参见刘重来、徐适端主编《〈华阳国志〉研究》第47—48页，巴蜀书社2008年6月第1版。

家、史书古籍等有二百六十种之多。此书质量较高,颇具特色,为读者阅读与引用提供了很大的方便。后来成都时代出版社也出版了刘琳先生的《华阳国志校注》。这些都是《华阳国志》现在比较常见的几种版本,也是学者们经常翻阅和使用的必备之书。

资料珍贵

常璩《华阳国志》问世后,后来的治史者便给予了高度关注,充分意识到了这部书中资料的珍贵性。自古以来,文人学者著述的流行,都与文字内容的精妙有关。如同左思写的赋一样,因传抄者众,一时而洛阳纸贵。常璩撰写的《华阳国志》,内容新颖而又独到,资料丰富而又翔实,要了解汉晋时期巴蜀和西南地区的历史人文、山川地理、物产风俗,就非读不可。因此,《华阳国志》问世后,便备受青睐,成了地方志中的佼佼者,被称誉为体例完备的开山之作。

《魏书》卷六十七记载了一个故事,说崔鸿花费了很多时间和精力,搜集诸国旧史,准备撰写《十六国春秋》。他原计划是写一百卷,可是只写了九十五卷就搁下了。他为什么不能写完呢?最关键的原因,是他知道常璩的著述,其中有关于李雄父子据蜀建立成汉政权的记载。常璩做成汉史官的时候,就采用正史体裁为李氏家族及功臣作纪传,当时称为《汉书》或《汉之书》,入晋秘阁后改称《蜀李书》,后来常璩改写成《华阳国志》中的篇章。因为是实录,史料比较准确,在当时颇有名气。崔鸿想了很多办法去寻找常璩撰写的这部书,想将书中的史料作为重要参考和依据,却一直没有找到。崔鸿给魏主上奏折说:"至三年之末,草成九十五卷。唯常璩所撰李雄父子据蜀时书,寻访不获,所以未及缮成,辍笔私求,七载于今。此书本江南撰录,恐中国所无,非臣私力所能终得。其起兵僭号,事之始末,乃亦颇有,但不得此书,惧简略不成。久思陈奏,乞敕缘边求采。"①崔鸿花了七年多的时间寻访常璩的著述，找不到就不敢动笔写后面几卷。后来终于找到了，崔鸿这才完成了他的《十六国春秋》，不久便去世了。崔鸿的儿子子元上奏，描述了他父亲的撰述状况："多识前载，博极群书，史才富洽，号称籍甚。年止壮立，便斐然怀著述意。正始之末，任属记言，撰缉余暇，乃刊著赵、燕、秦、夏、凉、蜀等遗载，为之赞序，褒贬评论。先朝之日，草构悉了，唯有李雄《蜀书》，搜索未获，阙兹一国，迟留未成。去正光三年，购访始得，讨论适讫，而先臣弃世。凡十六国，名为《春秋》，一百二卷，近代之事最为备悉。"②《北史》卷四十四对此事也做了相同记载。③由此可知，崔鸿在正光三年（522年）终于寻购到了常璩此书，引用了其中的史料，才写出《蜀录》，这才完成了《十六国春秋》的全部章节。

常璩《华阳国志》中有很多珍贵的史料。

首先是对一些重大史实的记述，比如对古蜀时期历代蜀王的兴衰更替、秦并巴蜀的过程与传说故事、西汉时期蜀地人文的繁荣与西南少数民族地区的开发、西汉末公孙述在巴蜀地区的割据与败亡、东汉末刘焉与刘璋父子的据蜀经过、蜀汉时期刘备与诸葛亮的作为以及刘禅的降魏、西晋流民入蜀与李氏王朝的建立至败亡过程，以及巴蜀与南中地区少数民族发生的很多重大事情，都从地方志的角度做了如实记录，弥补了史书记载的不足。

其次是《华阳国志》中的人物传记也非常有特色，其中记录了很多著名的历史人物，还记录了很多乡贤士女。这些人物也非常重要，通过这些人物的传记可以了解汉晋时期巴蜀文化教育、学术领域、社会伦理以及巴蜀与西南地区的民俗民风等情况。

再者是《华阳国志》中关于巴蜀与西南地区山川地理与郡县沿革的记述，以及各地官吏的施政作为等的记录，留下了很多珍贵的资料，为后人研究提供了重要参考。

---

① 见[北齐]魏收撰《魏书》第4册第1504页，中华书局点校本，1974年6月第1版。
② 见[北齐]魏收撰《魏书》第4册第1505页，中华书局点校本，1974年6月第1版。
③ 参见[唐]李延寿撰《北史》第5册第1627—1628页，中华书局点校本，1974年10月第1版。

值得称赞的是，常璩《华阳国志》中还记述了一些少数民族的传说与信仰，有许多重要的民族史料。譬如《华阳国志》卷三有关于汶山郡地理环境、物产、民俗的记载，还提到了夷人崇尚的白石子。茂汶境内是羌人的聚居之地，传说在远古的时候，他们的祖先与强大的"戈基"人作战，因得到神的启示，用坚硬的白云石作为武器，才得以战胜敌人。羌人为报答神恩，奉白云石为最高的天神。这种白石崇拜的习俗，一直相传至今。蜀中汉人因见汶山羌人奉白石为神，故称其为"白石子"。①

又譬如常璩《华阳国志》中记述了关于南中地区永昌郡哀牢夷九隆神话与夜郎国竹王的传说，这些在其他史书中都是未见记载的，为我们了解哀牢与夜郎的历史提供了宝贵的史料。常璩还记述了诸葛亮南征，将汉文化传播到了南中各地，对西南各部族的民俗民风产生了积极而深远的影响。其中有关于青羌的记载，"移南中劲卒青羌万余家于蜀"，他们后来成为蜀汉军队中骁勇善战的一支劲旅。

还有关于南中大姓富豪的一些记述以及任用南中人才的记录。《华阳国志·巴志》中记述了板楯蛮击败侵扰汉中与蜀地的羌人的故事："昔羌数入汉中，郡县破坏，不绝若线。后得板楯，来庑（弥）〔殄〕尽，号为神兵。羌人畏忌，传语种辈，勿复南行。后（建宁）〔建和〕二年，羌复入汉，牧守遑遑，复赖板楯破之。若微板楯，则蜀汉之民为左衽矣。"②这些都是很重要的资料，弥补了其他史书记载的不足，对了解和研究当时的西南民族与蜀汉历史提供了真实的信息。常璩重视少数民族地区的治理，论述比较客观，有比较独到的见地，也是非常值得称赞的。

常璩《华阳国志》中还记述了古代巴蜀在科技方面的成就，譬如盐井的开发、天然气的使用等。《华阳国志·巴志》说巴国物产，就特别记述了各地的盐井。譬如巴郡的临江县（今重庆忠县）便是一处重要的产盐地，汉代专门设"有

---

① 参见[晋]常璩撰，刘琳校注《华阳国志校注》第296页、第299页注7，巴蜀书社1984年7月第1版。
② 见[晋]常璩撰，刘琳校注《华阳国志校注》第52页，巴蜀书社1984年7月第1版。

盐官，在监、涂二溪，一郡所仰；其豪门亦家有盐井"。又譬如朐忍县（今重庆云阳）的盐井也非常有名，汉代也设有盐官。①《水经注·江水》说当地"溪夹侧，盐井三口，相去各数十步，以木为桶，径五尺，修煮不绝"。又说有汤溪水"南流历之县，翼带盐井一百所，巴川资以自给，粒大者方寸，中央隆起，形如张伞，故因名之曰伞子盐。有不成者，形亦必方，异于常盐矣"。②阆中和南充也是著名的产盐区，其他文献对此也有记载，如《太平御览》卷一六七引《益州记》就说"南充县西有大昆井，即古之盐井也"。③《文选》载左思《蜀都赋》说"家有盐泉之井"，刘逵注曰"巴西充国县有盐井数十"。④由此可见，巴国的产盐之地分布很广，考古发现对此也有充分的揭示。长江三峡地区的盐井开发甚早，主要是利用地层中涌出的盐泉，用木井围之，煮以为盐。而南充的盐井则是通过挖掘深坑，抵达地下盐水层，然后才汲取煮盐。古代巴族擅长渔业、煮盐和舟运，因占有巴东盐泉，所产之盐不仅满足了巴国民众日常生活所需，而且成为畅销邻国与西南地区的重要商品。巴国正是利用这种丰富的盐业资源，通过同周边各民族的交换贸易而日趋兴旺富强的。

　　古代蜀人很早就掌握了对井盐的开采。巴蜀的井盐与海盐不同，颗粒饱满，《水经注·江水》称之为"伞子盐"，产盐"巴川资以自给"，《太平御览》卷八六五也说"梓潼县出伞子盐"。⑤丰富的井盐不仅满足了巴蜀人民日常生活所需，还畅销楚、滇、黔等广大地区。蜀国的富饶，除了农业的兴旺，显然与盐业的发展也是大有关系的。常璩《华阳国志》中对此就有大量的记载，如江阳、犍为、蒲江、盐源、临邛、郪县、什邡、广都等地在古代都出产井盐。因此，蜀地

---

① 参见[晋]常璩撰，刘琳校注《华阳国志校注》第67页、第78页，巴蜀书社1984年7月第1版。
② 见[北魏]郦道元撰，王国维校《水经注校》第1056页、第1058页，上海人民出版社1984年5月第1版。
③ 见[宋]李昉等撰《太平御览》第1册第816页，中华书局影印本，1960年2月第1版。
④ 见[南朝·梁]萧统编，[唐]李善注《文选》上册第77页，中华书局影印本，1977年11月第1版。
⑤ 见[宋]李昉等撰《太平御览》第4册第3840页，中华书局影印本，1960年2月第1版。

自古以来就以"有盐井、渔田之饶"而闻名于世。《华阳国志·蜀志》记述，张若在成都少城内"营广府舍，置盐、铁、市官并长丞"，以加强对盐铁生产与贸易的管理。李冰为蜀郡守时不仅大兴水利，而且大力推广盐井技术，"又识（齐）〔察〕水脉，穿广都盐井、诸陂池，蜀于是盛有养生之饶焉"。李冰的倡导，促进了秦汉时期蜀地盐业的兴旺发展，使成都平原从此成了名副其实的天府之国。到了汉代，也沿袭秦制，在成都设有盐铁之官，而且"又穿临邛、蒲江盐井二十所，增置盐、铁官"。①这些都说明了蜀地盐业的作用，表明其已成为秦汉时期中央政府财政收入的重要来源。

古代蜀人生产井盐，主要是从地下人工提取盐水后再进行熬制。有两种方法：一是烧柴煮盐，二是利用火井煮盐。《华阳国志·蜀志》说定筰县（今四川盐源）"有盐池，积薪，以齐水灌，而后焚之，成盐"。②《太平御览》卷八六五引《益州记》也说"汶山越巂煮盐法各异。汶山有咸石，先以水渍，既

四川成都郫都区出土的画像砖上的制盐场面　　四川邛崃花牌坊出土的画像砖上的制盐场面

---

① 参见[晋]常璩撰，刘琳校注《华阳国志校注》第196页、第210页、第218页，巴蜀书社1984年7月第1版。
② 见[晋]常璩撰，刘琳校注《华阳国志校注》第320页，巴蜀书社1984年7月第1版。

而煎之。越嶲先烧炭，以盐井水沃炭，刮取盐"。①这即是说盐源等地采用烧柴煮盐的方法，而临邛等地则常用火井煮盐之法。《华阳国志·蜀志》说临邛有火井，"取井火煮之，一斛水得五斗盐；家火煮之，得无几也"。②可见用火井煮盐是一种比较先进的煮盐方法。火井也就是天然气井，扬雄《蜀都赋》与左思《蜀都赋》以及张华《博物志》中都有对火井的描述，常璩则记述了古代蜀人利用火井煮盐的事迹。利用火井煮盐堪称科技发展史上的一大创举。

秦汉时期蜀地兴旺的盐业促进了蜀地的富饶，如常璩《华阳国志》卷三记载江阳县"有富义盐井"，就是最好的例子。后来的《太平寰宇记》卷八十八与《舆地纪胜》卷一百六十七对此也有记述："江阳有富义盐井，以其出盐最多，商旅辐凑，言百姓得其富饶，故名也。"③值得一提的是，井盐的畅销还促进了巴蜀地区交通的发展，譬如水运的畅通、栈道的修建、西南丝绸之路的开通等，于是船队和马帮贩运的货物中很重要的一种便是巴蜀地区生产的井盐。贩卖井盐不仅为巴蜀商人带来了厚利，在一定意义上来说也促进了巴蜀地区与外界经济文化的交流，对巴蜀地区社会的繁荣发展起到了积极的作用。到了唐代，川北地区发明了更为先进的筒井取盐技术，就是沿袭古代的井盐制取技术并加以改良而形成的，迄今仍在使用，这在中国的盐业发展史上可谓影响深远。

古代蜀人很早就发现了火井，并开始了对火井的利用。汉代扬雄《蜀都赋》中就有"蜀都之地，古曰梁州……东有巴賨，绵亘百濮；铜梁金台，火井龙湫"的记载。④左思《蜀都赋》中也有"火井沈荧于幽泉，高焰飞煽于天垂"的描述。⑤但扬雄与左思记述的只是一种自然现象，并未说明火井的用途。常璩也注意到了蜀地的火井，《华阳国志·蜀志》中还特别记述了临邛火井的用途："临

---

① 见[宋]李昉等撰《太平御览》第4册第3841页，中华书局影印本，1960年2月第1版。
② 见[晋]常璩撰，刘琳校注《华阳国志校注》第244页，巴蜀书社1984年7月第1版。
③ 见[宋]王象之撰《舆地纪胜》第4500页，中华书局影印本，1992年10月第1版。
④ 见《全汉文》卷五十一，[清]严可均校辑《全上古三代秦汉三国六朝文》第1册第402页，中华书局影印本，1958年12月第1版。
⑤ 见[南朝·梁]萧统编，[唐]李善注《文选》上册第75页，中华书局影印本，1977年11月第1版。

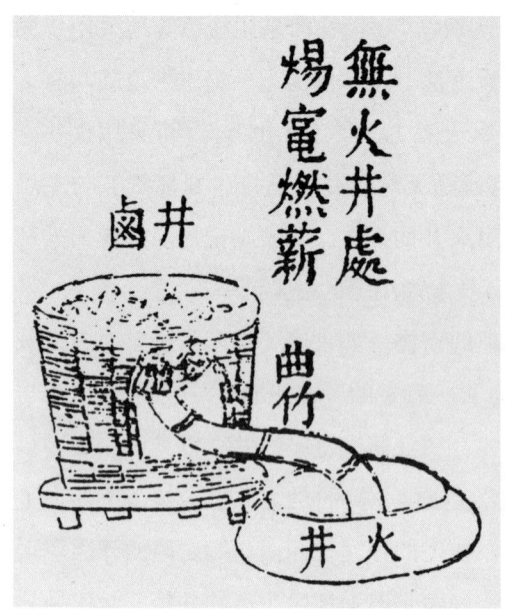

古代蜀人利用天然气煮盐图　　　　四川临邛古火井遗址
（引自明代宋应星《天工开物》）

邛县……有火井，夜时光映上昭。民欲其火，先以家火投之。顷许，如雷声，火焰出，通耀数十里，以竹筒盛其光藏之，可拽行终日不灭也。井有二，〔一燥一〕水。取井火煮之，一斛水得五斗盐；家火煮之，得无几也。"[1]常璩记述的火井也就是天然气井，早在秦汉时期蜀人已经在临邛等地利用火井煮盐了，更为奇特的是当地人还尝试用竹筒装入天然气，穿孔燃之以代烛夜行，从科技史的角度来看确实是一大创举。这也正是常璩记述的珍贵之处，迄今仍是我们了解古代蜀人开采和利用天然气的重要史料。常璩关于临邛火井的记述，对后来的地方志和很多史籍都产生了影响，而且引起了文人学者们对临邛火井的关注。譬如清代顾祖禹《读史方舆纪要》卷七十一说当地于"后周置火井镇，隋改为火井县，属临邛郡，唐属邛州，宋因之"，并特别转录了常璩关于"火井有二，一燥一水"的记述[2]，也充分说明了《华阳国志》的流传之广与影响之大。白寿彝总主编的

---

[1] 见[晋]常璩撰，刘琳校注《华阳国志校注》第244页，巴蜀书社1984年7月第1版。

[2] 见[清]顾祖禹撰《读史方舆纪要》第486页，上海书店出版社1998年1月第1版。

《中国通史》评论说："《华阳国志》开创了地方志综合记载一个地区政治、经济、军事、文化、人物、地理、科技等各项史实的先例，资料非常丰富。比如：关于使用天然气煮盐和凿井采盐的记载很具体，是中国乃至世界最早的文献；关于李冰开发蜀地经济所做的贡献，也以此书记载最详细。"

常璩《华阳国志》有很多关于水利的记载，特别是对都江堰水利工程有较为详细的记述。司马迁在《史记·河渠书》中曾提到蜀地修渠之事："蜀守冰凿离堆，辟沫水之害，穿二江成都之中。此渠皆可行舟，有余则用溉浸，百姓飨其利。"[1]记述得非常简略，连主持者蜀守李冰的姓氏也未载明。《太平御览》卷二六二引东汉应劭《风俗通》记载曰："秦昭王使李冰为蜀郡太守，开成都两江，溉田万顷。"[2]说得也很简单，对这么一件重要的事情，却轻描淡写，给人以一笔带过之感。

常璩对都江堰的记述，则使我们看到了这项伟大水利工程的全貌。《华阳国志·蜀志》说："冰乃壅江作堋，穿郫江、检江，别支流双过郡下，以行舟船。岷山多梓、柏、大竹，颓随水流，坐致材木，功省用饶；又溉灌三郡，开稻田。于是蜀沃野千里，号为'陆海'。旱则引水浸润，雨则杜塞水门，故记曰：水旱从人，不知饥馑，时无荒年，天下谓之'天府'也。"[3]

常璩说的"壅江作堋"，是指分水的堤堰。《太平寰宇记》卷七十三有"蜀人谓堰为堋"之说。其具体的做法，就是使用砂石在江心筑起一道长堤，把岷江从中截开，分成内外两条江流，外江用于排洪，内江用于灌溉。都江堰是系统性的水利工程，其整体结构包括鱼嘴、金刚堤、飞沙堰、人字堤、宝瓶口等。鱼嘴与金刚堤就是古籍中说的堋堤，屹立江心，分截岷江，发挥了"横堵洪流"的作用，将岷江正流由外江引入长江，将内江水通过宝瓶口引向成都平原灌溉农田。宝瓶口在古蜀鳖灵治水时就已开凿了，经过李冰的修建，功能更加完善了。

---

[1] 见[汉]司马迁撰《史记》第4册第1407页，中华书局点校本，1959年9月第1版。

[2] 见[宋]李昉等撰《太平御览》第2册第1229页，中华书局影印本，1960年2月第1版。参见[东汉]应劭撰，吴树平校释《风俗通义校释》第448页，天津人民出版社1980年9月第1版。

[3] 见[晋]常璩撰，刘琳校注《华阳国志校注》第202页，巴蜀书社1984年7月第1版。

常璩还记述了都江堰水利工程在管理方面的设置，为了掌握水情变化而采用石人石犀等测量水位高低，作为淘滩作堰的准则。"外作石犀五头以厌水精"，又"作三石人，立三水中。与江神要：水竭不至足，盛不没肩"。[①]李冰创立的这个水则，非常科学实用，也为后世所沿用。考古发现对此就有揭示，1974年春修都江堰外江节制闸时，从鱼嘴外江一侧江底挖出两个石人，其中之一经考证辨识为李冰像，胸前刻有"故蜀郡李府君讳冰位"，两袖上刻有"建宁元年闰月朔二十五日，都水掾尹龙、长陈壹造三神石人，珍（镇）水万世焉"。[②]据年号可知，这是汉灵帝时候造的石人。

　　总之，《华阳国志》中的很多记述，对于我们研究古代巴蜀与西南地区的人文历史、民族状况与地理科技等诸多方面，至今仍是非常重要和宝贵的资料。

---

① 见[晋]常璩撰，刘琳校注《华阳国志校注》第202页，巴蜀书社1984年7月第1版。
② 参见[晋]常璩撰，刘琳校注《华阳国志校注》第206—207页注10，巴蜀书社1984年7月第1版。

案头必备

研究古代巴蜀历史，《华阳国志》是学者们的案头必备之书。

关于古代巴蜀与西南地区的历史，传世文献中的史料比较少，尤其关于早期古蜀王朝的记载特别简略，而且具有较浓的神话传说色彩，语焉不详。现在我们能够查阅的文献记载，其实也就是《蜀王本纪》和《华阳国志》等古籍了。

两千多年来，我国地方志数量极多，但产生影响的却很少，唯有常璩撰写的《华阳国志》独具特色，有着巨大的影响力，在历史上占有重要位置。《华阳国志》是第一部完整记录古代西南地区的历史、地理、人物等内容的方志著作，使后世读者能够全面了解西南地区的风貌，其资料的珍贵和编写体例的完备，都足以与正史相提并论。诚如任乃强先生所说："研讨西南古代史地，屡须检核《华阳国志》。""全书共约九万字，在绢素时代，为地方史一鸿篇巨制矣。""此其于地方史中开创造之局，亦如正史之有《史记》者。""我国两千年来，地方史志不下万种，无非流行一时，旋成覆瓿。惟璩此书，虽仅方隅之事而能流行全国，迄今研究封建社会史者犹必重之。此其在历史发展阶段中，代表性强，足以抗衡正史者。"[①]

从思想与内容来看，常璩崇尚儒术，推崇忠贞清高、孝义节烈、勇强任侠、

---

① 见[晋]常璩撰，任乃强校注《华阳国志校补图注》前言第1页、第2页、第6页，上海古籍出版社1987年10月第1版。

耕读传家、廉洁勤劳、惩恶扬善，《华阳国志》中记述的很多人物事迹，都与儒家主张契合，其思想不乏进步性。常璩在《华阳国志》中还表达了对贪官污吏的揭发指责，对贫苦劳动人民的同情，对被压迫的少数民族的公道主张的表扬，希望弘扬良好的社会风气，等等，这些都应该给予充分肯定。特别值得重视的是，常璩赞同中华大一统，在撰写的著述中将巴蜀历史与中原历史相衔接，同时也详细记述了巴蜀人文的特点，弥补了中原学者所著正史的不足。古代巴蜀与中原在经济文化与社会结构等方面都各具特色，秦并巴蜀以来，巴蜀与中原便逐渐融合，到了汉晋时期，巴蜀与中原的关系更加密切了。常璩的思想观念是符合历史发展趋势的。任乃强先生认为："常璩此书，纯用中原文化之精神，驰骛于地方一隅之掌故，通其痞隔，畅其流灌，使中土不复以蜀士见轻，而蜀人亦不复以中土为远。唐宋以降，蜀与中原融为一体，此书盖有力焉。此就掌握地方特殊性与全国一致性相结合言，常氏实开其先河者。"①若从影响与意义来说，常璩《华阳国志》也为中国西南地区与中原的思想文化交流融合做出了巨大贡献。

常璩的《华阳国志》严谨而又翔实，纠正了时人对古蜀的偏见，真实地展示了巴蜀大地的历史文化。譬如西汉大儒扬雄在《蜀王本纪》中感叹古代蜀人"不晓文字，未有礼乐"，然而常璩通过研究，考证出黄帝的正妃西陵氏之女嫘祖来自蜀地，蜀地的彭祖还是殷商太史，因此在《华阳国志》中对此提出了质疑。考古发现对此便给予了很好的印证，三星堆遗址和金沙遗址出土的大量珍贵文物，就充分说明了早在商周时期，古蜀国便有了灿烂的文化。

又譬如西汉时期文翁兴学，班固《汉书》赞其"至今巴蜀好文雅，文翁之化也"。而如此重大的历史事件，《史记》却并无记载，常璩则在《华阳国志》中做了详细记录。文翁所办之学不同于私塾，而是地方官学，开全国之先河。自此巴蜀文运勃兴，成为出人才、出文学的地方。《华阳国志》评价"蜀学比于齐鲁"，使得文翁化蜀名垂青史，流芳百世。今天的成都石室中学就发源于文翁创建的石室，迄今已有两千多年的历史，每一位成都市民都引以为傲。

从史料价值与学术影响来看，常璩的《华阳国志》综合继承了西汉以来八家

---

① 见[晋]常璩撰，任乃强校注《华阳国志校补图注》前言第6—7页，上海古籍出版社1987年10月第1版。

"蜀纪"、历朝正史以及其他地方文献，完整构建了北起汉中（今属陕西）、南到云南、东到湘西鄂西、西至青藏的广袤区域内，上起远古、下迄晋室的地理人文历史体系，为研究中国西南地区山川、历史、人物、民俗提供了重要史料。常璩之前的巴蜀史料大都简略零散，而且很多已经散佚了，所以要查阅与引用关于古代巴蜀的史料，必须读常璩的《华阳国志》。

常璩治学非常严谨，尤其喜好史学，对撰写地理历史方面的著述更是情有独钟。常璩对撰写史学著述，比较明确地强调了几点：一是"博考行故，总厥旧闻"；二是"班序州部，区别山川"；三是"宪章成败，旌昭仁贤"；四是"抑绌虚妄，纠正谬言"；五是"显善惩恶，以杜未然"。[①]常璩对史料的考证比较慎重，对于古代史料能批判吸收，而不会盲从滥用，所以《华阳国志》时称"蜀史"，常璩被誉为"巴蜀良史"，历来受到学者们的高度评价和推崇。

总之，常璩具有秉笔直书的良史态度、敢于创新的学者风范、维护统一的大局意识、资政育人的济世情怀。常璩撰写的《华阳国志》是一部影响深远的历史、地理著作。《华阳国志》写成之后，被世人广泛传抄，流行南北，迄今仍是学者们十分重视和经常引用的一部著述。

---

① 参见[晋]常璩撰，刘琳校注《华阳国志校注》第909页，巴蜀书社1984年7月第1版。

影响深远

常璩撰写的《华阳国志》，从内容到体例都有非常鲜明的特点，被誉为中国地方志中的杰出之作。《华阳国志》问世之后，历代文人学者都极为重视，对后来的学术研究以及地方志编纂体例的发展，都产生了深远的影响。探究其中的原因，主要在于常璩的厚积薄发，在撰述方面有很多创新。

任乃强先生对《华阳国志》做过精深的研究，认为《华阳国志》这部著述至少有五个方面的优点：

一是《华阳国志》将地理、历史、风俗、古迹、人文、经济、科技等内容有机地融合在一起，"其一书而兼备各类，上下古今，纵横边腹，综名物，揆道度，存治要，彰法戒，极人事之变化，穷天地之所有，汇为一帙，使人览而知其方隅之全貌者，实自常璩此书创始。此其于地方史中开创造之局，亦如正史之有《史记》者"。

二是常璩对蜀中先贤们的著述做过认真的搜集，引用了很多珍贵的记载，使有些散佚的资料得以保存在了《华阳国志》之中，集诸家之长，常璩"乃独拥一方之盛，博取约用，精练再三，故能一度书成，辄被传钞，流行南北"。

三是常璩的著述比较公正客观，"其所崇奖，又全属清高洁白、孝义节烈……故其在封建史籍中，从来无人加以訾议"。因其代表性强，足以和正史互补，迄今仍为研究者所重视。

四是中国西南地区（巴、蜀、南中等）与北方中原地区有不同的地域文化特色，自古以来的历史发展阶段也各有特点，常璩非常重视巴蜀历史与中原历史的相互联系，"使中土不复以蜀士见轻，而蜀人亦不复以中土为远"，在著述中注重将地方特殊性与全国一致性相结合，也是"开其先河者"。

五是常璩在著述中重视普通百姓和少数民族，推崇勤劳与信义；对古代史料并不盲从滥用，而是尽可能批判吸收，这些都显示了常璩的史德与见识。①

《华阳国志》的传播虽然经历了漫长的岁月，此书却一直受到学者们的欢迎和青睐，就充分说明了此书的重要价值和影响。查阅东晋以来文人学者们的著作，引用《华阳国志》中的记载的可谓屡见不鲜。譬如东晋徐广撰写《晋纪》，就采用了《华阳国志》中的相关史料。又譬如南朝范晔撰写《后汉书》，采用《华阳国志》中的相关史料就更多了。裴松之注《三国志》，刘昭注《后汉书》，也都引用了《华阳国志》中的相关史料。这是当时南朝学者引用《华阳国志》的一些情形，当时的北朝学者，譬如郦道元撰《水经注》时采用了蜀中很多旧书中的史料，其中也引用了《华阳国志》中的相关记载。之后，文人学者们引用《华阳国志》中的史料就更加普遍了。隋唐时期，虞世南等人撰《北堂书钞》，就屡屡引用。这个时期文化繁荣，文人学者撰写的著述与编撰的类书比较多，对《华阳国志》都倍加青睐。唐朝贞观年间，房玄龄等撰《晋书》，也采用了《华阳国志》中的很多史料。此外，唐朝一些很有名气的文人，如欧阳询撰《艺文类聚》、徐坚等撰《初学记》、李泰等撰《括地志》、李吉甫撰《元和郡县图志》，也都有采用。

唐代刘知几撰写的评论史书与作者的《史通》，是很有影响的著述，对常璩的《华阳国志》给予了好评。《史通·杂述》说："九州土宇，万国山川，物产殊宜，风化异俗，如各志其本国，足以明此一方，若盛弘之《荆州记》、常璩《华阳国志》……此之谓地理书者也。"又说："郡书者，矜其乡贤，美其邦族，施于本国，颇得流行，置于他方，罕闻爱异。其有如常璩之详审、刘昞之该

---

① 参见[晋]常璩撰，任乃强校注《华阳国志校补图注》前言第6—7页，上海古籍出版社1987年10月第1版。

博,而能传诸不朽,见美来裔者,盖无几焉。"①《华阳国志》曾被视为地理书与郡书,刘知几称赞其不仅内容翔实,而且能够流传不朽,在古代众多著述中确实是比较少见的,堪称是地方志中的杰作。

到了宋代,李昉等编撰的大型类书《太平御览》《太平广记》,王钦若等编修《册府元龟》,乐史撰《太平寰宇记》,王象之撰《舆地纪胜》,欧阳忞撰《舆地广记》,也都采用了《华阳国志》中的相关记载。明朝的《永乐大典》,清朝的《古今图书集成》,更是收录了《华阳国志》全文。隋朝以来的历代书目中,也都收录了《华阳国志》,如《隋书·经籍志》《旧唐书·经籍志》《新唐书·艺文志》《宋史·艺文志》《通志·艺文略》《文献通考·经籍考》《玉海》《说郛》《四库全书总目提要》等,都有对《华阳国志》的介绍。这些都说明《华阳国志》是一部很有影响的历史、地理著作。清代编撰的《四库全书》将《华阳国志》归入史部载记类,近现代学者通常将其划入地方志,称誉《华阳国志》是我国现存最早的地方志之一。

梁启超《清代学者整理旧学之总成绩》认为:"晋常璩《华阳国志》,为方志之祖。"还有很多学者,都认为《华阳国志》是现存最早的地方志。梁启超先生在《中国近三百年学术史》一书中说:"晋常璩《华阳国志》为方志之祖,其书有义法,有条贯,卓然著作之林。"著名文献学家张舜徽在《中国古代史籍举要》中认为《华阳国志》"很显明的以风土人物为主,虽十之七八,叙述政治沿革,但也注意到了交通险塞、物产土俗、大姓豪族,以及先贤士女各方面,无疑是今日方志的初祖"。②有的学者认为,《华阳国志》"好像是地方志,其实是一部地方性的通史"。③

综合以上评论可知,《华阳国志》并非普通的地方志,而是一部特色鲜明的地方通史,更是一部开拓性的著述,综合记载了西南各个地区的政治、经济、军

---

① 见[唐]刘知几撰,赵吕甫校注《史通新校注》第581页、第582页,重庆出版社1990年8月第1版。
② 见张舜徽著《中国古代史籍举要》第143页,云南人民出版社,2004年11月第1版。
③ 参见王仲荦著《魏晋南北朝史》第843页,上海人民出版社2003年4月第1版。

事、文化、教育、人物、地理、交通、科技、民俗等内容，开创了将编年史、地理志、人物传三结合的先例。

常璩《华阳国志》的编纂方法与体例也是以往著作所没有的。譬如较早的《尚书·禹贡》，是全国性的区域志，但内容非常简略，只是记录了地理。汉代以后出现的各种"地记"，或侧重政治，或侧重人物，或侧重地理，都很难见到有反映地方历史全貌的著述。而常璩精心撰写的《华阳国志》，则是将地理、政治、经济、民族、人物等方面的内容综合编纂为一部书，开创了地方志专著的新体例。《华阳国志》的这个显著特点，也可以说是中国地方志编纂史上的一个创举，可谓意义重大，所以《华阳国志》被后世学者称为中国地方志的开山之作，堪称"方志鼻祖""舆地功臣"。

常璩《华阳国志》在选材内容与编纂结构上也很讲究，具有宗旨明确、层次分明的特色。这也充分显示了常璩在治学上的严谨，对史料的引用和对史实的论述都很有条理，清晰而又独到。宋代学者李𡐦在《重刊华阳国志序》中说："古者封建五等诸侯，国皆有史以记事。后世罢封建为郡县，然亦必有图志以具述……此晋常璩《华阳国志》之作所以有补于史家者流也。予尝考其书，部分区别，各有条理。其指归有三焉：首述巴、蜀、汉中、南中之风土。次列公孙述、刘二牧、蜀二主之兴废，及晋太康之混一，以迄于特、雄、寿、势之僭窃。继之以两汉以来先后贤人、《梁益宁三州士女总赞》，《序志》终焉。就其三者之间，于一方人物尤致深意。"①

有学者认为，后人研究历史，依据的文献与史料主要有两个，一是正史，二是方志。如果说司马迁的《史记》是正史的鼻祖，那么常璩的《华阳国志》则是方志的鼻祖。也可以说，常璩和司马迁分别代表了中国两大史书派别，常璩算是地方志的"领头人"。值得指出的是，以司马迁《史记》为代表的中原正史，对巴蜀地区的历史着墨并不多，尤其是巴蜀上古历史。司马迁之后，巴蜀众多有识之士如司马相如、扬雄、严君平等纷纷补写地方史。可这些著述有的取自传说，神话色彩过重；有的则限于局部地区，很不全面。常璩以修史的方式赞誉西南地

---

① 见[晋]常璩撰，任乃强校注《华阳国志校补图注》第741—742页，上海古籍出版社1987年10月第1版。

区悠久的历史和杰出的人物,并将地方历史纳入中华民族的历史,展现了难能可贵的国家观。常璩在书中还弘扬了大一统观念和民本思想,充分显示了其高远的眼界和广博的见识。常璩在东晋门第森严之际,倡导以民为本,呼吁选贤任能,这些都超越了其所处时代的局限。

总而言之,常璩毕生以著书立说为乐,秉笔直书,敢于创新,至今仍值得我们尊崇。关于常璩《华阳国志》的重要意义和深远影响,诚如任乃强先生评价所说:"我国史部书籍,公私图录所具,有几万种。今天人所习知的只几百种。其中正史几十种,人莫不推司马迁《史记》为典型。编年史几十种,莫不推司马光《通鉴》为典型。地方志几百种,莫不推《华阳国志》为典型。就地方史说,自周代列国有史到现在的方志,一万种不止,但几千年来陆续在产生,陆续在淘汰。唯独《华阳国志》这部书,至今人人爱好,广泛流行。"[①]

在常璩的故乡流传有一个传说,常璩的父亲病故前,将家中祖传的铁笔传给了常璩,叮嘱说:用这支铁笔写字,日久之后,就能力透纸背,运笔如神。普通的毛笔是用细竹做的笔杆,而铁笔是用铁做的笔杆,执掌于手中会有沉甸甸的感觉,必须凝神用力才能挥洒自如。常璩父亲的用意,不仅要求常璩坚持用功,能写一手好字,更希望他继承先祖遗风,要著书立说,在学业和文化方面有所建树。常璩继承了祖传铁笔,对父亲的遗愿心领神会。经过少年时期的刻苦求学、青壮年时期的勤奋努力,常璩终于成了一位饱学之士和著述甚丰的史学家。

常璩完成了《华阳国志》之后,预感到自己已经到了迟暮之年,便写信给女儿和女婿,希望他们前来团聚。女儿女婿接到信后,赶到金陵,陪侍左右。常璩叮嘱了后事,不久便与世长辞。家人护送常璩的灵柩回到蜀中江原故里安葬。崇州现在建有常璩纪念馆并塑有常璩塑像,表达了故乡人民对常璩的敬仰和纪念。

常璩在中国地方志领域取得了杰出成就,堪称一代文豪巨匠。

常璩对巴蜀历史文化的贡献,将永远彪炳史册。

---

① 见任乃强《〈华阳国志〉简介》,载《历史知识》1980年第2期。

[汉]司马迁撰《史记》，中华书局，1959

[东汉]班固撰《汉书》，中华书局，1962

[东汉]刘珍等撰，吴树平校注《东观汉记校注》，中华书局，2008

[南朝·宋]范晔撰《后汉书》，中华书局，1965

[晋]陈寿撰《三国志》，中华书局，1959

[唐]房玄龄等撰《晋书》，中华书局，1974

[北魏]崔鸿撰《十六国春秋》，不详

[唐]李延寿撰《北史》，中华书局，1974

[唐]李延寿撰《南史》，中华书局，1975

[南朝·梁]沈约撰《宋书》，中华书局，1974

[北齐]魏收撰《魏书》，中华书局，1974

[唐]魏徵、令狐德棻撰《隋书》，中华书局，1973

[宋]司马光编著《资治通鉴》，中华书局，1956

《二十五史》，上海古籍出版社、上海书店，1986

[晋]皇甫谧等撰，陆吉等点校《帝王世纪 世本 逸周书 古本竹书纪年》，齐鲁书社，2010

[周]左丘明撰，上海师范学院古籍整理组校点《国语》，上海古籍出版社，1978

王守谦、金秀珍、王凤春译注《左传全译》，贵州人民出版社，1990

陈奇猷校释《吕氏春秋校释》，学林出版社，1984

[汉]赵晔原著，张觉译注《吴越春秋全译》，贵州人民出版社，1993

缪文远著《战国策新校注》（修订本），巴蜀书社，1998

袁珂校注《山海经校注》（增补修订本），巴蜀书社，1993

郭庆藩辑，王孝鱼整理《庄子集释》，中华书局，1961

陈鼓应注译《庄子今注今译》，中华书局，1983

[战国]庄周原著，张耿光译注《庄子全译》，贵州人民出版社，1991

曹础基著《庄子浅注》，中华书局，1982

[东汉]王充著《论衡》，上海人民出版社，1974

[汉]许慎撰，[清]段玉裁注《说文解字注》，上海古籍出版社，1988

[清]阮元校刻《十三经注疏》，中华书局，1980

[清]严可均校辑《全上古三代秦汉三国六朝文》，中华书局，1958

[清]董诰等编《全唐文》，上海古籍出版社，1990

[清]王聘珍撰，王文锦点校《大戴礼记解诂》，中华书局，1983

《二十二子》，上海古籍出版社，1986

《百子全书》，浙江古籍出版社，1998

刘俊田、林松、禹克坤译注《四书全译》，贵州人民出版社，1988

黄寿祺、梅桐生译注《楚辞全译》，贵州人民出版社，1984

[东汉]应劭撰，吴树平校释《风俗通义校释》，天津人民出版社，1980

[南朝·梁]萧统编，[唐]李善注《文选》，中华书局，1977

[南朝·宋]刘义庆原著，余嘉锡撰《世说新语笺疏》，中华书局，1983

[唐]欧阳询撰，汪绍楹校《艺文类聚》，上海古籍出版社，1982

[唐]杜佑撰《通典》，中华书局，1988

[唐]刘知几撰，赵吕甫校注《史通新校注》，重庆出版社，1990

[宋]郑樵撰，王树民点校《通志二十略》，中华书局，1995

[宋]李昉等撰《太平御览》，中华书局，1960

[宋]李昉等编《太平广记》，中华书局，1961

[晋]干宝撰《搜神记》，中华书局，1979

[晋]张华撰，范宁校证《博物志校证》，中华书局，1980

[清]胡渭著，邹逸麟整理《禹贡锥指》，上海古籍出版社，1996年

[北魏]郦道元著《水经注》，商务印书馆，1958

[北魏]郦道元撰，王国维校《水经注校》，上海人民出版社，1984

[北魏]郦道元撰，谭属春、陈爱平校点《水经注》，岳麓书社，1995

[唐]李吉甫撰，贺次君点校《元和郡县图志》，中华书局，1983

[宋]祝穆撰《宋本方舆胜览》，上海古籍出版社，1986

[宋]王象之撰《舆地纪胜》，中华书局，1992

[宋]乐史撰，王文楚等点校《太平寰宇记》，中华书局，2007

[明]曹学佺著《蜀中名胜记》，重庆出版社，1984

[明]曹学佺撰，杨世文校点《蜀中广记》，上海古籍出版社，2021

[明]李贤等撰《大明一统志》，三秦出版社，1990

[清]常明、杨芳灿等纂修《四川通志》，巴蜀书社，1984

[清]顾炎武著，[清]黄汝成集释《日知录集释》，岳麓书社，1994

[清]顾祖禹撰《读史方舆纪要》，上海书店出版社，1998

[晋]常璩撰，刘琳校注《华阳国志校注》，巴蜀书社，1984

[晋]常璩撰，任乃强校注《华阳国志校补图注》，上海古籍出版社，1987

[明]王夫之著《读通鉴论》，中华书局，1975

[清]张澍编纂《姓氏寻源》，岳麓书社，1992

蒙文通著《巴蜀古史论述》，四川人民出版社，1981

蒙文通著《古族甄微》，巴蜀书社，1993

顾颉刚著《论巴蜀与中原的关系》，四川人民出版社，1981

任乃强著《四川上古史新探》，四川人民出版社，1986

邓少琴《巴蜀史迹探索》，四川人民出版社，1983

徐中舒著《论巴蜀文化》，四川人民出版社，1982

童恩正著《古代的巴蜀》，四川人民出版社，1979

王仲荦著《魏晋南北朝史》，上海人民出版社，2003

罗开玉著《四川通史》第二册，四川大学出版社，1993

王纯五著《天师道二十四治考》，四川大学出版社，1996

王纯五主编《青城山志》，四川人民出版社，1998

陈明远、汪宗虎主编《中国姓氏辞典》，北京出版社，1995

方国瑜著《中国西南历史地理考释》，中华书局，1987

张舜徽著《中国古代史籍举要》，云南人民出版社，2004

刘重来、徐适端主编《〈华阳国志〉研究》，巴蜀书社，2008

常璩是我非常崇敬的一位历史文化名人,他撰写的《华阳国志》是我经常研读和引用的一部重要志书,也是我最为喜欢的一部古籍。作为一位长期从事文博工作的文史研究者,这些年我对古蜀文明与三星堆遗址和金沙遗址考古发现做了一些研究,并在秦汉美术考古领域进行了一些学术探索,在我出版的著述与发表的学术论文中,无论是对先秦时期与古蜀时代的涉猎,还是对秦汉美术考古的探讨,《华阳国志》均为我提供了很多重要的参考资料,可谓百读不厌,使我获益甚多。

我在2009年的时候,曾应邀在《成都日报》副刊开了一个专栏,撰写发表了"华阳国志新解"系列文章。大约每周一篇,陆续刊登了数十篇。这些文章见报后,立即引起了网络媒体的关注,被各大媒体纷纷转载。网络是当今人们生活中很重要的一个传播平台,这些文章受到网民的青睐,被引用的频率之高,使我颇有些意外,同时也感到高兴。说明这些文章受到了欢迎,而且扩大了阅读面,当然是一件令人愉快的好事情。后来我将这些文章整理结集,取名《〈华阳国志〉故事新解》。该书于2014年由四川人民出版社出版发行,获得了学界和读者的好评。

最近天地出版社邀请我为常璩写一部传记,这是一个很有意义的写作任务,也是我很想做的一件事情。但我深知,有关常璩生平的史料太少,如何驾驭这些史料来为常璩立传，其实难度很大，很难一蹴而就。无论是史料的搜集还是章节的安排，都有很大的挑战性。经过仔细斟酌，怀着热忱之心，我对资料做了搜集整理，进行了构思和写作。我每天都坚持笔耕，不敢有丝毫懈怠。经过将近一年的努力，终于完成了这部书稿。我在书中讲述了常璩的生平经历，也介绍了常璩撰写《华阳国志》的经过和《华阳国志》的内容。常璩的毕生功业主要就是著书立说，《华阳国志》这部中国地方志中的开山巨著，凝聚了他的思想和心血，也使他的生命得到了升华。

真诚地感谢天地出版社，同时也感谢热心读者，希望此书能成为你们喜欢的读物。

2021年初冬
于天府耕愚斋

图书在版编目（CIP）数据

常璩传 / 黄剑华著. —成都：天地出版社，2022.10
（四川历史名人丛书. 传记系列）
ISBN 978-7-5455-6932-2

Ⅰ.①常… Ⅱ.①黄… Ⅲ.①常璩－传记
Ⅳ.①K825.81

中国版本图书馆CIP数据核字（2022）第000381号

四川历史名人丛书. 传记系列
CHANG QU ZHUAN
常璩传

出 品 人	杨　政
作　者	黄剑华
责任编辑	杨　丹
责任校对	曾孝莉
封面设计	今亮后声
电脑制作	跨　克
责任印制	刘　元

出版发行	天地出版社
	（成都市锦江区三色路238号　邮政编码：610023）
	（北京市方庄芳群园3区3号　邮政编码：100078）
网　　址	http://www.tiandiph.com
电子邮箱	tianditg@163.com
经　　销	新华文轩出版传媒股份有限公司
印　　刷	河北鹏润印刷有限公司
版　　次	2022年10月第1版
印　　次	2022年10月第1次印刷
开　　本	710mm×1000mm　1/16
印　　张	16.75
字　　数	286千字
定　　价	56.80元
书　　号	ISBN 978-7-5455-6932-2

版权所有◆违者必究

咨询电话：（028）86361282（总编室）
购书热线：（010）67693207（营销中心）

如有印装错误，请与本社联系调换